在这里，看见新世界

天皇と軍隊の近代史

病入膏肓

日本近代史上的
天皇与军队

[日]加藤阳子 著
贺申杰 译

浙江人民出版社

图书在版编目（CIP）数据

浙江省版权局
著作权合同登记章
图字:11-2021-014号

病入股肱 ：日本近代史上的天皇与军队 /（日）加藤阳子著 ；贺申杰译. — 杭州 ：浙江人民出版社，2023.11

ISBN 978-7-213-11216-4

Ⅰ. ①病… Ⅱ. ①加… ②贺… Ⅲ. ①日本-近代史-研究 Ⅳ. ①K313.4

中国国家版本馆CIP数据核字(2023)第195158号

病入股肱：日本近代史上的天皇与军队

[日] 加藤阳子 著 贺申杰 译

出版发行：浙江人民出版社(杭州市体育场路347号 邮编 310006)
市场部电话：(0571)85061682 85176516

丛书策划：王利波　　营销编辑：陈雯怡 陈芊如 张紫懿
责任编辑：吴玲霞　　责任校对：姚建国 王欢燕
责任印务：程 琳　　封面设计：张庆锋
电脑制版：杭州天一图文制作有限公司
印　　刷：杭州钱江彩色印务有限公司
开　　本：880毫米×1230毫米 1/32　　印　　张：13.875
字　　数：292千字　　插　　页：6
版　　次：2023年11月第1版　　印　　次：2023年11月第1次印刷
书　　号：ISBN 978-7-213-11216-4
定　　价：118.00元

出版者言

当今的世界与中国正在经历巨大的转型与变迁，她们过去经历了什么、正在面对什么、将会走向哪里，是每一个活在当下的思考者都需要追问的问题，也是我们作为出版者应该努力回应、解答的问题。出版者应该成为文明的瞭望者和传播者，面对生活，应该永远在场，永远开放，永远创新。出版“好望角”书系，正是我们回应时代之问、历史之问，解答读者灵魂之惑、精神之惑、道路之惑的尝试和努力。

本书系所选书目经专家团队和出版者反复商讨、比较后确定。作者来自不同的文化背景，拥有不同的思维方式，我们希望通过“好望角”，让读者看见一个新的世界，打开新的视野，突破一隅之见。当然，书中的局限和偏见在所难免，相信读者自有判断。

非洲南部“好望角”本名“风暴角”，海浪汹涌，风暴不断。1488 年 2 月，当葡萄牙航海家迪亚士的船队抵达这片海域时，恰风和日丽，船员们惊异地凝望着这个隐藏了许多个世纪的壮美岬角，随船历史学家巴若斯记录了这一时刻：

“我们看见的不仅是一个海角，而且是一个新的世界！”

浙江人民出版社

佳评推荐

近世中国人饱受日本军国主义侵略之虐。军国主义的两大要素是天皇与军队。二者是一种怎样的关系，又是如何影响日本国策的？加藤阳子教授是日本著名的近代军事史专家，对此有着精深的研究与细致的描述，本书值得国人一读。

——陈红民，浙江大学求是特聘教授，蒋介石与近代中国研究中心主任

近代、战争、殖民、宪法、天皇、军队、国民、战败、责任……本书最大的特色在于梳理与打通。在日本学界，有这个思考力和笔力的，唯加藤阳子教授。

——姜建强，旅日作家、文化学者

从批判立场出发，结合可靠史料，解构、重述日本近代天皇制与侵略战争关系的学术杰作。

——沙青青，历史学者、播客主播

（加藤阳子）基于对史料的不懈解读，以实证手法推翻了既有学说。如此精妙的手法，也就她能够做到。

——吉田裕，一桥大学名誉教授

致中文版读者

18世纪法国思想家卢梭曾言，所谓战争，即对敌国之宪法，亦即该国权力的正统性原理进行攻击的行为。同时，战争的终极目的亦在于对敌国之宪法，亦即该国最基本的社会契约进行改写（长谷部恭男：《憲法とは何か》）。第二次世界大战中，日本败于英、美、中、苏等同盟国。战败后，1889年颁布的《大日本帝国宪法》便被改写。1946年，日本颁布了战后新宪法，即如今的《日本国宪法》。对以中国为首的东亚各国来说，每当日本发动对外战争之际，存在于战前宪法体制下的日本军部（军队）都会扮演起战争“尖兵”的角色。此乃一个无可争议的历史事实。因此，阅读本书的各位中国读者，究竟为何会对这本旨在描述昭和战前时期军部（军队）的历史特征的书籍产生兴趣呢？对此，笔者可谓是浮想联翩。正在阅读本书的各位读者，如若不是热爱历史书籍的铁粉，那想必多少可以称得上是“怪人”了（此乃笔者的由衷赞美之言!）。

本书的主旨并非在于描绘军部（军队）作为国家暴力机关的

一面，而是主要关注以下两个问题：一是军部（军队）对于日本的外交政策究竟产生了何种程度的影响；二是昭和战前时期，在日本的政策制定方式发生根本性转变的过程中，军部（军队）究竟发挥了什么样的影响力。希望通过探讨上述两个问题，来对日本近代史进行描述。其实，这一视角并非笔者所创。美国学者詹姆斯·克劳利（James B. Crowley）在其研究近代日本的名著（*Japan's Quest for Autonomy*：*National Security and Foreign Policy 1930—1938*）当中便已然对这一视角的重要性进行了阐释。克劳利教授从军部（军队）的影响力视角出发，对近代日本的国防概念与外交政策之间的关系进行了描述。然而，尽管克劳利教授率先提出了这一视角，但其后利用该视角进行的实证研究仍较为有限。

本书描绘的日本近代史，究竟有哪些部分能引发中国读者的兴趣呢？对此，各位读者想必是见仁见智。即便如此，笔者还是打算借本篇序言，向各位读者提供以下五个视角，希望对各位阅读本书有所帮助。

首先，近代日本的为政者究竟是如何制定各种政策的？在近代日本，各种政治主体，诸如元老、首相、陆海军的军部大臣等军政高层、参谋总长和军令部总长等军令系统高层，或是在一线实际立案的陆海军局长、科长一级的军官，都参与了政策的制定过程。如果我们能够厘清上述各个政治主体在制定政策时的具体交涉过程，在此基础上了解其行为逻辑和思考模式，对于我们理解日本近代史无疑大有裨益。

其次，在日本近代国家的形成过程中，面对如何编制军事力量这一课题，山县有朋等领导者由于惧怕军部（军队）与特定党派或政治势力相勾结，因此选择标榜“不偏不党”的口号，组建一支直属天皇的军事力量。山县等人援引日本神话中描绘的古代天皇与军队之间的关系，强行将此前完全与军事无缘的明治天皇与近代国家的军事力量联结在了一起。而山县等人主导颁布的《军人敕谕》，也正是一部旨在人为地、历史性地将天皇与军队结合起来的文书。该文书中明确树立了“军人不得干政”的大原则。然而到了昭和战前时期，军人们对于该原则的理解却逐渐出现了反转的现象。如果我们能够厘清这一反转的具体过程，无疑会对我们理解昭和时期青年军官们所发动的一系列政变的具体背景有所帮助。

再次，20 世纪 30 年代，日本国内外接连爆发了一系列政变（如 1931 年的三月事件、“九一八”事变、十月事件），同时国内恐怖袭击事件频发（如 1932 年爆发的血盟团事件和“五一五”事件）。不论策划这一系列政变与恐怖袭击的元凶们主观上抱着什么样的动机，客观上这些事件都与当时剑拔弩张的中日外交关系有着千丝万缕的联系。正如本书总论所述，血盟团事件和“五一五”事件中所使用的武器和爆炸物，实际上是参与上述事件的青年军官趁“一二八”事变之机在上海拿到的。从此亦可看出，当时日本在国内外策动的一系列阴谋活动之间，实际上有着相互联动的关系。

此外，作家司马辽太郎在其历史随笔集中，曾经使用“日本的国家形态”（この国のかたち）这一概念，来定义人们对于本国史的自我认知。我们也可以将这一概念理解为卢梭定义下的“宪法”，亦即国家的基本社会契约。在近代日本，人们对于本国史的自我认知究竟是如何一步步构筑起来的？本书第一章便聚焦这一问题，对1894年甲午战争与1905年日俄战争的战争记忆的架构过程进行了探讨。

最后，日本的为政者们在制定政策的过程中，往往会追求所谓的“合法性”，很多时候这种追求甚至会显得偏执而又滑稽。本书在第三章和第四章中，便就这一现象进行了剖析。所谓追求“合法性”，并非代表日本真的会严格遵守国际法，而是指在违反国际法时，日本常常会粉饰出“遵纪守法”的假象，以此尽可能地避免其他国家的责难。笔者在首部专著《摸索中的20世纪30年代》（模索する一九三〇年代）中，便已将追求所谓的“合法性”定义为20世纪30年代日本的对外政策特征之一。1919年在巴黎和会上，日本从德国手中夺取了本应归还中国的山东半岛利权，从而引发了中国近代史上的重大事件——五四运动。其实早在1915年，以币原喜重郎为中心，外务省、陆军省、海军省、内阁法制局等相关部门之间便已经开始就如何表面上“合法地”夺取山东半岛利权进行探讨。即便认识到已经违反了国际法，但日本人很多时候仍然会千方百计地寻求在表面上粉饰出“合法性”。对于日本人的这种特质，在1932—1941年间担任美国驻日大使的约瑟夫·格鲁（Joseph C. Grew）曾讽刺说，“日本人不愧是自欺欺人的天才”[①]。

---

① 作者原文中引用的是日文译本，该书亦有中文译本。可参见约瑟夫·格鲁著、沙青青译：《使日十年》，社会科学文献出版社2020年版，第537页。（本书脚注均为译者注，后面不再说明）

这里，笔者还想就本书的翻译赘言一二。本书原是一本受众面较为狭窄的专业书籍，因此本书若要获得海外读者的肯定与信赖，很大程度上就要仰赖译者的力量。本书的译者贺申杰曾就读于东京大学大学院人文社会系研究科研究日本近代史，并以优异的成绩取得了博士学位。能够由值得信赖的译者翻译本书，笔者感到万分欣喜。此外，刊行本书的浙江人民出版社，在 2019 年亦出版了笔者的另一部著作《日本人为何选择了战争》。该书的译者章霖亦是一位非常优秀的日本近代史研究者。对于浙江人民出版社编辑吴玲霞在译者选定等方面的良苦用心，笔者希望借此机会表示由衷的感谢。

加藤阳子

2023 年 8 月

目 录

序　言

笔者的研究方向主要是20世纪30年代的日本军事、外交史。如若各位读者能够拨冗一读笔者所著《摸索中的20世纪30年代——日美关系与陆军中坚层》(模索する一九三〇年代　日米関係と陸軍省中間層）一书，或许便能够理解笔者长期关注20世纪30年代日本军事、外交史的根本原因。这一时期，美国开始逐渐取代大英帝国掌控国际秩序的霸权，而在国防和经济两个领域，美国制定的《中立法》与《互惠通商法》仿佛“坂上之云”横亘于日本的眼前。在此背景下，日本军部特别是陆军一直努力强化自身在国防和经济问题上的政治发言权。考虑到以上时代背景，本书特将日本陆军作为主要的分析对象之一。

以上这段归纳略显“冠冕堂皇”，甚至印在本书的腰封之上亦无不可。而除了上述归纳之外，一直以来支撑笔者对近代史进行研究的问题意识其实另有所在。

长久以来，每当我们思考战争的历史时，以下两种思维模式似乎总会贯穿在我们的脑海中。一是要“铭记”历史的苦痛与教训，二是要尽可能去“发现”战争的前兆。然而，仅靠“铭记”历史和“发现”战争前兆，我们真的就能够理解战争的本质吗？换言之，这两种思维模式真的是我们思考战争历史时的万能处方笺吗？对此，笔者从一开始就抱有一丝怀疑。

众所周知，220多年前康德便提出，共和制是维持永久和平不可或缺的条件[1]。康德认为，由于一般国民必须亲身承受战争所带来的各种苦痛，因此他们不会沉溺于战争这种“输多赢少的赌博”。在这一前提下，如果赋予战争的直接受害者，即广大国民决定国家与自身未来的权利，那么理论上战争便永远不会爆发。然而，历史经验告诉我们，即便能够充分预见战争所带来的悲惨与痛苦，很多时候国民还是会选择投身于这场“输多赢少的赌博”。

100多年前，在日俄战争即将爆发之际，幸德秋水感慨道：“如今日本人已然将日清战争（甲午战争——译者注）时的痛苦忘得一干二净了。”[2] 甲午战争之后，日本国民迅速忘记了战争带来的痛苦，并且在完全没有意识到战争爆发原因的情况下奔向了下一场战争。幸德秋水正是在目睹这一荒谬的状况后，才在文章中留下了上述感慨，表达了对于国家未来的担忧。

笔者认为，通过正常手段根本无法打破这种令人叹息的恶性循环。因此，我们既不能只从“暴力、非合理”的角度来对军队进行阐释[3]，亦不能仅仅将日本的征兵制军队描绘成“身为下贱，却欲将奴隶枷锁套于他人之身的，最为残忍的代理人”形象[4]。在本书中，笔者希望首先将近代日军特别是陆军，视为一个与国家安全概念形成以及外交政策制定紧密联系[5]的政治主体，并从这一角度出发对其进行描绘，在此基础上进一步分析军队在政府决策方式发生本质变化的过程中所发挥的影响力。

本书出版之际，笔者在书名中加上了“天皇”与“军队”这两个带有强大磁场的词汇。2019 年春天，由于明仁天皇的让位，皇位发生了轮替。这在日本近代史上尚属首次。值此皇位轮替之际，笔者担任了历史学研究会主编的《皇位是如何被继承的》（《天皇はいかに受け継がれたか》，绩文堂，2019 年出版）一书的责任编者，并借此机会对近代天皇的特征重新进行了一番思考。

简明扼要地说，天皇亲自统率军队这一理念是近代天皇制的根本特征。正如笔者在总论中详细叙述的，明治初期为了应对士族叛乱，日本国内多个政治主体之间围绕着军事力量的再编方式问题展开了激烈争论。在此过程中，天皇与军队之间被人为地赋予了上述的特别关系。当时，西乡隆盛发起的内乱[①]刚刚平息，对于日本社会来说，废除旧时私兵联合式的军队，取而代之建立一支不为国内政治势力控制的中立军事力量乃是当务之急。

1882（明治 15）年颁布的《军人敕谕》在形容天皇与军队之间的亲密关系时，使用了“股肱之臣”这一表达。1889 年颁布的《大日本帝国宪法》更是赋予了天皇统帅大权（第 11 条）与编制大权（第 12 条）[②]。然而，明治时代确立的天皇作为军队最高统帅者的权威，却在近代的第三代天皇，即昭和天皇在位时期出现了变化与动摇，甚至当时昭和天皇本人都明确表达了对于陆军的绝

---

① 即西南战争，1877 年鹿儿岛私学校派等九州士族拥戴西乡隆盛发起的反政府内战，这也是迄今为止日本史上最后一次内战。废藩置县后，明治新政府的一系列近代化政策改变了士族的社会地位，导致士族的全面没落，日本各地出现了士族反政府的风潮。

② 《大日本帝国宪法》第 11 条：天皇统帅陆海军。第 12 条：天皇决定陆海军的编制以及常备兵额。

望感。1939（昭和14）年1月，围绕《德意日防共协定》的强化问题①，昭和天皇表示："陆军实在是不让人省心，不到世界各国强迫日本放弃满洲（中国东北——译者注）和朝鲜的那天，陆军那帮人是不会醒悟的。"[6]

此外，当时军人自身也发生了改变。例如在《军人敕谕》②中，"忠节"被定位为军人应遵守的各项德目之首，并明文规定"军人应不为舆论所惑，不为政治所拘。唯尽军人之本分恪守忠节。"《军人敕谕》制定之初，这条内容曾被解释为"军人不应干政"。然而此后，军人逐渐将这一理解朝着对自己有利的方向肆意篡改。例如，宇都宫宪兵队长持永浅治曾在1927年的一场座谈会上主张："《军人敕谕》并不是让军人完全无视社会舆论的变化，也不是让军人对政治问题漠不关心。"并进一步解释说，"入伍的壮丁和召集兵进入军队之前，在社会上难免为舆论所迷惑，为政治所左右。因此出于统率、指导入伍壮丁和召集兵的需要，将校也必须时常注意舆论和政治的走向。"[7]

此后，军人（特别是军官）干政的潘多拉魔盒就被打开了。

---

① 1937年德国正式制定了吞并奥地利与捷克斯洛伐克的计划。由于预想到这一行为必将招致英法等国的反对，为了分散英法的势力，德国外交部长里宾特洛甫提出强化与日意两国的关系，将此前德日两国签订的《防共协定》强化发展为德意日三国之间的同盟条约。对于德方的提议，当时日本外务省因不愿公然将英法列为三国同盟的假想敌而持谨慎态度。此后，第一次近卫文麿内阁至平沼骐一郎内阁时期，围绕着三国同盟假想敌和自动参战义务等问题，日本国内一直未能完全达成一致。甚至支持德国提案的大岛浩驻德大使、白鸟敏夫驻意大使、陆军，与支持外务省的海军方面因为这一问题一度陷入了严重的对立。

② 1882年1月4日，在参议兼参谋本部长山县有朋策划下，由明治天皇向军人下发的敕谕。颁布本敕谕主要是为了在自由民权运动如火如荼之际，防止民权思想波及军队，在军队内确立天皇亲率、军人不得参与政治活动的原则。至战败为止，本敕谕和《教育敕语》一直是天皇制国家观念的两大支柱。关于《军人敕谕》的具体内容，总论中有具体介绍。

“五一五”事件发生后，在对参与事件的陆军士官学校学生进行审判的过程中，匂坂春平检察官针对“本案犯案之原因”做了如下陈述：“军人之职责在于保家卫国。因此即便是政治问题，如事关国防，军人便不能对其采取漠不关心的态度。”[8] 从中可以看出，当时甚至连对军人进行起诉的检察官都在重新解释军人与政治的关系。此外，当时青年军官的天皇观也逐渐发生了变化。“天皇乃是日本国的集约形态”，天皇的尊严并非来自“万世一系”，而来自“被继承的皇位本身”之类的观点开始产生。

总论中，笔者首先从明治初期的《征兵告谕》[①] 出发，对天皇制下的军队形态特征进行了归纳。在此基础上，通过分析明治时代制定的各项军队原则在昭和初期的变化，对青年军官发起的国家改造运动的意义进行了重新探讨。1932 年是一个特殊的年份，这一年，昭和天皇没能出席惯例上每年天皇亲临的陆军士官学校毕业典礼。同年，宫中侧近甚至做好了下发类似《五条御誓文》[②] 性质诏书的思想准备。

本书的八章内容，尽管篇幅和文体不尽相同，但各章的问题意识相互间有着深层次的关联。笔者在总论中，对昭和战前期天皇和军队之间关系的危机状况进行了描绘。其后的八章内容，则可以说是关于这一危机状况产生的前提条件以及危机产生后的发展归结的说明。因此，本书各章之间并没有严格的先后顺序，各

---

① 明治初期，大村益次郎曾主张以征兵制建立近代化军队。大村被暗杀后，继承其遗志的山县有朋等人在 1872 年颁布了《征兵告谕》，并于次年在此基础上制定了《征兵令》，规定从 1875 年起在除北海道、冲绳之外的全国范围内实行征兵制。

② 明治新政府成立后于 1868 年 3 月 14 日公布的新政方针。本誓约以明治天皇的名义发布，对内外展现并强调了天皇在政治上的主体性，对于近代天皇主权的确立有着重要意义。

位读者可以从任意一章开始阅读。

日本人在回顾历史的过程中，是如何通过战争记忆来构筑意识中的“国家形态”的呢？第一章中，笔者便针对这一问题进行了考察。

明治维新之后，逐渐拥有了宪法、议会以及征兵制军队等近代国家标准装备的日本，开始企图挣脱不平等条约体制的束缚，谋求独立。而在这一过程当中，从国家安全感和对外观念的角度来看，日本的中国观和朝鲜观又有着什么样的特质呢？这便是第二章所探讨的问题。

随着 1917 年美国的参战以及俄国革命的爆发，第一次世界大战的性质发生了根本变化。然而，日本的军事、外交领导者们早在 1916 年便已着手制定战后和约方案的框架。第三章中，笔者便将目光投向一战期间日本过早的“战后”准备工作，对当时日本希望通过战后和约获得的具体利益进行了分析。

其后的第四章是本书较短的一章。1931 年，陆军在国内策划了“三月事件”①，与此同时，关东军在外部更是谋划挑起了“九

① 1931 年春，陆军首脑和樱会激进派所策划的未遂政变。当时正值滨口雄幸首相遭遇暗杀受伤住院期间，陆军以小矶国昭军务局长、建川美次参谋本部第二部长为中心，联合樱会的桥本欣五郎中佐以及大川周明等民间右翼人士，计划发动政变占领警视厅，包围国会，逼迫内阁总辞职，其后建立以宇垣一成为首相的新内阁。虽然该政变计划最终并未付诸实施，但仍然对当时的政界、财界产生了巨大的震撼。

一八”事变。1940 年，大政翼赞会[①]宣告成立，德意日三国同盟正式缔结。而 1931—1940 年这十年中，日美两国对立的核心问题到底是什么？第四章便希望从理念角度出发针对这一问题进行分析。

正如前文所述，军人不干政这一军队的大原则在制定之后，逐渐被各方面势力从各种各样的逻辑出发进行了否定。在这一过程中，天皇与军队之间的关系也开始发生变化。第五章以第一次世界大战这场“总体战”爆发至第二次世界大战结束为止这一时期为分析对象，在时间轴上对该时期军人的政治介入问题进行分析。此外，进入 20 世纪 30 年代之后，日本国内针对《伦敦海军裁军条约》问题[②]的各种对立，以及“九一八”事变产生的日本与国际联盟之间的裂痕，又是如何让日本的政军关系发生变化的呢？这一章也将围绕统帅权与兵力问题的诸种议论的变迁过程，针对上述问题进行探讨。

之后的第六章以 1940 年为分析对象。这一年围绕着三国同

---

① 1940—1945 年间的国民运动团体。1937 年中日战争全面爆发后，建立一元战争指导体制，实现所谓的国民总动员，一直是日本政府面临的重要课题。第二次近卫文麿内阁成立之际，近卫及其侧近有马赖宁、风见章等人开始推行所谓的“新体制运动”，并于 1940 年 10 月正式组建了大政翼赞会。之后，该会便成了新体制运动的中核组织，其总裁由首相亲自出任。关于大政翼赞会的相关问题，本书第五、第六章涉及较多，读者具体可以参见这两章的内容。

② 1930 年，围绕辅助舰艇的保有量问题在伦敦召开国际裁军会议。日本海军在参会之前制定了所谓“三大原则”，即辅助舰保有总量对美七成、重巡保有量对美七成、潜水艇维持现有 78000 吨的保有量。然而伦敦裁军会议上最终达成的妥协案并未满足这“三大原则”。在滨口雄幸内阁决定签署该条约后，海军军令部和政友会等政治势力打出“统帅权干犯”的旗号对滨口内阁进行了猛烈抨击，引发了一系列后续的政治问题。《伦敦海军裁军条约》问题中出现的，针对政府和宫中势力的“干犯统帅权”“君侧之奸”式的批判方式，对于之后的日本政治史也有着重大影响。

盟、近卫新体制以及日美谈判这三大课题，日本国内各种政治势力之间发生了对立。而中日关系问题可以说是上述三大课题共通的背景。第六章中，笔者在描绘1940年日本国内政治势力的对立结构的基础上，针对当时日本构想的中日问题解决方案进行了论述。

第七、第八章均以1945年为分析对象。战败时，日本全国范围内曾普遍存在侵吞军需物资、财产的现象。这种现象并不是各地士兵独断专行的结果，而是铃木贯太郎内阁在总辞职前做出的最后阁议决定。这一阁议决定究竟是如何通过军令的形式传达到军队末端的？笔者在第七章中针对这一问题进行了论述。第八章则从花森安治的散文诗《战场》入手，对第二次世界大战末期日本国内各城市的空袭损失情况进行了考察。

总论

从天皇与军队出发思考近代史

这是书中篇幅最长的一部分，希望这篇总论既能为各位读者阅读之后的各章提供一些有意义的线索，也希望通过呈现若干新史料，多少改变各位读者对这一时代的既有印象，或提供一些审视这一时代的新视角。从上述定位来看，本章可谓是本书的“大本营”（base camp）。因此，笔者才将本章定位为“总论”而非“序章”。

明治初期，日本为政者为何要用“亲率”这一特别的理念将天皇与军队联结起来？明治时代颁布的《军人敕谕》树立了“军人不干政”的原则。然而到了昭和初期，“军人不干政”的原则又是在什么样的逻辑之下、以何种方式被逐渐瓦解的呢？希望各位读者能够抱着这一疑问，以此为线索来阅读其他章节。如此一来，想必各位便会对近代日本政治、军事与天皇存在形态之间的关系有更为深入的理解。

1. 天皇与军队的特别关系

阅兵式画面与“朕之股肱”这一关键词

提及“天皇与军队”，想必许多人脑海中都会浮现1940（昭和15）年陆军特别阅兵式的画面。同年10月21日，“纪元二千六百年纪念”[1]阅兵式于代代木练兵场举行。当天，昭和天皇骑着御马“白雪”，对由步兵部队、200多辆坦克、各种机械化炮兵以及500余架飞机组成的，总人数达43000人的受阅部队进行了检阅[2]。当时昭和天皇朗读了一段敕语，随后将其授予了陆相东条英机。该敕语文末有这样一段话：“汝等应倍加奋励，勠力同心，尽朕之股肱之本分，以此扶翼天壤无穷之皇运。”[3]在当时的国民眼中，受阅军人列于天皇御马前的画面，可能正是“朕之股肱”[4]这一表达的具象化[5]体现。

1940年制作的国策新闻纪录片《日本新闻》（日本ニュース），收录了此次阅兵式的高光部分。之后这部纪录片在全国各地的影院放映，阅兵式中的画面由此开始为全国观众所熟知。而在陆军阅兵式举行的10天之前，即10月11日，海军也在横滨外海举行了“纪元二千六百年”特别观舰式。当时天皇乘坐御召舰“比叡号”，检阅了以联合舰队旗舰“长门号”为首的6列98艘舰艇。在海军特别观舰式上，天皇也发表了类似的敕语。

对当年参加阅兵式、观舰式的陆海军军人来说，“朕之股肱”无疑是军旅生活中最为熟悉的语句。1882（明治15）年1月下发的《军人敕谕》[6]罗列了“忠节”“礼仪”“武勇”“信义”“朴素”五条军人应遵守的德目大纲。《军人敕谕》全文以“我国之军队，世世由天皇所统率”开头，其后又以天皇的口吻说道：“朕为汝等军人之大元帅，其亲尤深。朕赖汝等如股肱，汝等则仰朕如头首。”教育总监部[7]编纂的《军人敕谕谨解》（1939年版）针对这段文字的大意作出了如下解释：“朕为你们这些军人的大元帅，我们之间的关系特别亲密。朕视军人为手足，而军人们也应仰慕朕如同头首。”① 此外，《军人敕谕谨解》还专门引用了楠木正成之子楠木正行②向后村上天皇告别时，天皇赐予他的“朕以汝为股肱”这句话，用这一历史典故来向军人解释“股肱”之含义。从上述内容，我们大概可以推想当年入伍的现役兵和应召兵在军队内部所接受的精神教育的具体内容。

终战工作中的日美双方对天皇的利用

正如上文所述，在太平洋战争爆发的前一年，阅兵式和观舰式的宣传影片所塑造的，天皇与军队富含庆典式外在形式美的形象开始为国民所熟知。正因为如此，在太平洋战争临近结束之时，

① 《军人敕谕》原文对于当时文化水平不高的军人来说较难理解，陆军官方出版《军人敕谕谨解》的目的在于用较为白话的语言进行解释说明。

② 楠木正成与楠木正行为日本镰仓时代末期至南北朝时代的武将，父子二人先后辅佐南朝的后醍醐、后村上两代天皇。在近代，这对父子被标榜为日本历史上“尊皇”的代表人物，分别被尊称为“大楠公”“小楠公”。如今在日本皇居前广场还能够看到楠木正成的铜像。

日美双方在开展各类终战工作的过程中都曾尝试对天皇加以利用。在本书第七章中登场的，战前曾赴日留学，师从美浓部达吉学习宪法学的美国情报人员查尔斯·法什（Charles B. Fahs）[8]便曾提出：此前日本军方曾屡屡打着天皇的旗号来将自身的行为正当化。而我们也可以将天皇与军队剥离开来，转而将天皇树立成战后促进和平重建的象征。

而1945年3月之后，以东京帝国大学法学部长南原繁[9]为首的教授群体认识到，想要尽快结束战争，只能通过宫中势力和海军高层来直接与美国进行谈判。在此背景下，南原等人开始构想以天皇亲自颁布诏书的方式来结束战争，甚至为此起草了终战诏书的文本。南原等人认为，在本土决战即将到来之际，天皇是唯一有能力阻止军方进行无谓抵抗的人。因此，应该趁着英美等国还认为天皇尚有利用价值之际，尽快利用天皇的权威结束战争。在战争末期，日本本土还驻扎有几乎毫发无伤的700万大军，而天皇是唯一有能力命令这些军人放下武器、停止抵抗的人。因此在终战之际，日美双方都不约而同地将目光投向了天皇。

2. 军的逻辑与“幕府论”的存在

昭和天皇的辞世御制[①]

上文提及1940年“纪元二千六百年”阅兵式和观舰式中展现的天皇与军队的关系，以及战争末期的1945年，日美双方为了避免本土决战所制订的对天皇加以利用的计划。我们如果单纯将1940年和1945年两个时间点联系起来思考，似乎会觉得天皇一旦下发军令或停战命令，这些命令都能够立即在军中得到贯彻实施。然而事实真的如此吗？从下面一段昭和天皇晚年的小插曲中，我们似乎可以看到不同的风景。

1988年秋天，即昭和天皇去世前几个月，天皇本人还在对其在终战之际所写的8首和歌进行推敲。当时昭和天皇找到专门负责和歌相关事务[②]的宫内厅特别雇员冈野弘彦，让冈野从8首和歌中挑选一首作为正式对外公开的终战御制。冈野从中挑选了《思

---

① 所谓“御制”，特指天皇所写的和歌。

② 直到今天，每年年初日本皇室仍然会举行名为“歌会始”的仪式。仪式上，皇室全员会根据某个既定题目发表提前写作的和歌。此外，宫内厅还会事先向民间征集同一题目的和歌，并遴选其中的佳作在仪式中公开。由于和歌相关的皇室仪式的需要，至今宫内厅还会雇用相关专业的特殊雇员。

民之涂炭，为止战身亦可舍》（身はいかになるともいくさとどめけり　ただたふれゆく民をおもひて）一首。根据冈野日后的回忆，当时他便隐约觉得昭和天皇或许是想要挑选辞世之句[10]。在明治维新后建立的近代国家中，天皇作为军事领导者，在明治政府这一复古·革命政权当中起到了核心象征的作用。作为大日本帝国宪法体制下的第三代，也是最后一代天皇，昭和天皇的辞世御制以“止战”一词为核心，这本身便有着非比寻常的意义。

昭和天皇在终战之际的各种行为背后，其实有着一系列凶险异常的时代背景[11]。而孕育这种危险状况的，正是 1945 年 7 月举行的围绕是否接受《波茨坦公告》进行讨论的御前会议和重臣①恳谈会。当时在上述会议中，以陆军为核心的彻底抵抗派，与以东乡茂德外相、米内光政海相为首的，主张以国体护持为唯一条件接受《波茨坦公告》的一派发生了激烈的对立。对于这一问题，笔者将在第七章详细论述。彻底抵抗派认为，一旦日军接受同盟国的条件解除武装，则天皇制的维持，即所谓的国体护持将难以得到保证。8 月 10 日，作为前首相参加重臣恳谈会的东条英机以“天壤无穷之神敕”（神话中天照大神下赐给天孙的敕语）为依据，主张只有以军事实力为后盾，国体护持才有可能实现[12]。当然，所谓“神敕”本身并没有关于论证国体护持与军备维持的密不可分

---

①　20 世纪 30—40 年代的“重臣”是一个狭义的历史专有概念。在西园寺公望成为“最后的元老”之后，在后继首相推荐等问题上，如何构建一个扮演明治、大正时代元老角色的新群体，成为日本国内重要的政治课题。斋藤实内阁总辞职后，内大臣与西园寺召集了各位前任首相和枢密院议长，就后继首相的选任问题进行了商议。此后，这一会议的参加人员开始被称为“重臣”。此后，除后继首相选任之外，在一些重要国策的制定过程中也经常会召开重臣会议。

关系的内容。然而，东条在重臣恳谈会上将陆军比作海螺的壳，说一旦失去了壳，海螺本身（即天皇制）也就难以生存了。总而言之，强调军队与天皇、军备与国体[13]的不可分性，是以东条为首的彻底抵抗派的核心主张。

昭和时期天皇与军队的对立

在这部分里，笔者还希望对昭和时期天皇与军队之间的对立关系进行简单的梳理。从关东军密谋制造"九一八"事变的1931年，至日本宣布退出国际联盟的1933年，日本国内外接连发生了一系列重大事件。在国外，爆发了"九一八"事变和"一・二八"事变；而在国内，三月事件、十月事件①、血盟团事件[14]、"五一五"事件[15]以及神兵队事件[16]等恐怖袭击和武装政变频发。关于这一时期，笔者对以下两件事尤为重视。一是1932年7月11日，昭和天皇出于安全考虑未能出席陆军士官学校毕业典礼[17]。二是在1932年初至5月期间，内大臣牧野伸显、内大臣秘书官长木户幸一等人开始筹划颁布类似《五条御誓文》性质的诏书[18]。在此之前，关于天皇与军・军队之间的关系，我们只能从一些零星史料当中一窥其片鳞，很多时候想要把握其全貌是非常困难的。对此，笔者在本章中希望首先点出30年代初期天皇与军・军队之间的关系已然发生大幅动摇的事实。

---

① 樱会桥本欣五郎策划的未遂政变。"九一八"事变爆发后，为了呼应关东军，动摇若槻礼次郎内阁和金谷范三参谋总长的不扩大方针，樱会的桥本欣五郎中佐和长勇少佐计划于10月24日纠集近卫师团步兵中队、海军拔刀队袭击首相官邸等中枢机关，建立以荒木贞夫为首的新内阁。该政变计划虽然没有付诸实施，但在政变计划曝光后，日本政府的不扩大态度迅速软化。不久，若槻礼次郎内阁总辞职，以荒木贞夫为陆相的犬养毅内阁宣告成立。

作为否定词的“幕府”

当时，青年军官和民间的国家主义者经常给批判对象贴上“幕府”的标签。例如，神兵队事件①的被告之一天野辰夫，就曾经将自1925年起成为惯例的两大政党制②下的政党内阁比作“政党幕府”。其后，他又单方面地认为滨口雄幸内阁在签订《伦敦海军裁军条约》时并未取得加藤宽治军令部长的同意，并因此将滨口内阁比作未经孝明天皇敕许便与外国缔结条约的幕府，将滨口首相和币原喜重郎外相比作井伊直弼加以批判[19]。

除此之外，“幕府”作为否定词登场的事例还有不少。例如第六章所提及的，第二次近卫文麿内阁成立后，近卫首相自1940年8月起正式推动新党运动。对此，当时的精神右翼[20]批判说：“身为首相，以公权力为背景行一国一党之实，同时还身兼该党之总裁一职。如此行为‘实为扰乱一君万民之国体本义之举’，当下我们绝不能忘记前人依靠国体意识的自我觉醒推翻幕府统治的历史。”[21]原本，近卫及其智囊、政治学者矢部贞治③希望通过新党运动以一

---

① 1933年，以爱国勤劳党的天野辰夫为首的右翼分子策划的未遂政变。受到血盟团事件、“五一五”事件的鼓舞，天野也决定投身所谓的国家改造运动。之后，天野开始联络各地右翼组织、国家主义团体和陆海军军人，计划动用海军航空队轰炸首相官邸和警视厅，杀害斋藤实首相和各内阁大臣。最终警视厅特高警察得知了该政变计划，在政变实施前逮捕了参与政变活动的主要人员。

② 1925年《普通选举法》制定后，由立宪政友会和宪政会（1927年与政友本党合并，更名为立宪民政党）轮流执政的政党政治体制。

③ 政治学者，1939年出任东京帝国大学教授。作为近卫文麿的智囊参加了昭和研究会，任该会外交部会长。此后，矢部为近卫制定了新体制运动的各种草案，可以说是新体制运动在理论方面的领导者。

国一党的形式集结政治力量，从而实现对军部的抑制。然而，由于受到精神右翼方面“决不允许幕府性质组织的存在”这类反对论的影响，近卫等人的目标最终未能实现。另一方面，陆军省军务局长武藤章等人从军部的立场出发，也曾要求通过一国一党的模式建立军事优先的强力政治体制。但陆军的这一要求最终也由于精神右翼方面的攻击而流产。从这一事实来看，当时精神右翼拿来作为批判武器使用的“幕府”概念主要包含以下两层含义：一是指将行政和立法权囊括于一身的集权体制；二是指以军事力为背景形成的足以对抗天皇大权的集权体制[22]。

针对上述第二种含义的究极个例，即将政治和军事，或是军政（预算、编制）和军令（作战、用兵）的权力集于一身的集权体制的建立，军内部和其他各派政治势力当时都表现出了强烈的抵触情绪。正如第五章所述，战时围绕着飞机生产所必需的铝资源的分配问题，陆海军之间产生了激烈的矛盾。以此为契机，当时身兼首相和陆相两职的东条英机提出，希望进一步兼任参谋总长。对此，1944 年 2 月 21 日，参谋总长杉山元向昭和天皇表达了反对意见。他表示，东条首相希望将军队的编制、兵力决定权和战时的统帅、调遣权集于一身的做法，是“复辟幕府”[23]的行为，绝不能允许这样的事态发生。但杉山的反对意见最终未被采纳。就在同一天，东条英机正式兼任了参谋总长，海相嶋田繁太郎也兼任了军令部长一职。最终，由于 1944 年 6 月马里亚纳海战的失利、7 月塞班岛的失守以及英帕尔作战的失败，东条英机内阁于 7 月 18 日引咎辞职。除了战事失利之外，上述军政大臣兼任军令长官的人事决定，也是造成东条内阁倒台的远因之一。

3. 征兵制与《军人敕谕》

以天皇为顶点的国家体制形态产生的对立关系

正如上文所述，在昭和战前时期，每当有政军势力企图从根本上变革天皇与军部（军队）之间的关系时，在政治空间当中便会立即出现“幕府论”式的反对意见，而变革的能量也会因此瞬间冷却下来。

此前有不少优秀的研究成果以这段时期为焦点，描述了天皇与军部（军队）之间的紧张关系[24]。然而，这些著作往往只注重昭和天皇信奉国际协调主义的一面，将天皇与希望打破现有国际秩序，毫不犹豫地向大陆推行侵略扩张政策的军部进行对比，从这一视角出发来对两者的关系进行分析。而对天皇与军部（军队）之间非合理的牢固关系的形成背景则未做充分的论述。与上述研究相比，本章所描述的天皇与军部（军队）之间的对立关系则有着较为深厚的渊源。该关系不仅是一种围绕着以天皇为顶点的国家体制的应有形态问题产生的对立，亦是从明治维新到昭和初期为止，在日本一心推进近代化的过程中，围绕着眼前出现的各种政治经济制度缺陷的解决方式问题所产生的对立。

根据昭和初期担任侍从次长的河井弥八的日记记载，在“九一八”事变爆发的1931年，宫中势力①开始被迫考虑改变天皇（宫中）与国民之间的关系。1931年3月25日河井在日记中写道，当日他阅读了全国各地上交给牧野伸显内大臣的有关农民穷困潦倒的生活现状以及各地佃农斗争爆发状况的报告。5月20日晚上，河井又阅读了福泽谕吉所著的《帝室论》[25]。5月27日，鉴于全国各地农村歉收的惨状，加之考虑到世界经济危机的影响，昭和天皇也表示有意削减皇室经费[26]。其后宫中将天皇的这一想法告知了元老西园寺公望，并向其咨询意见。

明治初期天皇与军队的关系是如何构筑的？

明治初期的日本是如何构筑、创造天皇与军队之间关系的呢？在这一小节中，笔者希望首先就这个问题略作探讨。取得戊辰战争②胜利后不久，明治新政府便开始被迫面对国家军事力量的改编问题。当时新政府不仅要对幕末260余藩的军事力量进行改编，而且在国家层面军事力量的构筑模式问题上，以萨、长、土、肥等雄藩为代表的各派政治势力也纷纷提出了自己的意见和构想。这样一来，采纳哪一派的主张自然也就成了新政府面对的难题。从出身阶层来看，当时明治新政府陆军省的官员中，约有九成出身于士族阶层。然而，陆军省最后却没有选择士族志愿兵制，而是选择建立征兵制军队。陆军省之所以做出这一选择，与明治初

---

① 所谓宫中势力，主要指的是以内大臣、宫内大臣为核心的内大臣府、宫内省官僚群体。在某些语境下，宫中势力还包括元老在内。在明治宪法体制下，宫中势力独立于内阁。这里提及的侍从次长，是宫内省侍从职的次官。

② 1868—1869年，以萨摩、长州、土佐势力为核心的明治新政府军与德川幕府军、奥羽列藩同盟等势力之间的战争。自鸟羽、伏见战役开始，至函馆战役告终。

期政府内部的军事力改编构想有着直接的关系。

至1877年西南战争结束为止的明治时代的最初10年当中，士族叛乱、农民暴动以及民权派的议会开设运动时有发生。当时许多政治主体都担心，一旦上述三种运动联合起来，难免会形成天下“土崩瓦解”之势。下文中，笔者希望借助大岛明子的优秀研究[27]来总结明治初期各类兵制构想的竞争演化过程。大岛指出，废藩置县后士族的不满情绪持续发酵，针对中国台湾和朝鲜的外征论亦时常抬头。而这类现象的背后，其实蕴含着关于国家军事力改编的对立问题。这一结论在研究史上有着重要的意义。1871年10月，发生了中国台湾岛原住民杀害漂流至中国台湾岛南部的琉球人（宫古岛民）的事件。这一事件在日本国内引发了首次征台论。1872年7—8月，近卫都督西乡隆盛、熊本镇台鹿儿岛分营桦山资纪以及外务卿副岛种臣（佐贺出身）开始主张出兵中国台湾。而当时一旦决定对外出兵，政府派出的外征军很可能会以萨摩士族为核心力量。

征兵令所蕴含的理念

我们来重新回顾一下1872年12月28日颁布的征兵令（即《征兵告谕》[28]）。正如下文画线部分所引用的，当时征兵令的文字当中包含不少激进的四民平等理念以及对士族阶层进行尖锐批判的内容。

> 海内全民皆兵乃我朝上古之制。有事之日，天子亲为元帅，征募丁壮堪服兵役者而征讨不服。役毕则卸甲返家，复

归农工商贾之业。后世自称武士之徒，身佩双刀，抗颜坐食，更有甚者杀人而官不问其罪。然我朝古制之兵本非如此。（中略）今值大政维新之际，列藩奉还版图。辛未之岁（明治4年），复古来郡县之制。至于世袭坐食之士，则减其俸禄，许其脱刀。自此使四民获自由之权，平均上下、开人权齐一之道，铸兵农合一之基。

这一征兵令草案很大程度上反映了当时政府中主张激进的四民平等、秩禄废止论的太政官左院①的意向。太政官左院的后藤象二郎（高知）、宫岛诚一郎（原米泽藩士）与正院的板垣退助（高知）均对征兵令草案表示了支持。在板垣、后藤等人的支持下，征兵令最终得以颁布施行。明治政府之所以匆忙地推行征兵令[29]，其背后实际上有着新政府内“萨派”对“左院＋陆军省”这一权力结构的影响。

天下土崩瓦解之危机

1873年10月爆发的征韩论争的核心问题，除了是否应当向朝鲜兴师问罪之外，其背后还有新政府内部围绕兵制构想的对立问题。当时鹿儿岛的西乡隆盛、高知的板垣退助以及佐贺派，希望建立以士族为中心的国家军队，进而将军事力量的控制权从主张推行征兵制的陆军省手中夺过来，并将其集中于太政官正院手中。众所周知，作为岩仓使节团成员出访归国的内治派的大久保利通

① 1871年太政官制成立之时，在太政官下设正院、左院、右院三大机构，其中左院主要负责立法审议与咨询事务。1875年元老院成立后，左院被废除。

和木户孝允仅对征韩论表示反对。最终，在本次征韩论争中败北的西乡、板垣等人辞去了参议一职，同时100多名近卫士官也追随西乡等人辞职归乡。

在1874年2—4月爆发的佐贺之乱中，下野参议的一员、佐贺出身的江藤新平曾谋划联合西乡隆盛以及鹿儿岛士族共同举兵叛乱。这一举动对于新政府来说无疑是严峻的威胁。这主要是因为，在内乱发生之际新政府本应依靠熊本镇台[①]的兵力来对其进行镇压，但熊本镇台偏偏主要是由鹿儿岛和佐贺出身的士兵构成的。可以说，当时一旦鹿儿岛、佐贺、高知三县士族同时举兵叛乱，新政府便会面临“天下土崩瓦解”的危机。因此，为了阻止江藤与西乡结成同盟，新政府中出身萨摩的参议大久保利通、陆军少将西乡从道与正院的大隈重信（佐贺出身）共同协商后决定对外出兵，借此将一触即发的鹿儿岛士族的不满引向海外。1874年2月6日，政府经阁议决定出兵中国台湾。同时，新政府还在正院设立了“台湾蕃地事务局”，大隈亲自出任长官。而在上述过程中，陆军省一直被排除在决策机制之外。之后，由于日本国内外批判出兵中国台湾“师出无名”的声浪日高，政府被迫匆忙下达了停止出兵的命令。尽管如此，同年4月，在鹿儿岛志愿兵的强烈要求下，台湾蕃地事务局都督西乡从道最终还是率兵出征中国台湾。由此可见，当时国家方面已然无力抑制士族私党的举兵行动。此后，这一局势进一步酝酿，终于在1877年一发不可收。同

① 镇台是明治初期日本陆军的最大编制单位。1873年，日本全国共设有东京、仙台、名古屋、大阪、广岛、熊本6个镇台，每个镇台下辖2—3个步兵连队。1888年，镇台制被改组为师团制。

年，旧鹿儿岛藩士族拥戴曾任新政府参议（最高政治领导者）兼近卫都督（最高军事领导者）的西乡隆盛为领袖举兵，明治新政府所面临的最严重的士族叛乱——西南战争，自此爆发。

1878年12月5日，直属天皇的参谋本部宣告成立。参谋本部独立于掌管预算与人事行政的军政机关陆军省，是专司作战计划制定与军队指挥调动的军令机关。关于这一时期统帅权实现独立的原因，迄今为止的研究主要从以下两个方面作出了解释[30]。其中一方认为，在留德归国的桂太郎的主导下，日军导入了军令、军政相互独立的德式军制。另一方则认为，统帅权的独立是政府吸取西南战争和竹桥事件[31]教训的结果。所谓竹桥事件，是指1878年8月23日晚11点半，近卫炮兵大队士兵杀害大队长和士官的事件。因竹桥事件获罪的有360多人，其中55人被判处死刑。当时，担心自由民权运动波及军队的陆军卿兼近卫都督山县有朋，为了让军队、军人远离政治，才在军队中导入了统帅权独立的制度[32]。

山县有朋构想的天皇与军队的关系

山县有朋在1878年10月12日颁布了《军人训诫》[33]。《军人训诫》将忠实、勇敢、服从标榜为军人精神的核心，并明文规定，“不可评论天皇御容貌等琐事”，“不可妄议朝政，不可私论宪法”。此外，当时公布的《参谋本部条例》第六条也规定，“战时，凡军令皆出于天皇亲裁”。从以上条文出发，近年来永井和针对参谋本部独立与统帅权独立的原因与动机做出了新的富有说服力的解释[34]。他认为，政府既然树立了“万机亲裁”的制度形式，那么为了能够让天皇公平客观地处理军队人事等事务，就有必要设立一个独立于政治的辅弼机关。

木户孝允（1877 年 5 月病死）、西乡隆盛（1877 年 9 月战死）、大久保利通（1878 年 5 月遇刺身亡）去世之后，在山县有朋的主导下，由公民组成的征兵制军队在制度上开始直属于天皇。在此基础上，山县力图将明治天皇塑造成一个在政治和军事领域拥有可与西乡隆盛相匹敌的影响力的领袖。如此一来，原本没有任何军事领袖资质的明治天皇被新政府人为地赋予了军事权威。此外，新政府还人为地在天皇与征兵制军队之间建立了一种紧密的联系。1879 年 10 月 10 日颁布的陆军职制第一条就明确："帝国陆军全员直属于天皇陛下。"

这一时期陆军省的目标是建立以天皇为首的军队统御[35]体制，借此来阻止军队与政党势力相勾结，防止军队的私兵化，最终将民权派（日后的议会势力）与军事指挥权完全分割开来。而上文提及的《军人训诫》乃是由西周[36]起草，并在 1878 年以山县有朋陆军卿的名义颁布。想必当时山县也自觉地意识到，以臣下身份颁布的命令的效果存在很大局限性。关于这一点，美浓部在 1946 年发表的《宪法改正的根本问题》[37]一文中的论述可谓切中了要害。"重要的是形式，人心会因形式而产生细微的变化。（中略）某一政府命令一旦以天皇诏敕的形式颁布，便能够迅速支配人心，获得全体国民的服从。相反，如果只以议会决议或是总理大臣命令的形式颁布，很多时候便难以拥有与前者同样的权威效果。"

西周起草的《军人敕谕》

受山县委托起草《军人敕谕》的正是前文提及的西周。

1862—1865（文久 2—5）年，时任蕃书调所①教官的西周，作为德川幕府的第一批公派留学生赴荷兰留学，他在莱顿大学法学部师从卫斯林（Simon Vissering）学习自然法和国际法[38]。19 世纪 80 年代末归国后，挂职在参谋本部的西周可说是新政府中的全才。森鸥外 1909 年发表的小说《情欲生活》中，东老师这一人物的原型正是西周。森鸥外在小说中如此写道："东老师留学归国后，在饮食营养方面格外讲究。除了经常吃肉食这一点，其他方面都比较朴素。然而酒却是常喝的。从政府机关下班回家后，东老师例行会在夜里十点到十一点之间做些翻译的工作，之后再喝些小酒。"

19 世纪 80 年代西周起草的《军人敕谕》草案[39]中有如下内容："夫兵马大权与行政大权相终始，均隶属于我皇统之下"，"因此国法上，朕作为帝国日本海陆军之大元帅总领全军。而全军将士，无论官职尊卑，亦应尽服从之义务"。从中可以看出，西周并未从"历史"中去寻找军人应服从于天皇的依据，而是将这一依据与"国法"联结在了一起。从这一点来看，该草案可以说含有浓厚的西周个人特色。菅原光针对上述内容曾如下总结道："在西周的构想中，天皇并不是一个国体论层面的存在，亦不是以因袭上古之制的形式来掌握兵权，而是作为'国法'上定义的行政权之长，在名义上掌握国家的兵马大权。"

西周最初草拟的《军人敕谕》将"秩序""勇敢""朴素""信义"列为军人所应遵守的四大德目。值得注意的是，与正式颁布

① 幕府于 1856 年设立的西学研究教育机构。

的《军人敕谕》相比，西周草案并未将“忠节”列入德目之中。此外关于“秩序”这一德目，西周做了如下说明：“维持秩序不紊，乃是军人之首要精神。（中略）军人奉事各自隶属之机关，承机关之命，与亲承朕命别无不同。军人应以此为自身行为宗旨。”此外，关于“信义”这一德目，西周也在草案中说：“坚守信义本无军民之别，乃是为人之常道。（中略）不守信者，于上则结徒立党，非议政道，争论王统。于下则兴家内之争。近日亦有兴主义论证之徒。”针对这种情况，西周认为应当放弃以道德劝说为主的统制模式，果断采用法治主义，并一直主张，“所谓法治，貌似苛酷，实则留有许多宽大空间”。西周对于“法”的理解可谓是相当透彻[40]。

《军人敕谕》的形式及其在昭和时代的结局

此后，山县有朋对西周草案进行了修订，在“信义”这一德目中，加入了如下一段话，“为军人者，应不为党派舆论所拘。不妄议政治，安守本分节操。常思义重于山岳而死轻于尘芥”。正是这段强调“死轻于尘芥”的文字，日后怂恿着许多日本兵走上了死亡之路。后经福地源一郎（樱痴）[①] 的润色，这段文字的表达被修改成“为军人者，应不顾党派舆论之分裂，政治主义之变迁。唯思坚守忠节之本分，树立义重于山岳，死轻于鸿毛之觉悟”。同时，福地将这段内容列入了新设的“忠节”德目之下。此外，他

---

① 明治时代的著名记者。本为幕臣，明治维新后出仕于大藏省，并作为岩仓使节团成员之一出访欧美。1874年加入东京日日新闻社，并在之后成为该社社长。其间，他反对激进的自由民权论，在立宪等问题上主张渐进主义，因此也被部分民权派批判为“御用记者”。

还将西周草案“秩序”德目中“承机关之命，与亲承朕命别无不同”的表达，修改为“须知承上官之命即为亲承朕命”，并将其改列入了“礼仪”德目之下。经过福地的修改，《军人敕谕》中的“忠节”“礼仪”“武勇”“朴素”“信义”五大德目最终确定了下来。

山县十分注重《军人敕谕》的颁布形式。1881 年 12 月 27 日，他在写给太政大臣三条实美的信中表示：“本次颁发给陆海军的敕谕，其主要内容是天皇陛下亲自训告将士，宣布由陛下亲自统率陆海军。因此在文体上，本敕谕不应采用以往太政官奉宣之形式，而应在陛下亲署后直接将本敕谕下赐给军队。（中略）本次敕谕下行之手续，应采用陛下亲授陆海军卿之形式。之后再由陆海军卿将其下达至军队基层。”[41] 从这封信中可以看出，当时山县力求将《军人敕谕》打造成一份能够撼动广大将士内心的诏敕。惯例上天皇诏敕都会由主务大臣进行副署，并由主务大臣代替天皇对诏敕负政治责任。然而，格外注重《军人敕谕》颁布形式的山县坚持要求打破这一惯例，以天皇的名义直接将该敕谕颁发给陆海军。

在山县的坚持下，最终《军人敕谕》成了一份仅有天皇署名、无主务大臣副署的特殊政治文件。而多年之后，《军人敕谕》的颁布形式却在日本国内引发了重大问题，甚至日本国内舆论一度因该问题完全分裂。1935 年 3 月 8 日，在贵族院①大会上，井上清纯

① 明治宪法体制下，两院制帝国议会的上院。其议员主要由皇族、华族议员、多额纳税者议员、敕选议员构成。在设立之初，贵族院被赋予了议会体制下“政党政治防波堤”的职能。此外，下文在提及一些贵族院议员时，会经常在议员姓名后标注“研究会”“茶话会”之类的组织名称，这些都是被称为“院内会派”的贵族院内部派阀组织。

（毕业于海军兵学校，预备役大佐）向冈田启介首相和林铣十郎陆相发问，质疑《军人敕谕》的核心精神与天皇机关说这一宪法理论存在龃龉之处。对此，林陆相直率地回答，美浓部的天皇机关说和建军以来军队教育中所教授的宪法理念确实有所不同[42]。从历史发展的角度来看，可以说山县有朋构想的《军人敕谕》的颁布形式，最终在昭和时代引发了一系列不幸的历史结局。

而同一天的议会答辩中，林陆相还表示："陆军方面认为，长年以来美浓部博士发表的一系列宪法理论学说，与军队的传统精神，亦即我等最为尊崇的军人精神在某些方面确有不甚相符之处。（中略）因此数十年来，陆军并未在军队教育中采用美浓部博士的学说。"得知此事之后，昭和天皇专门通过侍从武官长①本庄繁要来了议会速记录，亲自对林陆相的发言进行了确认。之后，天皇在 3 月 11 日再次叫来本庄繁，向其表示："撇开皇位不论，在肉体上朕与尔等应无甚区别。然而，眼下一些人为了排斥天皇机关说，硬是想要把朕变成一个不能自主行动的人。这无论在肉体还是精神上都令朕感到万分困扰。"[43]

天皇的职务

在次节对昭和战前期天皇与军队之间的紧张关系进行论述前，还是先在此对天皇的职务进行简要概括，同时对《大日本帝国宪

---

① 侍从武官府的长官。虽然官职名称和宫内省侍从职的侍从长、侍从次长非常接近，但侍从武官府并非宫内省的下属机构。由于担任侍从武官或东宫武官的军人有机会频繁接触天皇或皇太子，更容易获得其信任，因此到了昭和战前、战时，不少在军中担任要职的军人，都有着担任侍从武官或东宫武官的经历。

法》和《皇室典范》体制①之下存在的不受该体制约束的例外领域进行确认。根据永井和的总结[44]，天皇的职务大致分为两大类：一是在国政、军事、宫中三领域作为祭祀和仪礼的主宰者；二是对国务、军务、宫务进行裁决。在典宪体制下，“天皇对国务、宫务、军务的诸般事项进行裁可，拥有国家意志的最终决定权”。这便是被称为“万机亲裁”的天皇职务体制。从天皇的行为视角来看，所谓“万机亲裁”的职务体制主要由以下两个部分构成：一是天皇对内阁、宫内省以及军部的上奏文件进行裁决，在有必要进行亲署的公文上署名。二是天皇接受内阁、宫中、军部的辅弼者（国务大臣、内大臣·宫内大臣、陆海军两总长及两军部大臣）的上奏，并进行表态。

明治典宪体制下，天皇在国务领域的辅弼责任基本由各国务大臣承担。但实际上仍存在一些不由国务大臣负责的例外领域，依照美浓部达吉的总结，所谓的例外领域主要有三类：与政府相分离的宫中事务的相关责任（所谓“宫中府中之别”）；与政府相分离的军·军队事务的相关责任（所谓“国务统帅之别”）；祭祀相关事务的责任[45]。近代日本在制定宪法、导入立宪君主制之后，天皇的政治安定性在很大程度上取决于上述这些例外领域与天皇之间的关系性的具体状况。换言之，宫中与天皇、军·军队与天皇，这两个领域的关系性是当时维持国政安定的基础[46]。

① 或称为“明治典宪体制”，由1889年同时颁布的《大日本帝国宪法》（明治宪法）和《皇室典范》构成。前者规定国家政府相关制度，后者规定宫中、华族相关制度，两者互不干涉。政府无权管理宫中事务，这便是下文所提到的“宫中府中之别”。再加上前文提及的统帅权独立原则，日本学界普遍认为，明治典宪体制是一个政、官、军严格分立的分权体制。

4. 针对宫中侧近的攻击以及“九一八”事变中的活动

国家主义者为驱逐牧野内大臣进行的策动

昭和战前期，“最后的元老”西园寺公望一直负责在内阁倒台后向昭和天皇推荐继任首相的人选。在本节中，让我们先来看一看当年的右翼和国家主义者们[47]针对西园寺这位内阁制造者都展开了什么样的策动工作。

1931年6月13日，即“九一八”事变爆发大约三个月之前，西园寺的秘书原田熊雄拜访侍从长铃木贯太郎，向其转达了关于宫中侧近的“西公之忧虑”[48]。当时西园寺的忧虑主要有以下一段背景。1928年6月4日关东军参谋河本大作密谋引发了皇姑屯事件，即所谓“满洲某重大事件”。在该事件的处理问题上，昭和天皇对田中义一首相非常不满。此后，在牧野内大臣同意的情况下，发生了昭和天皇训斥、逼迫田中首相辞职的事件。针对这一事件，国家主义者们纷纷打出“君侧有奸”的旗号对宫中势力展开了批判，并给西园寺寄去了不少要求牧野等宫中侧近辞职的意见书和怪文书①[49]。由此，西园寺才委托原田向宫中转达了自己的忧虑。

① 特指一些带有煽动性和政治攻击性的无署名传单和文书。

收到西园寺的警告后，河井弥八侍从次长向原田表示，上述这些说法都是“谣传”，是为了让宫中侧近失去元老信任的离间之计[50]。次日，河井又对宫内次官关屋贞三郎表示，“外部有人在策动针对宫内省要人的阴谋”[51]。

此外，当时国家主义者还在策划一系列活动，希望将牧野内大臣从宫中驱逐出去。关于这些活动的具体情况，我们可以从策划方留下的史料中发现一些蛛丝马迹。例如，血盟团事件和“五一五”事件的策划者之一、海军军官藤井齐，就曾在1931年6月21日的日记中留下了国家主义者针对西园寺进行类似策动的记录。藤井在日记中乐观地写道：“在宅野田夫（本名宅野清正，与黑龙会有来往的画家）等人劝说下，西园寺终于觉醒，开始考虑将牧野、一木（喜德郎，宫内大臣）一派从宫中驱逐出去。”[52]

在藤井日记中登场的宅野田夫，当时还给牧野寄去了恐吓信。1931年9月29日，警视总监高桥守雄向首相和内务、外务、宫内各大臣提交了《关于平时需特别注意人士的行动报告》（普通要注意人の行動に関する件）[53]。其中就收录了宅野寄给牧野的恐吓信的内容：“近期各大报纸都刊登了东久迩宫殿下亲自观览铭刀正重的照片。这可是当年岛田一郎用来斩杀您父亲大久保利通①的那把刀。此事的报道想必您也已经看到了。（中略）如今希望您能急流勇退。如今因您的怠慢和误导，圣德不昌，陛下日渐被宫中奸臣所蒙蔽。长此以往，宫中奸臣必然会逐渐将陛下引向不幸之道。以军部为代表，全国各方面都希望您能早日隐退，甚至皇族当中

① 牧野伸显是大久保利通次子，出生不久被过继到牧野家当养子。岛田一郎正是1878年在东京纪尾井町清水谷刺杀大久保利通的主谋。

都有人对您的所作所为表达了不满。”

在恐吓信中，宅野首先提及时任步兵第五旅团长的东久迩宫稔彦王观览岛田一郎用来斩杀大久保利通的刀剑一事，之后又批评牧野对天皇的辅弼存在各种问题，导致天皇圣德被蒙蔽，因此军部和皇族中有人对牧野表示不满云云，似乎在暗示对牧野心怀不满的皇族正是东久迩宫。东久迩宫曾赴法国留学，当时他沉迷于法国生活，即使滞法时间远远超过了宫内省和陆军省规定的期限也不愿回国。最后牧野和一木不得不以皇室经费预算不够为由，强迫东久迩宫回国。从长期担任东久迩宫随从武官的安田铁之助遗留的资料[54]来看，东久迩宫因为这件事一直对牧野和一木抱有很深的恨意[55]。

陆军的阴谋与三月事件

在国家主义者抬出东久迩宫对以牧野为首的宫中侧近进行批判的同时，另外一个问题也在酝酿当中。1931 年 6 月 26 日，内大臣秘书官长木户幸一得到情报，“军部方面正在和大陆浪人暗中联络，似乎策划着要在中国挑起事端”[56]。木户立即将该情报汇报给了牧野内大臣。此外，7 月 11 日木户搜集到的情报还显示，当时陆军内部对于大藏省编订的预算案存在强烈的反对意见。而 6 月 16 日，木户在住友家（当时住友财阀的家主是西园寺公望的亲弟弟）的别墅与陆军省军务局长小矶国昭、整备局长林桂、外务省亚细亚局长谷正之、情报部长白鸟敏夫，一同就“满蒙”问题和军制改革问题进行了会谈[57]，并在 6 月 29 日将会上搜集到的情报汇报给了牧野内大臣。

此外，从当时社会上流传的怪文书中也多少可以嗅到陆军阴谋的味道。依照司法省刑事局编纂的《以青年将校为核心的国家改造运动概要》（青年将校を中心としたる国家改造運動の概要）记载，1931 年 7 月 17 日，以参谋本部的长勇少佐为首，陆军士官学校第 28—42 期生共计 141 人联名向西园寺公望递交了有关“满蒙”问题解决方案的檄文[58]。在这一时期，国家主义者针对田中首相辞职一事对宫中侧近的攻击，陆军方面对于第二次若槻礼次郎内阁井上准之助藏相的不满，以及陆军在中国的阴谋，这三个问题近乎同时爆发了。

1931 年 8 月 7 日，原田熊雄便知晓了三月事件的计划[59]。当时西园寺指示原田，在调查清楚事实状况的基础上将此事上报给天皇、秩父宫①（当时秩父宫即将从陆军大学毕业）以及闲院宫（皇族长老，时任参谋总长）[60]。9 月 9 日，木户也从与革新派过往甚密的贵族院议员有马赖宁处得到了关于三月事件的详细情报。当时大川周明曾专门找到有马，邀请他参与三月事件。根据有马本人的总结，三月事件有以下三个主要特征：大量的共产主义者参与其中；以拥戴皇室为最终目标；乃是“拥戴天皇推行国家社会主义，以此推翻既有政党推行独裁政治”这一大川周明派的主张与军人相互共鸣的产物[61]。

---

① 昭和天皇的二弟。

5. 共产主义的影子

政变策划一方的共产党观

在这里，笔者希望略微对有马赖宁总结的三月事件的第一个特征，即策划发动政变的人群当中有不少共产主义者这一说法作进一步的发掘与验证。上文提及的海军军官藤井齐，曾经主导民间右翼、国家主义团体以及陆海军军人等群体之间的联合与协作工作。他还在 1928 年 3 月联合海军军官中的志同道合者创建了“王师会”[62]。从藤井的日记中可以看出，他当时在有意识地接近共产党。1931 年 2 月 5 日藤井在日记中写道：“傍晚，拜访东君（东昇中尉），与其一起策划种种事宜。据东君所言，他眼下正在连队内组织读书会，指导参会者阅读研究左、右两派的各类书籍。”[63]由此可以一瞥当时东昇中尉在驻长崎县大村的步兵第 46 连队内组织读书会的状况。在 2 月 12 日的日记[64]中，藤井又写道：“本日从东中尉处借来了记载共产党战术的‘参情报密’。”[65]

对于共产主义者，藤井在日记中评论说：“从大众化、组织化以及充分利用言论机关等角度来看，共产主义者的运动模式颇有可圈可点之处。”[66]2 月 14 日的日记中还写道：“本日阅读《所有与社会主义》一书[67]。（中略）之后全文抄写了苏维埃联邦的共产革命纲领。”[68] 2月23日的日记中又说：“眼下投身于无产运动的共产党员中不乏有为之士，应对其加以利用。”[69]《所有与社会主义》一书的作者，乃是担任满铁东亚经济调查局员的“俄国通”岛野三郎。作为一名运动家，岛野在1918（大正7）年加入了以满川龟太郎为后台的国家主义团体“老壮会”[70]，其后还参加了1919年北一辉创立的“犹存社”和1925年大川周明创建的“行地社”。

共产主义者与军人的关系

前面笔者以藤井齐为例，简要介绍了血盟团事件、“五一五”事件等恐怖袭击、政变活动策划方的共产党观。接下来，希望对海军军官滨勇治和伦敦海军裁军会议召开时的军令部长加藤宽治之间的关系略作探讨。值得注意的是，滨勇治长期和共产主义者有着密切往来，其个人思想也非常倾向于共产主义。

这里笔者希望引用一段小笠原长生的日记。小笠原长生一直以来都是东乡平八郎的左膀右臂，而东乡本人曾任东宫御学问所①总裁，并在1913年获得了元帅头衔。根据1932年小笠原日记的记载，同年5月20日召开的军事参议官②会议闭会后，与会者们坐下来闲谈。其间，有两个问题引起了与会者的警觉：一是刚刚发生的“五一五”事件中有共产主义者参与，二是前海军军令部长、时任军事参议官的加藤宽治也与共产主义者有所往来[71]。加藤宽治

① 在裕仁从学习院初等科（相当于小学）毕业后，专门设立的对其进行中等教育的机关。

② 即军事参议院的构成人员。军事参议院是天皇的军事咨询机关，负责在天皇提起咨询时，就军事事务向天皇提供意见。其成员由元帅、陆海军大臣、参谋总长、军令部长以及其他天皇任命的陆海军将官构成。

可谓海军中的“俄国通”，在日俄战争之前，曾担任海军驻圣彼得堡的特派员。其间，他还和广濑武夫一起去波罗的海沿岸刺探俄国的军港情报[72]。

加藤宽治在5月20日的日记中并没有记录当日军事参议官会议的具体情形，但他在7月4日的日记中写道：“今日召开军事参议官会议。（中略）会议一直开到下午，会上做了关于‘五一五’事件的报告。山田的态度十分轻率。”[73]这里所提及的山田，推测指的是海军法务局长山田三郎[74]。在1931年10月19日的加藤日记中，山田也曾登场。当时正值十月事件的内幕曝光，山田找到加藤，针对海军军人与陆军青年军官之间的相互往来状况进行了调查[75]。而小笠原长生在日记中所说的，与加藤宽治有所往来的共产主义者，很可能指的就是滨勇治。加藤宽治在1932年2月3日的日记中写道：“外语中文科滨勇治大尉上午来访，报告了西田税和北一辉的不法行为。听了我的话后，滨倍感愤慨，对彼等大加责难之后告辞。”[76]加藤在日记中专门记载滨勇治隶属于“外语中文科”。事实上，在1929年11月至1930年12月间，滨勇治隶属于海军上海特别陆战队，从1931年4月起作为海军大学校乙种学生进入外国语学校中国语科进修学习[77]。从滨勇治的履历可以想见，他的中文水平应该很不错。

此外，滨勇治还是藤井齐创立的“王师会”的成员之一。藤井在1931年8月28日的日记中记载：“本日滨勇治来访。（中略）滨与共产党似乎有所联络。”[78]10月23日，藤井又写道：“晚上，把滨勇治叫来水交社①，同他聊到很晚。（中略）迄今为止滨心中的种种疑问至此烟消云散。他发誓今后将听我的指示，帮忙刺探中央的机密情报，同时还会帮忙处理各种通信联络工作。”[79]当时，滨勇治作为海军大学校委派至外国语学校进修的学生，其身份非常适合在东京从事改造运动的联络工作。在1932年的血盟团事件中，滨勇治因涉嫌隐匿小沼正用来暗杀前藏相井上准之助的手枪，并在菱沼五郎暗杀三井合名理事长团琢磨的过程中向其提供凶器，于同年3月9日被海军省法务局逮捕[80]，并于3月12日起被关押在横须贺海军监狱。主持对滨勇治进行审讯的木内曾益检察官撰写的“滨勇治审讯材料”中，也明确记载当时滨乃是“海军各同志之间的联络管道”[81]。

滨勇治出生于长野县诹访。1933年2月4日，诹访地区曾经发生所谓的“教员赤化事件”。该事件中，当地的不少学校教员因涉嫌违反《治安维持法》而被逮捕。虽然被捕的教员大多实际上并非共产党员，但其中许多人还是以涉嫌违反《治安维持法》“目的遂行罪”② 被起诉。所谓滨勇治与共产主义者之间的联系，大概指的就是他在诹访当地的这一层关系吧。

当时的日本共产党

藤井齐曾长期关注日本共产党的活动。当时东京帝大学生田

---

① 1876年创立的海军军官交流、亲睦机构。

② 1925年制定的《治安维持法》最初只禁止组织、加入旨在变更国体、否定财产私有制的团体的行为。然而1928年，《治安维持法》以紧急敕令的方式被大幅修改，列入了“目的遂行罪”这一罪名，将“为遂行结社目的之行为”也列为处罚对象，大幅扩大了该法的适用对象范围，使其成为政府大面积取缔社会主义运动的法律武器。

中清玄[82]和自莫斯科留学归国的佐野博等所谓极左派把持了日本共产党的领导权[83]。据田中清玄的回忆，在他担任日共总书记期间，日共树立了武装革命的方针[84]。此外，田中也曾在回忆录和采访中表示，他在就读旧制弘前高校时就认识了大川周明、矶部浅一以及村中孝次①等人。虽然田中的这些回忆的可信度尚需进一步验证，但我们大致可以认为，奉行武装革命方针时期的日共与军队内的青年军官之间其实是很容易产生共鸣的。

如今我们很难对当时处在政府严厉镇压取缔下的日共运动做出客观公正的评价。不过，通过一些史料我们可以一窥当年共产国际究竟是如何看待日本的共产主义运动的，这对我们了解日共运动的状况也有很大的参考价值。1932 年 12 月 11 日，在莫斯科召开了共产国际执行委员会政治书记局会议。会上，共产国际方面认为："日本共产党无疑在强化军队内部工作方面取得了成功。如果说 1930 年是煽动、宣传之年的话，那么 1931 年对日本共产党来说便是组织之年[85]。在这一年中，日本共产党在军队工作领域，特别是培养军队内部细胞方面，取得了巨大成就。进入 1932 年后，军中士兵开始积极开展各类行动。这可以说是 1932 年日本共产主义运动的特征。"[86]

此外，当时的共产国际政治书记局会议报告还写道："众所周知，在上海出现了日本士兵公然抗命的现象。此外，日本的军用飞机还在上海空投了不少共产主义传单。"[87]关于这一事件的记载，最初见于日本共产党军事部创办的面向士兵的报纸《兵士之友》

① 矶部浅一、村中孝次均为"二二六"事件的主谋。在事件后，两人均被判处死刑。

（兵士の友）创刊号上[88]。由于该报当时被送到了莫斯科，因此报上刊登的内容便引起了共产国际政治书记局的注意，最终将其写入了会议报告。

西园寺公望眼中的社会情势

这一时期，元老西园寺公望也开始怀疑军队内部与共产党之间存在联系。当时西园寺手中汇集了上到警视总监报告，下到各种国家主义团体的怪文书等各个渠道的情报。那么在西园寺眼中，当时日本的社会情势究竟是一个什么样的状况呢？1931 年 10 月 6 日，西园寺对原田熊雄这样说道：

> 通过观察近来陆军年轻军官们的结社状况，同时对汇集到我手中的各种情报加以分析，可以发现，近来日本社会当中出现了一些巧妙的、过去不曾有过的现象。在我看来，陆军里大概是混入了一些红色分子。综观世界历史，每当帝制覆亡之际，都会出现类似的现象。从这个角度看，这种现象可以说是颠覆帝制、开展革命的前提手段。（中略）近来陆军的在乡军人①纷纷宣传说，陛下的幕僚长——参谋总长或陆军大臣在面见陛下时，陛下总是摆出一副不耐烦的面孔抱怨说，“你怎么又来了”。此外，每当陆军内部有结社活动，这些人也总会宣传说某某皇族对本次结社表示赞成，甚至签下了所谓的血判状云云。这类流言大多是从陆军那边传出来的，由

---

① 主要指退出现役、回归原籍的预备役、后备役军人。1910 年，在田中义一的主张下，日军设立了负责在乡军人的训练、教育工作的全国性组织——在乡军人会。

此可见，陆军内部怕是有极左势力在活动。[89]

“综观世界历史”一语，乃是西园寺此段述怀的重中之重。西园寺自 1871 年起留学法国长达 10 年，其间，他耳濡目染地受到了巴黎社会氛围的熏陶。在伊藤博文赴欧洲调查宪法制度之际，西园寺也参与了对欧洲王室法的调查工作。其后，他还历任日本驻奥地利、德国、比利时公使。提起“王室”“革命”“极左”这些词汇，当时全日本能在脑海中描绘出最为具体形象的人，想必就是西园寺了。

6. 士官候补生的天皇观

主张皇族无存在意义的锦旗革命论中的天皇形象

宅野田夫在寄给牧野伸显的恐吓信中，曾将昭和天皇风评不佳的责任归咎于宫中侧近，认为侧近没有履行应尽的辅弼职责。而当时陆军内部也存在对昭和天皇不满的声音。1931 年 9 月上旬，在陆军内部拥有不少人脉资源的立宪政友会干事长森恪找到近卫文麿，透露陆军中有部分人在散播“今上陛下实乃庸才”[90]之类的流言。同年 12 月，侍从武官长奈良武次在日记中写道：“近来陆海军内部都出现了军纪颓废的问题。不少青年军人相互联络，在民间策士的煽动教唆下，与北一辉、安冈正笃、大川周明之流相互勾结。此外如步兵第三连队菅波（三郎）中尉之徒，暗中在军内宣扬所谓锦旗革命论，同时还向士官学校学生传播天皇否定论，导致两名学生因思想问题遭到退学处分。”[91]两名受到退学处分的学生分别是野炮兵第 25 连队士官候补生池松武志，以及步兵第 45 连队候补生米津三郎。

上述现象给奈良武次的内心造成了很大的冲击。那么被奈良视为锦旗革命论宣传者的菅波三郎，究竟在军中传播了什么样的思想呢？根据池松武志的供述，在 1931 年 11 月 23 日的同志聚会上，菅波三郎做了如下主旨讲话[92]。首先，菅波将日本国体的历史分为了三个阶段。第一阶段是古代，当时国民都还处于蒙昧状态，只有天皇一人是觉醒的。藤原时代至幕末为第二阶段，这一时期有部分国民觉醒，并演化成了辅佐天皇的势力。第三阶段则是明治维新之后的时代，“全体国民都实现了觉醒，社会在政治体制层面亦实现了人格的平等”。“在悠久的历史过程中，天皇一直位于国民先列，指引国民成为具备健全人格之人”。按照战前的价值观来看，以上内容似乎没有太大问题。不过，之后菅波的如下发言却引发了争议：“简而言之，天皇即为日本国的要约形态。理想日本的最终模式即为天皇自身的形态。”下划线部分可以说与如今《日本国宪法》第一条中“象征”① 的含义十分接近。

如今我们还可以看到当年受到退学处分的陆军士官学校学生米津三郎撰写的各类宣言纲领[93]。米津在1931年12月撰写的“纲领（草案）”第一条中首先写道：“天皇行使大日本帝国的统治权”，之后又进一步做了论述：“应明确统治权属于国家，而天皇为国民的一员。天皇之尊严既不存于其血统，亦非存于其人格，而是存于天皇代行之统治权本身。从这个角度来看，皇族和华族这两个特权阶层并没有存在的意义。”米津所主张的统治权属于国家的理论，也正是美浓部天皇机关说的核心精神所在。

由于日本官方否定天皇机关说是1935年的事，因此米津在1931年末撰写的上述纲领中即便出现类似天皇机关说的内容也并没有什么问题。然而，该纲领中关于天皇尊严之由来的论述非常

① 《日本国宪法》第一条：天皇日本国之象征，亦是日本国民整体之象征。其地位基于主权所在的全体国民的意志。本条是规定战后日本“象征天皇制”的核心宪法条文。

值得我们注意。米津认为，天皇的尊严并非来自“万世一系”，而是来自其作为统治权的最高机关这一事实。换言之，承担天皇的职责这一行为本身，便是天皇尊严的由来。在当时的时代背景下，这无疑是一种过激的天皇论。米津进而认为，除天皇本人外，其他皇族群体没有存在的意义。这一观点更是给当时的司法机关带来了巨大的冲击。

1872 年 12 月 9 日发布太政官达①规定，“自今皇族应从事海陆军人一职”[94]。此外，从明治天皇和有栖川宫炽仁亲王之间深厚的互信关系也可以看出，自明治初期开始，皇族作为一个拥有特殊地位的军人群体，对天皇在军事领域身为大元帅的职能起到了辅助作用。而这种辅助作用亦是皇族的存在意义之一。从这个角度来看，米津主张的皇族否定论可以说从源头上威胁了天皇在军事领域辅佐者的产生。

池松武志也曾针对上述纲领评论说：“虽然皇位是按照血统代代传承的，但是天皇作为我等的代表和领导人，其尊严不应依属于血统和肉体，而应当依存于被继承的皇位本身。”[95]池松的这一论述将天皇的尊严与血统分割开来，认为天皇的尊严来自皇位，也就是天皇所履行的职责本身。

那么，藤井齐对天皇又是如何认识的呢？组建勤劳无产党的远藤友四郎（远藤无水）曾撰写《天皇信仰》一书，并发起了名为“将一切奉还天皇”的运动。藤井齐曾这样评论该运动：“国家人民本非天皇私有之物。（中略）天皇、国民、国土均为社稷的组

① 指明治初期太政官制度下，以太政官名义向政府各部门下发的法令。

成部分。唯一的不同在于，上古时期天皇对社稷的生成化育起到了辅助作用，并在之后的历史当中一直以此为‘道业’。因此没有天皇，社稷生成化育的机能便会丧失。换言之，没有天皇，日本这个国家便会分崩离析。”[96]藤井使用的“道业”一词颇值得玩味。该词本为佛教用语，意指佛家修行，这里藤井用来指天皇在很长一段历史时期中一直以国家运营为家业。

作为人心归一之基轴的皇室

正如前文所述，美浓部达吉认为宫中与军是不受明治典宪体制约束的两个例外领域。正因如此，宫中与天皇以及军与天皇之间的关系安定与否，会对国政运行的稳定性产生直接影响。曾师从冯·施泰因学习宪法知识，并亲自建立日本宪法体制的伊藤博文认为，在西欧世界中，神（基督教意义上）与宗教乃是“人心归一之基轴”。而在没有一神信仰的日本，又要如何实现近代化呢？1888年6月18日，时任枢密院议长的伊藤表示：“在我国，宗教之力羸弱，难以负担国家基轴之职能。（中略）唯有皇室能够成为国家之基轴。”[97]

在伊藤博文的构想下，皇室（天皇＋皇族）被塑造成了人心归一之基轴。三谷太一郎[98]、坂本一登[99]和泷井一博[100]已经对伊藤博文构想下天皇在政治体制中所扮演的角色进行了充分的论述，对此笔者便不再赘述。

7. 关于事件的计划性

没有后续计划的袭击事件

20 世纪 30 年代初是一个恐怖袭击事件频发的时期。除了有人实际遇害的血盟团事件和“五一五”事件，其他诸如神兵队事件等未遂恐怖袭击事件亦是屡见不鲜。迄今为止关于上述事件的研究经常会讨论，为什么事件策划者在杀害政界、财界巨头之后，往往没有进一步的行动。换言之，为何这些恐怖袭击事件往往显得缺乏后续的计划性[101]。关于这一点，筒井清忠的研究[102]给出了一个具有划时代意义的解释。筒井认为，当时的青年军官运动本就应当分为两类：一类是本身以“斩奸”为目的的天皇主义派运动，另一类则是希望通过疏通上层人脉的方式来实现政治变革的改造主义派运动。

此外，牧原宪夫针对旧自由党左派引发的大阪事件①的研究，也为我们提供了一个很有价值的分析视角[103]。牧原首先着眼于大

---

① 1885 年，以大井宪太郎为核心的自由党左派曾策划发动政变。政变计划曝光后，参与计划的上百人被捕。当时大井等人宣称政变的目的在于支援朝鲜独立党，打倒朝鲜守旧党政权。但正如作者下文所说，关于大阪事件的一系列研究指出，大井等人策划政变的主要目的在于内政改革。

井宪太郎等人为大阪事件筹集的资金总额，并在此基础上提出疑问，如果大阪事件的目的真像谋划者们所说，是为了支援朝鲜独立运动的话，哪里需要筹集这么多钱。而如果事实并非如此，那么大井等人又为什么要在审判过程中将大阪事件粉饰成支援朝鲜独立的义举呢？最终牧原在参考各种史料的基础上得出了一个令人信服的结论：如果大井等人一口咬定大阪事件是为了支援朝鲜独立，那么在审判中他们最多会被以外患罪论处。换言之，大井等人如此强调乃是一种刻意为之的法庭战术。

当时大井等人预想不久之后明治政府制定颁布的《大日本帝国宪法》以及帝国议会的相关规则将会非常保守，根本无法令民权派满意，进而认为必须发动政变逼迫政府进行内政改革。这才是大阪事件的真正目的所在。而在被捕之后，大井等人为了隐瞒在国内发动政变的计划，这才在审判中编出了所谓支援朝鲜独立这套无稽的谎言。

大审院[①]主持审理的神兵队事件

沿着上述牧原研究的视角，我们再来看一看神兵队事件的具体情况。由于东久迩宫的随从武官安田鐵之助因该事件被逮捕，因此当时各方面都担心神兵队事件的公审会牵连皇族。日高义博、石村修、大谷正等人在对神兵队事件被告辩护律师今村力三郎遗留的史料进行分析后，推测当时政府很可能为了避免皇族在审理

---

① 1875年成立的近代日本的最高司法机构。1947年《日本国宪法》实施后，该机构被最高裁判所取代。1890年模仿德国司法制度制定的《裁判所构成法》规定，针对皇室的犯罪和内乱罪由大审院直接负责审理，且一审即为终审。

过程中受到牵连，因此希望以涉嫌“内乱预备罪”起诉神兵队事件的被告，并由大审院对该事件进行审判[104]。实际上，当时大审院法官三宅正太郎也曾私下向原田熊雄透露，在神兵队事件的预审过程中，伏见宫和秩父宫的名字被嫌疑人多次提及[105]。三宅便建议原田“尽量以涉嫌内乱罪对本案被告进行起诉，这样就可以将本案直接送交大审院审理。为此我们也已经搜集了足够的证据”。

如果以涉嫌内乱罪对神兵队事件的被告进行起诉，那么按照当时的《裁判所构成法》，该案件的审理权将会直属大审院，且一审即为终审。在大审院对神兵队事件进行审理的过程中，检方曾主张：“被告人策划的本次暴动之目的，在于颠覆政权中枢，并对宪法等诸般制度从根本上进行不法变革。因此构成内乱预备罪。”[106]对此辩方表示，被告人的行为属于正当防卫或紧急避险，是自救之行为，主张被告无罪。

最终大审院驳回了检方的主张，以杀人预备罪和放火预备罪的罪名对神兵队事件的被告做出了判决[107]。大审院方面给出的判决理由说，内乱罪只适用于以“紊乱朝宪”为目的的犯罪行为，而神兵队事件的主要目的在于通过杀害阁僚更迭内阁，并没有企图颠覆内阁制度本身，亦没有对其他“朝宪”进行不法变革的动机，因此不能适用内乱罪。

“五一五”事件审理中辩方的逻辑

接下来，笔者想要探讨一下在“五一五”事件审理过程中辩方的逻辑。“五一五”事件发生后，菅原裕承担了参与该事件的陆军士官学校学生的辩护工作。值得一提的是，战后菅原还在远东国际军事法庭的审判中担任了荒木贞夫的辩护人。1933 年 8 月 23 日，在陆军第一师团的军法会议上，菅原为被告学生进行了长时间的辩护。菅原表示已经从全国各地收到了 5 万多封要求对被告人从轻发落的请愿书，甚至有多人同时还寄来了断指。

在辩护过程中，菅原提出“五一五”事件应当适用国家防卫权理论[108]。所谓国家防卫权理论，是指在国家面临危急情况时，在别无选择的情况下，国民有行使一切手段防止国家遭受侵害的权利与义务。菅原主张，1932 年 5 月，也就是“五一五”事件发生时，日本正处于极为危急的状况下。为了论证这一观点，他在法庭上将“九一八”事变至“五一五”事件期间日本社会的危机状况总结为以下三点，其中不乏一些我们经常可以在教科书上看到的内容：经济上，世界经济危机对日本造成了巨大打击；外交上，由于中国东北问题，日本在世界范围内陷入了孤立；日本东北和北海道等地的农村发生了严重的饥荒。农民暴动、共产革命可谓一触即发。菅原认为，青年军官们正是认识到了以上种种社会危机，才决心在国家危急存亡关头有所作为，因此主张依照国家防卫权理论裁定被告军人无罪。

此外，为了论证日本正处于危急存亡的关头，使被告人获得国民的同情，菅原还准备了一个撒手锏。1932 年 1 月，全国农民联合会青森县分会委员长淡谷悠藏[109]在对青森县西北部歉收地区进行实地调查的基础上，撰写了有关东北农村穷困状况的报告。菅原就在法庭上朗读了这份报告，并在报告中添加了自己的解说内容，将其做成传单在社会上广泛散发。

淡谷这份报告的内容可谓触目惊心。其中记载青森县车力村的学童“几乎全员处于饥肠辘辘的状态中”。该报告还在总括部分写道：“（1）歉收的影响：与佃农相比，渔民和其他农业劳动者的状况更为凄惨。（2）救济措施：当下政府完全没有制定相关的救济政策。恐怕将来也很难有针对渔民和其他农业劳动者的救济措施出台。被国家抛弃的老百姓只能坐以待毙。”

“五一五”事件是一场由海军士官、陆军士官候补生以及民间右翼发动的，以国家改造为目标的恐怖袭击事件。而在法庭辩护过程中，为了获得舆论的支持，辩方甚至将全农联合会县分会这一农民左派组织的报告拿来作为武器。通过这一手段，辩方成功将舆论中对体制内的政党、财阀和地主的愤怒转化成了对被告的同情。淡谷基于实地调查数据撰写的这份报告所反映的农村歉收、饥荒的景象，与以往人们心目中以佃农、地主矛盾为主轴的农村印象完全不同。在 1931 年 7 月 7 日开始的针对“三一五”事件和“四一六”事件①的审理中，法庭上被告人的陈述成了共产党干部们宣传自身主张的良机。借此机会，共产党的主张也首次在舆论当中宣传开来。可以说，这次审判在日本共产党历史上有着重大意义。与此类似，在针对右翼·国家主义运动的审判过程中，法庭陈述也成为右翼、国家主义者向大众宣传自身行为正当性的工具。

在“五一五”事件庭审之际，社会舆论环境中“国家正处于

---

① “三一五”事件和“四一六”事件分别于 1928 年 3 月 15 日、1929 年 4 月 16 日爆发，是日本政府针对全国各地的共产党活动的取缔镇压事件，大量日本共产党员在事件中被逮捕、起诉。

危急存亡关头”这种印象与氛围越是浓厚，辩方逻辑的说服力便会越强。从血盟团事件和“五一五”事件的实际行动中，我们确实无法知晓事件发起者们制定的具体的国家改造计划。从这个角度来看，审判过程中，被告人会被认为“在对现体制进行破坏后，并没有对下一步的建设计划做充分的考虑”[110]也在情理之中。不过，这其中或许也有类似的法庭战术的因素存在。有关血盟团事件和“五一五”事件的计划全貌，至今还有许多不甚明了之处。作为今后研究的课题，我们可以通过对藤井齐以及陆军士官学校学生制定的运动纲领进行分析，并在此基础上对上述事件的详细经过进行复原。

8. “一·二八”事变的意图

三友实业社毛巾厂

“五一五”事件中，袭击发起者们手中的手枪和子弹，其实是在1932年4月从停战不久的上海战场搞来的。检方在审讯“五一五”事件嫌疑人的过程中，也曾多次质问武器弹药的具体入手渠道。例如检方曾质问菅波三郎，1932年4月3日是不是在上海的三友实业社毛巾厂见过海军士官村上格之[111]和大庭春雄，又在4月17日从村上格之的手中拿到了南部式手枪和子弹。

上海三友实业社毛巾厂这一地点的背后是不是有什么内幕呢？想必各位读者也十分在意。通常，日本历史教科书会针对1931年9月爆发的“九一八”事变以及1932年1月爆发的“一·二八”事变之间的关系作出如下叙述：1931年12月，国际联盟理事会派遣所谓的李顿调查团对日本以及中国东北地区进行了视察。为了在此过程中将国际社会的注意力从中国东北问题上转移，日本的特务机构谋划发动了“一·二八”事变。

而在日本海军官方编纂的战史草稿中，辩解说“一·二八”事变之所以会发生，是因为有日莲宗的僧人在上海三友毛巾公司的工厂遭到了公司职工的袭击（所谓的袭击实际上是日方的自导自演)。关于三友毛巾公司，海军方面也在草稿中将其标注为“中国人经营的三友实业社”[112]。1932年1月28日，日方以三友毛巾公司的冲突危机为借口，自导自演地引发了“一·二八”事变。而三友毛巾公司同时也是此后“五一五”事件参与者获取武器的地点。这背后是不是有更深层次的目的呢？日本国内发生的政变和在海外策划的阴谋之间，是不是有着某种相互呼应的联系呢？

财阀的困惑及在上海制造事变的意图

当时，意图推行国家改造运动的右翼和国家主义者，时常会批判财阀、政党、宫中等势力之间相互勾结。而被右翼和国家主义者视为敌人的上述高层势力，在1932年2月17日聚集到了原田熊雄家中。当时正值前藏相井上准之助被暗杀（2月9日）后，三井合名理事长团琢磨被暗杀（3月5日）之前[113]。当天在原田家聚会的成员名单蔚为大观，除元老秘书原田本人外，还有内大臣秘书官长木户幸一、海相大角岑生、外务省亚洲局长谷正之、横滨正金银行行长儿玉谦次、三井合名理事安川雄之助、三菱商事会长三宅川百太郎、住友支配人矢岛富造以及东亚同文会、日清汽船的白岩龙平。

之所以召集这场聚会，是因为三大财阀、横滨正金银行以及东亚同文会的首脑希望向大角海相确认“一·二八”事变的动向。在聚会上，大角表示海军正面临比日俄战争时更为困难的局面。此外，1931年11月14日，原田还从三井的池田成彬以及横滨正金银行的儿玉谦次处听说英国可能要再度宣布禁止黄金出口，加之受美国财政恶化的影响，日本国内出现了资本外流的趋势[114]。

上海是当时列强在东亚地区的据点。从常理来思考，我们很难将在上海引发大规模军事冲突解释成是为了将列强的注意力从“九一八”事变转移开。实际上恰恰相反，“一·二八”事变这一愚蠢的行动反而将世界各国的注意力集中到了远东地区。正如上文所说，“一·二八”事变爆发后，财阀和银行家们纷纷聚集到了原田家中，表示了对资本外流以及贸易海运受阻的担忧。从结果上来看，“一·二八”事变的爆发可谓让财阀们倍感困惑。从这个视角出发思考，我们可以认为当时日军特务机关密谋在上海引发武装冲突有可能是出于两点考虑：第一种可能是希望强行对列强造成经济上的打击，点燃列强的怒火，使其进一步加大对日干涉的力度，最终借列强之手来破坏政党内阁的存在基础；而另一种可能是为了对列强造成经济上的打击，迫使他们不再对日本进行干涉。

9. 皇族方面的不安与诏书涣发

东久迩宫强硬的“满洲”政策

正如前文所说，东久迩宫曾因赴法留学期限问题与宫内省之间产生嫌隙。而到了20世纪30年代，东久迩宫又是如何看待日本国内外的种种政治问题的呢？“九一八”事变发生后，前往名古屋上任的东久迩宫给留京的秘书安田鋕之助留下了几条指示，通过这些指示我们可以大致了解当时东久迩宫的内心想法。在一封推测写于1931年12月中旬的信中，东久迩宫对安田说：“你把我前些天寄去的关于满蒙问题的意见书转交给清浦（奎吾）老人了吗？老伯爵对此有说些什么吗？此外，荒木（贞夫）中将出任陆军大臣一事，从国军的立场来看实是可喜可贺之事。”[115]从内容来看，这封信应当写于第二次若槻礼次郎内阁总辞职、犬养毅内阁成立、荒木贞夫接替南次郎出任陆军大臣之时。那么，东久迩宫在信中提到的“关于满蒙问题的意见书”中究竟写了什么呢？我们从下文引用的书信[116]中可以一窥究竟。简单来说，当时东久迩宫认为日本应当对中国的东三省以及热河省进行保障占领。

前日议论的东四省保障占领一事不知有何下文呢？私以

为，在当前中日两国之间的一切既有问题，以及今后日本必须向中国提出的各项要求得到解决和落实之前，我国非常有必要对东四省进行保障占领。借此保障占领之机，我国可采取各类措施为今后吞并满蒙做好准备。待保障占领结束后，满蒙自然会成为日本的领土或保护领。为了维护日本的国家安全，也为了实现东洋的永久和平，必须使满蒙完全成为日本的领土。（中略）从长远来看，领有满蒙可谓是当前日本的最佳战略。如今，英、美、俄等国根本无力阻止我国吞并满蒙，国际联盟之流更是不足为惧。因此，为了国家的将来，我们应断然推行一切必要措施，完全不需要有所顾虑。

东久迩宫的“满蒙”问题解决策略，与当时陆军省、外务省、天皇以及宫中势力·元老的方针相比，明显强硬许多。此外，东久迩宫曾指示安田设法和清浦奎吾取得联系。当时清浦正努力策动牧野等宫中侧近，希望宫中针对时局涣发新的诏书。1931 年 10 月 23 日，侍从次长河井弥八在日记中写道：“本日与牧野商谈有关涣发大诏，树立举国一致的政党内阁一事。”[117]

木户幸一的诏书涣发案

在清浦为了诏书涣发四处奔走策动的同时，内大臣秘书官长木户幸一也独自开展了类似的活动。1932 年 3 月 1 日，木户在日记中说，当天在近卫家中举行了一场讨论会，核心话题是陆军的内部情势[118]、国军的重建计划以及建立超然内阁①的可能性问题。针对以上问题，木户略显唐突地在日记中写道："如今应该颁布一部指明国家发展大方向的纲领性文件，就像明治维新之际颁发的《五条御誓文》一样。"[119]

关于这个所谓"纲领性文件"的具体内容，木户在"五一五"事件发生次日的日记中做了记述。当时木户向牧野伸显内大臣提交了一份题为《时局收拾大纲》的文件，表示应当涣发一道明确"我国未来的发展方向"，顺应时代发展对"《宪法》以及《五条御誓文》"进行重新解释的诏书[120]。而且这道诏书应对"近期军部的越轨之举"和"政党政治的腐败现象"发出警告，在此基础上建立"适应新时代的国家政策"[121]。同年5月12日，河井弥八则在日记中写道："清浦伯爵表示希望通过颁布敕语的形式来建立联合内阁。"[122]由此可见，至少到当时为止，清浦主张的颁发敕语方案和木户主张的涣发诏书方案是同时存在的。

1932年6月4日斋藤实内阁成立之际，牧野曾将之前清浦起草的诏书（或敕语）案交给在内阁官房总务科任职的吉田增藏进行润色。然而，铃木贯太郎侍从长在看到诏书文案之后显得十分为难。宫内大臣一木喜德郎也表示，诏书涣发与否，应当由斋藤实首相全权决定[123]。而木户在看到经吉田润色的清浦诏书文案后也评论说："该文案看起来就是两篇诏书生拼硬凑出来的东西。"对此，铃木侍

① 1889年2月《大日本帝国宪法》颁布之际，时任首相黑田清隆面向各府县知事表示，宪法颁布后"政府应维持一定的政策方向，超然独立于政党势力之外"。此后，黑田的这一方针便被称为"超然主义"。将政党势力排除在外，以官僚势力为核心组建的内阁，亦被称为"超然内阁"。

从长也深表同感。最终在宫内大臣一木的主导下，宫中将诏书案交给了斋藤首相，由首相来决定是否涣发诏书。

与此同时，木户幸一也在按照自己的想法起草诏书文案。诏书文案开篇写道："宪政之确立及征兵制之实施，乃是明治天皇伟业之两大支柱。"木户认为，这两大支柱乃是明治以来国家发展的根本所在。然而，受世界大战的影响，宪政与征兵制日渐陷入了混乱。在此背景下，有必要对两大支柱进行重建[124]。木户主导起草的诏书文案的内容大致如下[125]：

明治天皇"行立宪之政治，定征兵之制度"，借此日本才走上了发展之大道。然而如今"世界各国承欧洲大战之余弊，无暇救济"，日本亦饱受其影响，陷于疲敝困境之中。当前"如欲匡救国家于水火之中，则须举国一体。文武百官，各守本分，相互信赖。勿背公而徇私，勿舍义而趋利，以国家之利益得失为自身行为之唯一参照标准"。

从中我们可以看出，木户在将宪法和征兵制定义为明治时代日本发展的两大支柱的同时，还对军部的干政行为以及唯党略党利是图的政党政治进行了批判。木户幸一作为木户家的子孙，想必时常会想起1868（庆应4）年3月14日颁布的《五条御誓文》的划时代意义。然而不得不说，木户想要利用这样一道诏书来撼动民心，起到像《五条御誓文》一样扭转乾坤的划时代作用，已然是难如登天了。

斋藤首相的广播讲话

最终鉴于当时农民贫苦的生活状态，为了缓解国民的不满情绪，斋藤实首相决定通过广播向民众发表演讲。可以说这是一个非常英明的决定。1932 年 7 月 6 日晚间 7 点 30 分，广播播放了首相题为《于重大时局之际敬告全体国民》（重大なる時局に際して国民に告ぐ）[126]的演讲。在这篇以缓和国民生活中的不安情绪为主旨的演讲里，斋藤首相向民众表示，将在之后一段时间内推行所谓的高桥财政（包括金融缓和、汇率管制和进口遏制等政策），通过扩大预算规模对农村基础建设进行投资。在演讲最后，他还提及有关政界革新的必要性问题。斋藤向民众保证，今后将设法去除党争的种种弊害，抑制地方长官人事中的党派色彩，以此重建立宪政治。然而，木户在诏书文案中提及的抑制军部的相关问题，斋藤在演讲中只字未提。

听了斋藤的广播演讲之后，7 月 9 日，西园寺对原田说："之前内大臣经常派人和我说，当前有必要让陛下涣发诏敕。我心想这怕是清浦奎吾的主意吧，于是派人去找内大臣确认了一下，果然如我所料。""想必前一阵内大臣和各位重臣也多次劝说首相，希望首相亲自奏请陛下针对时局问题涣发诏敕。还好斋藤首相是个思虑周全之人。想必这次首相也是抱着与其麻烦陛下、不如自己亲自出面向民众说些什么的想法来进行广播演讲的吧。"[127]此后原田又面见斋藤首相，向他转述了西园寺的推测。对此，斋藤给出了肯定的答复："诏敕一事完全如公爵所想。"[128]

要求天皇亲政的秩父宫

在宫中对敕语、诏书的文案进行准备的过程中，皇室内部也发生了对昭和天皇直接产生震撼效果的大问题。1932 年 5 月 28 日，昭和天皇叫来了奈良武次侍从武官长，表示：“据朝香宫（鸠彦王，步兵第一旅团长、陆军少将）和秩父宫（雍仁亲王，步兵第三连队第六中队长、陆军步兵大尉）两殿下说，近来青年军官的言行似乎异常出格。”[129]鉴于秩父宫所在的步兵第三连队内国家改造运动之风大盛，天皇还专程询问陆军大臣是否有必要将秩父宫从该连队调走。6 月 21 日，天皇又叫来铃木贯太郎侍从长和奈良武次侍从武官长，向他们转述了秩父宫提出的“事态严重的意见”[130]。

虽然奈良的日记中并没有记载秩父宫到底向天皇提了什么样的意见，但在 1933 年 4 月奈良的继任者本庄繁的笔记[131]当中却有相关记载，本庄曾听铃木侍从长说起：“某天，秩父宫面见天皇，在和陛下的交谈中多次劝说陛下亲政。秩父宫还说为了实现天皇亲政，哪怕停止宪法效力也在所不惜。最终天皇和秩父宫围绕这个问题展开了激烈争论。”此后，天皇对铃木侍从长表示：“我断然不会做伤及祖宗威德之事。亲政一事，我也只愿在宪法规定的范围内，以宪法为纲总揽国家大政之权。宪法规定的职权外之事，以及所谓停止宪法效力这种伤及明治大帝创制的国家体制的行为，实是断不可为。”

针对秩父宫要求天皇亲政这一事态，宫中侧近很快做出了反应。6 月 21 日，木户、近卫和原田三人齐聚宫内大臣一木官邸。在场众人经过讨论，都认为“秩父宫关于近来时局的种种看法，似乎有倾向军国主义之嫌”[132]。

天皇与军队关系的动摇危机

正如前文所提及的，1932 年 7 月 11 日，宫中以陆军士官学校方面没有邀请天皇行幸为由，取消了天皇例行出席陆军士官学校毕业典礼的日程安排[133]。此外，或许是因为了解了秩父宫的过激思想，当近卫文麿等人提出希望将来让秩父宫接替牧野伸显出任内大臣时，西园寺表示了强烈的反对。原田熊雄在日记中写道："西园寺公曾对我说，'过去近卫等人时常提出让秩父宫就任内大臣一职。我曾表示，这一人事安排如果是时势所需亦无不可。然而如今想来，可绝对不能让秩父宫出任内大臣一职'。此后西园寺公又拜托我将他的这一想法转达给近卫等人。"[134]

当昭和天皇表态希望召开御前会议，在会上探讨"九一八"事变和"一·二八"事变的解决办法之时，西园寺也表示了反对。他担心，如果召开御前会议，此后一旦有军人表示不愿服从御前会议的决定，则必会使天皇的权威蒙受严重打击。是优先解决国家的对外纷争？还是优先回避天皇制国家的存续危机？这一时期，这个究极的选择题大概常常浮现在西园寺的脑海中。随着主张停止宪法效力、天皇亲政的直宫①·秩父宫，以及表示为了解决"满蒙"问题，有必要对中国东北四省进行保障占领的第五旅团长、东久迩宫这两位皇族的登场，昭和天皇想要维持作为"人心归一之基轴"的皇室的内部安定，也日渐变得困难起来。

结语

行文至此，似乎笔者的论述模式已经开始有些接近阴谋史观了。正如前文所述，1931 年 10 月 6 日，西园寺曾对秘书原田表示，"陆军中大概是混入了红色分子"，"极左派很可能在暗中策划

---

① 即与天皇有直系血缘关系的皇族。在近代史语境中，这一概念主要用于区别伏见宫系统（包括文中提及的东久迩宫、朝香宫等人）的旁系皇族。

着些什么”。上文中，笔者一直假定西园寺的怀疑并非空穴来风，并以这一假定为前提进行了一系列实证。正因此，本章的内容才会显得有些类似阴谋史观吧。

战前，将种种历史事件的责任全盘归于“共产主义者的阴谋”的论调屡见不鲜。提起这种共产主义阴谋论，想必不少读者很容易联想到1928年政府以紧急敕令的方式“修改”《治安维持法》，加上了“目的遂行罪”一事。虽然大多时候这类阴谋论实际上只是内务省、司法省当局者们过度“幻想”以及夸张“妄想”的产物[135]。然而西园寺作为元老，当时他手中可以说汇集了上至国家机密、下至各种怪文书的各类情报。考虑到这一点，我们不应将西园寺心中产生怀疑的理由简单粗暴地归结为他的反共心理以及对共产主义的恐惧。

1931—1933年，军部·右翼·国家主义者不仅在日本国内策划了各类未遂政变（如三月事件、十月事件、神兵队事件）以及恐怖袭击事件（如血盟团事件和“五一五”事件），还在国外强行挑起武装冲突和战争（“九一八”事变和“一·二八”事变）。在当时的复杂事态下，是优先将对外战争的萌芽扼杀在摇篮中，还是优先维持天皇（皇统）和皇室的安定？面对这一问题，西园寺到底做出了怎样的抉择，笔者对此非常感兴趣。就结论而言，西园寺最终毫不犹豫地选择了后者。

驻扎境外的关东军不顾内阁和军部中枢的反对与制止，断然在海外挑起武装冲突，继而引发了中日两国间的战争。我们回顾历史，经常会发现昭和天皇对于“九一八”事变和“一·二八”事变，特别是后者的严重性有着非常敏锐的认识。“一·二八”事变发生后，昭和天皇便开始担忧英、美、法三国会对日本实施经济封锁。根据《昭和天皇实录》的记载，1932 年 2 月 5 日，“昭和天皇对上海事件深表忧虑。（中略）同日，天皇向侧近询问英、美、法三国对日态度的相关问题”。同日，天皇又向牧野内大臣咨询召开御前会议来商讨事变解决方案的可能性[136]。

此外，针对蒋介石和中国国民政府的一些研究表明，1932 年 2 月，蒋介石在维持第 19 路军（广州国民政府唯一的直系部队，据推测该部队的抗日容共意识较高）部队番号的基础上，将直系精锐部队 87 师、88 师编入了 19 路军[137]，暗中增强了 19 路军的实力。因此在“一·二八”事变中，日军遇到了中国军队的顽强抵抗。正是在此背景下，大角岑生海相才表示，当时日军面临着比日俄战争时更加困难的局面。这一认识无疑是准确的。“一·二八”事变中，中日两国军队战斗之激烈远远超乎日军之估计。1932 年 3 月，国民政府还以《国际联盟盟约》第 15 条为依据，将日本的侵略行为提诉至国际联盟。面对这一局面，昭和天皇会有危机感，会要求内阁和统帅部门尽快采取措施来解决“一·二八”事变问题，也可以说是非常正常的反应。

当时西园寺尽管对昭和天皇的担忧心知肚明，但还是对召开御前会议一事明确表示反对。1933 年 2 月，天皇对奈良侍从武官长表示，希望取消此前自己做出的批准日军进攻热河的决定。对此，奈良侍从武官长也表示了反对[138]。西园寺和奈良二人目睹政界内部的暗流涌动，脑海中想必都浮现了这样一幅噩梦般的情景：在政变的混乱当中，政府宣布停止宪法效力，东久迩宫或是伏见宫等皇族被拥戴为首相，比昭和天皇小一岁的秩父宫就任内大臣，之后这些皇族又以天皇亲政的名义来架空昭和天皇。

此前，坂野润治也从相同的视角出发，对这一时期西园寺所面临的抉择进行了研究[139]。坂野将当时日本的对外战略、应对国内恐怖袭击的政策以及政权构想问题作为一个整体进行了综合分析。针对1931年12月，西园寺在第二次若槻礼次郎内阁倒台后推荐犬养毅为继任首相这一决定，坂野指出："在指名让政友会单独组阁之时，如果西园寺已然知道陆军三长官会议和军事参议官会议的决定，那么他对此后的种种事态发展无疑负有巨大责任。"[140]当时陆军在三长官会议和军事参议官会议上决定，如果犬养毅内阁成立，则推荐荒木贞夫就任陆军大臣；如果成立的是安达谦藏等人建立的政友会、民政党联合内阁，则选择让南次郎陆军大臣留任。从这一事实出发，坂野认为西园寺最终还是选择让荒木贞夫来出任陆军大臣。而这一人事决定对于之后的日本内外局势产生了重大影响，西园寺对此也负有难以推卸的责任。

然而正如本章所实证论述的，日本引发"一·二八"事变乃是为了将国际社会的关注焦点从"九一八"事变引开这一通行说法，其实存在不少漏洞。从这个角度来看，西园寺做出的选择无疑有比坂野的结论更为重大的意义。本章中，笔者将视线集中于天皇与军队之间的特殊亲密关系，同时对原本处于天皇的统帅权之下、理应接受天皇指挥的青年军官和士官候补生的思想变化过程进行了探讨。本应以保卫国家为己任的军人们，面临危机时代的国内外局势的风云变幻，开始逐渐认为在国内危机（诸如共产革命和农民暴动）中保卫国家也是军人应尽的义务。正是在这种思考方式下，《军人敕谕》中规定的"军人不干政"原则在这一时期逐渐被瓦解和掏空。

第一章 战争的记忆与国家的定位

对于日本近代史学来说，日本的“国家形态”是建立在日本人以及日本这个国家在近代所亲历、积累的历次战争记忆之上的。因此在本章中，笔者首先援引关于甲午、日俄战争的最前沿、最值得信赖的研究成果，借此来明确上述两场战争的相关史实。

序　言

积累的战争记忆

想必各位都知道1941年4—11月进行的日美外交谈判吧。在太平洋战争爆发之前，日美两国的外交谈判之所以面临重重困难，其主要原因有二：一是美国准备调停1937年爆发，当时仍然在进行的中日战争，而针对中日停战的条件，日美两国的意见一直无法统一；二是日美两国围绕1940年9月缔结的《德意日三国同盟》（实质上是为了阻止美国在欧洲战场参战的条约）以及1941年3月美国制定的《租借法案》（旨在向英国和苏联等同盟国提供武器及军需物资的美国国内法）产生了尖锐的对立。就前者而言，当时日方提出的中日停战条件，一是承认伪满洲国，二是在停战后维持在中国驻兵的权利。日方一直坚持上述两个条件不肯让步，最终导致日美两国的外交谈判陷入了僵局。

那么日本方面为什么坚持上述两个条件不让步呢？在左右国家命运的日美谈判过程中，又是什么因素一直在束缚着日本为政者们的抉择与判断呢？在思考上述问题之前，我们先来看一看第二次近卫文麿内阁的外相松冈洋右在实质上被免职①前的 1941 年 7 月 10 日所起草的题为《有关日美谈判的相关事宜》的文件。松冈在该文件中表示，“长年来我们排除万难，三度赌上国运，牺牲了二十余万生灵，耗费了巨额财富，才铸就了我国今日在东亚的势力基础”[1]。因此，日本必须坚持现有的东亚政策。

从上面这段话可以看出，1941 年当日本走到对美开战的历史十字路口之时，除了 1931 年的“九一八”事变外，当时决策者的脑海中还浮现了关于甲午、日俄两场战争的记忆。当时为政者们引导着人们回想起甲午、日俄战争，强调“满洲”的土地是日本付出了人命和财产的绝大牺牲才获得的。这里值得注意的是，在左右国家命运的外交谈判过程中，日方的谈判底线，即“国家形态”，其实是建立在不断积累的战争记忆之上的。

换言之，在太平洋战争爆发前的这个时间点，日本人或者说日本这个国家关于“满洲”这片土地的历史记忆对日美谈判产生了巨大影响。明确这一点后，我们便应当思考如下两个问题：首先，关于日俄战争这场让日本获得了所谓的“满洲权益”的战争，日本人或者日本这个国家的历史记忆究竟是如何一步步形成的呢？其次，关于战争爆发前日俄两国对立的历史经过，日俄战后和约的具体内容，特别是日俄和约签订后中日两国之间外交谈判的状况等问题，大众的理解和学界最新研究的状况之间又是否吻合呢？

近年随着日本国内以及俄、中、韩等当事国史料的不断公开，关于甲午战争和日俄战争的研究取得了巨大进展。然而在这个过

① 由于明治宪法体制下，首相无权罢免各省大臣，因此当时为了将松冈洋右排除出内阁，近卫选择通过内阁总辞职再重新组阁的方式来实现对松冈外相实质上的罢免。

程中，我们会发现，日本人以及日本这个国家的历史记忆（“国家形态”），与历史事实之间很多时候其实并不吻合。而一旦日本国与日本国民的历史记忆偏离历史事实，则必将导致日本与一衣带水的东亚邻国之间围绕着历史问题发生对立。基于以上认识，本章中笔者希望在对战争记忆相关的种种问题进行思考的基础上，对甲午、日俄战争的研究史进行简单的梳理与介绍。

1. 战争的记忆

历史学的特性

本章中，笔者将从历史学的立场出发，对“国家形态”与战争记忆之间的关系进行探讨。不过在此之前，我们有必要思考一下历史学这门学科究竟有着什么样的特性，用历史学的方法去观察和以其他学科的方法去观察我们眼前这个社会，又有什么不同呢?

以经济学为例，东大经济学部的小野塚知二老师向东大教养学部的学生介绍经济学部时说：“经济学是一个旨在合理证明各种市场现象与相关人群的意图、行为之间的关系的学科。”[2]或许每个人心中幸福的标准不尽相同，但对大部分人而言，实现幸福的条件却不乏共通之处。而以科学的手段对这一共通条件进行解释，则是亚当·斯密以来经济学的究极目的。

那么历史学的目的又是什么呢?为了回答这个问题，笔者希望引用一下羽仁五郎的说法。羽仁五郎非常崇拜意大利的历史哲学家贝内德托·克罗齐（Benedetto Croce），当年他还专门撰写了克罗齐的传记。克罗齐在学术领域一直秉持着自由主义的立场。20世纪20—30年代，当意大利和德国刚刚出现权威主义、法西斯主义的倾向时，克罗齐便对这一倾向进行了批判[3]。

1940年，战时背景下，不少青年人被征召入伍奔赴战场，而大学生们仍然可以享受暂缓应征入伍的特权①。对此，在同年3月出版的《历史及历史科学》（歴史および歴史科学）中，羽仁五郎为了劝说这些享受特权的大学生在学问领域努力钻研，这样说道[4]：

> 现今我国各类官公私立的大学的在校学生总计约有5万人。以全国人口1亿来计算，大约每2000人中才有1名大学生。而全国20岁上下的青年加起来约有1000万人，其中大学生的占比也不过二百分之一。（中略）今日，广大青年纷纷拿起武器屹立于战场之上，而立于学问战场的诸位大学生们如果反而从理性的战线上撤退下来，又有何面目去面对那些放弃工作与学业，在硝烟中拼搏的同胞朋友们呢？

羽仁认为，获得暂缓应征特权的大学生们必须在学业上加倍努力。此外，关于历史学的本质问题，羽仁引述了过往诸多在政治权力、宗教权力以及道德规范的制约下写出来的历史学著作，并在此基础上准确地归纳说："历史的根本在于批判。"[5]

格拉纳河畔奥拉杜尔与广岛

为了进一步思考日本战争记忆的特质，笔者希望以历史民俗

---

① 按照当时的《兵役法》，旧制大学、高等学校、专门学校的学生可以享受延迟服兵役的特权。此后，随着战线扩大，日军出现了兵力不足的情况。1943年东条内阁时，废除了高校文科以及农学等部分理科学生的免役特权，不少在校学生因此被征召入伍，这便是所谓的"学徒出阵"。

学的研究成果为参考，对法国战争记忆的具体情况进行观察[6]。在法国中部城市利摩日以西，有一座名为格拉讷河畔奥拉杜尔的小镇。据 1936 年的人口统计，该镇约有 1574 人。1944 年 6 月 10 日，纳粹党卫队屠杀了该镇 642 名居民，并将城镇付之一炬。

屠杀发生后，法国政府在 1953 年根据幸存者的证言发起了波尔多审判。虽然在该审判中，参与屠杀的 7 名德国被告以及 14 名出身阿尔萨斯的法国人被判处死刑以及强制劳动，然而之后这些人却都获得了特赦。对此感到无比愤怒的遇难者家属发起了针对法国政府的抗议活动，该活动一直持续到 1974 年。1989 年，为了铭记格拉讷河畔奥拉杜尔屠杀事件，在法国总统密特朗的主持下，该地着手建设了一座屠杀资料馆。至此，法国政府和屠杀遇难者家属之间的对立才开始走向缓和。该资料馆经过 10 年的建设，在希拉克总统执政时期正式开馆。

今天如果到访格拉讷河畔奥拉杜尔，当地的导游会带领游客寻访当年居民集会的广场、囚禁男性居民的 6 座小仓库、囚禁妇女儿童的教会以及墓地等与屠杀事件相关的历史遗迹。在这一过程中，导游并不会一味地讲述自己对这一历史事件的感慨，而是更加重视对于历史事实的还原与确认。屠杀事件纪念遗址的入口处写着“请永远铭记”这句话，这仿佛是遇难者向生者留下的遗言。

从这个法国的例子可以看出，在该国战争记忆的形成过程中，死者向生者发出的信息得到了准确的提炼与传达。与此相比，日本国内又是如何做的呢？关于这一点，大家可能会立刻想起广岛和平纪念公园的原子弹遇难者慰灵碑上的碑文：“安眠吧，我们誓不重蹈覆辙。”与法国的例子相反，广岛慰灵碑文是生者向死者阐述的类似誓言、祈祷的文字。而在外国人看来，日本这种记忆历史的态度与方式，似乎在把原子弹当作自然灾害一般。

比如，1958年出席第四届世界禁止原子弹氢弹大会的德国哲学家君特·安德斯（Günther Anders）造访了广岛和长崎。当时他在日记中这样写道[7]：

> 原子弹的受害者们，对于谁应该对投放原子弹一事负责，谁应该因此受到谴责这一问题缄口不言，仿佛这件事不是人为的。作为这一极端犯罪行为的被害者，似乎他们的心中并没有多少怨言。在我看来这实在是难以理解。（中略）当他们谈起原子弹时，那语气仿佛是在谈论地震、陨石或海啸之类的天灾。

特攻队与学徒兵

在以生者的立场向死者寄托某种情感时，人们很容易犯以己度人，将自身的立场、情感和思维代入死者思维的错误。例如，在谈及太平洋战争的战死者时，我们经常会提起特攻队员。然而值得注意的是，实际上特攻战死者在战死军人中所占的比例微乎其微。关于这一点，中世史学者东岛诚的比喻可谓是非常形象[8]。

> 依照日本政府的官方统计，在亚洲太平洋战争中，约有230万名日本军人战死。其中约60%的人，也就是约140万人

> 的死因其实都是“战病死”（其中绝大多数人是饿死的）。我们整日在各类影片中看到的特攻战死者，其实只有4000人左右。假设我们要拍摄一部题为《英灵的结局》的两小时长度的纪录片，严格按照比例分配影片长度的话，整部影片中73分钟都应该是军人饿死在战场上的镜头，而分配给特攻队的镜头只有12.5秒，这么短的时间怕是放一条广告都不够。

只有立足于历史事实，对军人战死的方式进行还原和想象，我们才能够实现对于战争记忆的相对化。然而，在2013年8月15日政府主办的全国战死者追悼仪式上，安倍晋三首相的演讲却严重偏离了基本的历史事实。在演讲中，安倍首相将战死军人称为“上忧祖国，下思家人之英灵”，“各位英灵一面思念着朝思暮想的妻儿，一面祝福年迈的双亲晚年幸福，祈祷故乡山河的复苏繁荣，最终为祖国献上了宝贵生命”。

想要基于史料来实证当年战死军人们的内心想法，虽然困难重重，但也不全然是无法可循。例如，通过当时学徒兵们遗留下来的各种记录，我们可以了解部分特攻战死军人在奔赴战场时的内心想法。在战时环境下，与一般军人相比，学徒兵在写作书信文章时拥有较多的自由，因此他们留下的各类史料有着非常高的参考价值。

首先我们来看看在东大战死学生笔记集《在那遥远的山河》（はるかなる山河に）中登场的佐佐木八郎的例子。佐佐木生于1922年，1939年考入第一高等学校，1942年升入东京帝国大学经济学部。然而，1943年随着延迟服兵役制度的废除，佐佐木入伍成了一名飞行预备学生。1945 年 4 月 14 日，他作为第一昭和队的特攻队员在冲绳战死。在战时，佐佐木曾写道："说实话，歼灭暴美暴英、解放十亿亚洲人民云云，不过是政府煽动民众的空洞口号而已。就个人而言，我永远只想站在正义的一边。（中略）我的一切好恶感情，都是纯粹发自人性本能的。我无法做到以国籍为标准来决定爱一个人还是恨一个人。"[9]

我们再来看一看和田稔的例子。和田生于 1922 年，与佐佐木一样考入了一高，之后进入东京帝国大学法学部学习。1943 年"学徒出阵"后，和田进入大竹海兵团服役。1945 年 7 月 25 日，和田作为"人间鱼雷"① 回天的搭乘员，在训练中遭遇事故丧生。和田在入伍不久的 1943 年 12 月 28 日的日记中写道："本日一直在阅读《帝大新闻》，心情仿佛重新回到了学生时代。《帝大新闻》中将我们这些参战学生的形象塑造得异常伟岸，可谓极尽溢美之词。但实际上真的如此吗?"[10]

为了回避军队的审查监视，佐佐木八郎与和田稔在放假探亲的时候，将上述笔记和日记亲手交给了亲属，这些记录由此才得以留存到了今天。因此，以上这些记录的内容基本没有被篡改的痕迹，可以说其可信度是较高的。从这些平淡的文章中，我们可以感受到这些学徒兵的心境。而这一心境和安倍首相在战死者追悼仪式上的演讲，无疑有着很大的差异。

① 日本海军开发的特攻兵器。在对九三式鱼类进行改造的基础上，使其内部能够容纳一名士兵对鱼雷的航向进行操纵。

2. 甲午战争研究的现状

教科书的内容

1894 年 7 月 25 日至 1895 年 4 月 17 日的甲午战争，可以说是此后日本国民关于中日关系的历史记忆之滥觞。而关于甲午战争，日本的高中历史教科书是如何说明的呢？以山川出版社出版的《详说日本史》为例，这版教科书对甲午战争的背景做了如下说明：

受到 1882 年壬午军乱和 1884 年甲申事变的影响，日本对于朝鲜的影响力明显下降。而另一方面，清朝却加强了对朝鲜的影响力[11]。此后为了恢复在朝鲜的影响力，日本一边着手增强军事实力，一边企图通过经济手段扩大在朝鲜的权益。面对日本的企图，朝鲜政府开始以清朝的军事力量为后盾，对日本展开抵抗。受此影响，日朝两国的关系日渐恶化。1894 年在朝鲜以东学信徒为核心力量，爆发了要求减税、排日的农民叛乱（甲午农民战争、东学之乱）。为了镇压叛乱，清朝应朝鲜政府的请求出兵朝鲜。出兵之时，清朝依照《天津条约》对日本进行了“行文知照”。得知清朝出兵的消息后，日本政府为对抗清朝亦决定出兵朝鲜。虽然在清朝和日本出兵后，东学农民军方面迅速与朝鲜政府达成了和解，但中日两国还是因朝鲜的内政改革问题陷入了对立，最终引发了战争[12]。英国方面最初认为，中日对立会损害其在远东地区的权益，因此对两国的冲突积极展开了调停。但随着1894年7月16日《日英通商航海条约》的签订，英国放弃了之前的调停态度。8月1日，日本正式对清政府宣战。

山川版教科书的记述在立足历史学研究成果的基础上，将中日两国对立的直接原因归结为朝鲜的内政改革问题，同时也提到了英国方面起初反对日本对清朝开战的历史事实。然而，通过教科书来了解历史事实毕竟有着非常大的局限性。首先，教科书一般会尽量避免“两论并记”，即回避同时记述关于某一问题的不同学说。其次，出于篇幅的限制，教科书也很难对书中记载的各种结论的推导过程，即历史学的研究史进行记述。因此，在阅读教科书时，想要理解教科书编写者的真实意图，很多时候还是需要一些技巧的。值得注意的是，山川版教科书明确记载围绕着朝鲜内政改革的对立是甲午战争的直接契机，而不是以战后的1895年4月签订的《马关条约》第一条“清朝承认朝鲜国的完全独立与自主”为依据，主张日本仿佛是为了让清朝承认朝鲜独立才对其宣战的。

古典研究

围绕着甲午战争开战过程的研究史，大致分为古典研究、修正主义研究以及最新研究这三个阶段。其中古典研究阶段的代表作是中塚明的《日清战争的研究》[13]。中塚认为，第二次伊藤博文内阁将朝鲜的混乱局势视为扩大日本在朝鲜权益的良机，于是在

1894 年 6 月 2 日做出了出兵朝鲜的阁议决定。而这是之后日本走向对清朝开战的直接契机。

当时自由党方面一直在批判第二次伊藤内阁推行的行政改革和海军改革不够彻底。同时，一直以来企图阻止条约改正的对外硬六派（主张应对欧美国家更加强硬的政治势力）也和自由党联合起来掀起了反政府运动。在此背景下，伊藤博文不得不在 6 月 2 日宣布解散众议院。也在同一天，伊藤内阁做出了出兵朝鲜的决定。20 世纪 60 年代关于甲午战争的古典研究大多认为，伊藤之所以选择出兵朝鲜，是为了将国内的政治矛盾和不满情绪通过对外战争的方式转向国外。而针对伊藤博文在 6 月 2 日决定派遣战时混成旅团前往朝鲜一事，当时的研究往往以林董外务次官的回忆录《后日览昔记》（後は昔の記[14]）为依据，认为伊藤博文中了陆奥宗光外相和川上操六参谋次长的圈套，即伊藤错以为战时一个混成旅团的兵力和平时一样只有 2000 多人，而实际上战时混成旅团的兵力有 6000 人之多。在内阁商议出兵朝鲜的过程中，陆奥和川上对伊藤的这一误解加以了利用[15]。

关于甲午战争的古典研究，大多没有重视 1894 年 6 月 14 日伊藤内阁向清朝提议两国共同主导朝鲜内政改革这一事件的重要性。此后不少研究指出，伊藤博文在向清朝发出这一提议的过程中，已然下定了对清朝开战的决心。古典研究之所以大多没有重视这一事件，或许是因为当时的学者多拘泥于陆奥外相在三国干涉还辽之后写的《蹇蹇录》中的记述。众所周知，陆奥针对上述对清提案在该书中回忆说："清政府十有八九不会同意我国的提案。"因此，当时内阁方面并未对该提案抱有太大的期待。伊藤内阁之所以提出该提案，其目的在于故意让清朝拒绝日本，这样即便对清开战也能够让日本“立于被动者的地位”[16]。

此后的研究动向

此后，高桥秀直对以伊藤博文为首的长州系政治家遗留下来的一手史料进行了详尽解读，发现当时在对清、对朝鲜政策领域，与萨摩系政治家相比，长州系政治家的政策具有更高的稳定性[17]。在此基础上，高桥认为甲午战争对日本而言并非一场无法避免的战争，而是一场不必要的战争。高桥的研究成果在很大程度上颠覆了古典研究的结论，开创了甲午战争研究的新篇章。

在高桥研究的基础上，大泽博明的一系列研究[18]进一步推进了修正主义的研究潮流，为当前的甲午战争研究奠定了基础。大泽研究的主要特征在于，对伊藤博文首相提出的日本和清朝共同主导朝鲜内政改革的提议给予了很大重视。对伊藤博文来说，1885年与李鸿章谈判签订《天津条约》的经历，让他对李鸿章抱有非常深厚的信赖感情。在此感情的基础上，当时伊藤博文是真心期待李鸿章能够同意由两国共同对朝鲜内政进行改革的。然而，尽管伊藤本人抱着非常乐观的态度，但6月21日清朝还是表示：“正因日本是最早承认朝鲜自主权的国家，日本更不应干涉朝鲜的内政，而应让朝鲜自主进行内政改革。”[19]在遭到清朝的回绝之后，伊藤内阁可以说失去了其他可能的政策选项。

事实上，如果想要了解伊藤博文最初提案的意图，我们可以看一看1894年6月2日阁议做出的关于派兵朝鲜的决定的具体内容：

为了尽快对我国在朝鲜居民提供保护，应按照条约规定，在行文知照的基础上立刻向朝鲜派兵。完全不必等待清朝的答复。根据驻京城公使馆杉村书记官的电报，朝鲜政府已向清朝求援。虽然当前还不清楚清朝是否会答应派兵，但考虑到未来清朝派兵的可能性，当下我们应当提前考虑此后与清军展开联合行动，应朝鲜政府要求履行援助防护任务的可能性。

正如下划线部分所引用的，当时日本政府在认真考虑与清军联合镇压朝鲜农民运动的可能性。值得注意的是，当6月7日日军在仁川登陆之际，大山岩陆相和西乡从道海相对陆军的福岛安正、上原勇作以及海军的伊集院五郎发出了如下训令："本次出兵完全是为了保护我国在朝鲜的公使馆、领事馆，以及旅居朝鲜的帝国臣民。绝非为了挑起帝国与清朝之间的争端。"[20]此外，当时日本政府原计划在大鸟圭介公使返回朝鲜时，派宪兵保护其进入首尔。但伊藤首相由于担心这一计划会引发宪兵与清军之间的冲突，最终给陆奥外相写信，要求让警察来替代宪兵执行保护任务。

从以上事实出发，我们可以认为，6月2日伊藤内阁作出的派兵朝鲜的决定，是为了和清军共同镇压朝鲜农民叛乱，并与清政府一同推动朝鲜内政改革。而之所以在之后导致了甲午开战的结果，也并不是伊藤内阁所谓"被动地"引发战争的策略的成功，相反是伊藤内阁在追求既定政策目标失败之后失政的结果。

朝鲜中立化论与帝国议会的混乱

在这里，笔者认为有必要思考两个问题：一是日本和清朝联合推行朝鲜内政改革的构想究竟有多大的现实可能性；二是清朝拒绝日方的提案究竟是出于什么样的考虑和意图。

关于第一个问题，虽然日本和清朝联合推行朝鲜内政改革的构想表面看来实现的可能性很小，但在日本政界高层中，很早就有人提出在多国担保下维持朝鲜的中立化，以此确保日本的国家安全。1882 年井上毅提出的《朝鲜政略意见案》，便主张应当模仿比利时和瑞士的模式来推进朝鲜的中立化。井上认为，朝鲜虽然是清朝的朝贡国，但并不是附属国。清朝和朝鲜之间的朝贡关系与朝鲜的独立之间并不矛盾[21]。1885 年 6 月，井上馨外相在《办法八条》中也提出，日本应在承认清朝对朝鲜的优势地位的基础上，敦促清朝对朝鲜政府进行改革，建立中、日、英三国的协调机制，从而防止俄国染指朝鲜半岛。

1890 年 3 月，山县有朋在《外交政略论》中虽然也将朝鲜视为日本的利益线所在，但也并未打算将朝鲜置于日本的支配之下。当时向山县传授利益线、主权线理论的，正是向伊藤博文传授宪法学说之精髓以及行政权独立之重要性的冯·施泰因。冯·施泰因认为，只有当俄国谋求在远东建立海军基地进而占领朝鲜之时，俄国建设中的西伯利亚铁路（1891 年开始施工，1904 年全线贯通）才会对日本产生致命的威胁。因此，只要能维持朝鲜的中立，不让俄国成功在朝鲜建立海军基地，日本便没有必要对朝鲜进行武力干涉[22]。从冯·施泰因那里继承这一观点的山县也表示："曾闻李鸿章一直主张在维持朝鲜永久中立的基础上，由各国共同对其进行保护。对此，英德两国策士当中亦不乏赞同者"，"由此可见朝鲜之中立并非清朝一国所望，英德两国亦在此问题上有间接之利害关系”。基于这一认识，山县一直在评估多国担保下实现朝鲜中立的可能性。

此外，朝鲜国内当时也存在类似的主张。例如1885年末，留美归国的俞吉濬发表了《中立论》一文，他主张，朝鲜与清朝之间的朝贡关系，类似保加利亚和土耳其之间的关系。而朝鲜还拥有与他国签订国际条约的独立外交权，在这点上朝鲜和比利时非常类似。1887年，朝鲜向日本派遣了公使，还在清朝的同意下派遣了驻美公使。19世纪80年代中期，清朝开始强化对朝鲜的宗主权。与此相对，朝鲜国王也开始利用外国势力在朝鲜的对立关系，设法对清朝的影响力施加牵制[23]。

我们再来看看上文提出的第二个问题。清朝方面之所以拒绝日本提出的共同改革朝鲜内政的方案，要求日本从朝鲜撤兵，这与当时清朝针对日本内政局势的判断不无关系。第二次伊藤博文内阁是一个网罗维新元勋，并与议会势力相对立的内阁。以自由党、改进党为首的民党联盟在预算审查以及轻减地租的问题上，与伊藤内阁陷入了严重的对立。在1893年12月召开的第五届议会上，为了不让主张条约励行论的硬六派的提案通过，内阁不得不多次宣布停会，并最终在12月30日宣布解散众议院。然而，在1894年3月1日进行的第三次总选举中，自由党的议席较解散前不减反增。此后自由党方面高举行政改革的大旗与政府相抗衡，无奈之下，政府于6月2日再度宣布解散众议院。在甲午战争开战之前的半年时间里，伊藤内阁两度解散了众议院[24]。目睹日本内政的混乱局面，清朝会认为日本没有余力冒着开战风险来独立对朝鲜的内政实施改革，也是非常正常的[25]。

军备扩张与战争准备的进展

最后我们需要确认的是，在国内政局深陷混乱的情况下，日本为什么非但没有答应清朝和朝鲜的撤兵要求，反而在7月25日炮击清朝军舰挑起战端呢？19世纪90年代，松方正义藏相推行的紧缩财政政策告一段落。此后，日本具备了以清朝为假想敌进行战备的财政能力。1890年的陆海军联合大演习之后，日军开始进行各类防卫作战以及登陆作战的演习。1891年，青森至冈山之间的铁路全线贯通。1893年，陆军参照德式《步兵操典》和《野外要务令》对军队在平时、战时的编制标准进行了修订。同年，军方制定了战时大本营（战时陆海两军的统合机关）的编制条例。又于次年相继制定了兵站、运输、通信的相关规程。有了军事力量的支撑，日本政府的对清谈判姿态也日渐强硬。在这一系列扩军、战备的基础上，1894年初日军获得了陆海军联合作战的能力，并开始有能力与清朝在战争中一较高下。因此即便1894年6月28日，英俄两国表态希望调停中日之间的对立问题，日本政府也还是选择拒绝调停，坚持对清朝开战。

神话的形成

上文对甲午战争的研究史进行了简单的总结。甲午开战后，1894年7月29日，福泽谕吉在《时事新报》上刊文表示，“日清之间的战争是文明的战争”，“彼等清朝人冥顽不灵，不通常理。目睹文明开化之进步，不仅不效仿，反而想方设法妨碍我国之进步。因此我国才不得已对清开战”。然而不得不说，福泽这段旨在将战争正当化的发言的逻辑和甲午战争的历史事实并不相符。事实上，当时无视清朝方面提出的共同撤兵让朝鲜自主进行改革的理性提议，同时拒绝英俄两国的调停，悍然选择挑起战端的正是日本。然而，即便历史事实如此，甲午战争之后，在日本国内却开始流传这样一种神话：“日本打倒了阻碍朝鲜进步的清朝，进而引导朝鲜走向了独立”。

3. 日俄战争研究的现状

过往的研究动向

日俄战争于1904年2月6日爆发，一直持续至次年9月5日。当时日俄两国的矛盾是可调和的吗？日俄战争又是可以避免的吗？关于这个问题，过往的不少研究成果都认为，日俄开战是能够避免的。然而日俄战争爆发前，日、韩、俄三国的立场可谓迥异。日本希望在韩国[①]建立排他性的支配地位，韩国政府希望在俄国的援助下实现本国的中立化，已将“满洲”收入囊中的俄国也对韩国政府的中立化提案表示了支持。经过战前长达半年的外交谈判，日俄两国最终围绕着在朝鲜半岛设立中立地带的问题僵持不下。从这一点出发考虑，笔者认为当时日俄战争的爆发大概率是难以避免的。

此前，日本学者认为，甲午战争是日本以实力逼迫清朝承认朝鲜“独立”的战争，亦即日本为了在朝鲜确立支配权的战争。

---

① 本节中“朝鲜”和“韩国”两个概念接连出现。李氏朝鲜在1897年改国号为“大韩帝国”。因此本节中，指代国家时，作者大多使用“韩国”这一称呼，而指代地理概念时，则大多使用“朝鲜”这一表达。

而日俄战争则是日本以实力逼迫俄国承认“满洲开放”的战争，亦即日本为了在“满洲”确立支配权的战争。换言之，日本学者此前一直将甲午战争和日俄战争视为日本在大陆扩张的两个阶段。近年随着俄方保存的日俄战争相关史料的公开，俄国学界对于日俄战争的研究有了长足的发展。参考俄国方面的最新研究，我们会发现在日俄开战之前一段时期，两国外交谈判的核心一直集中在韩国问题上。

战前的社会状况

想必不少人心中对日俄战争前的日本社会状况都抱着这样一种印象：因三国干涉而愤怒不已的日本国民，在“卧薪尝胆”的口号下为日俄战争做着各种各样的准备。然而，如果我们阅读一下 1904 年 2 月 12 日的《原敬日记》，便会发现情况似乎并非如此[26]。

> 如今，大多数国民都不希望战争爆发。政府当初之所以让七博士①在舆论中宣传武力讨俄论，其后又着手组织对俄同志会等反复宣传对俄强硬论，最初是为了以舆论为武器向俄国施压，以此推动日俄协商的成立，避免战争的爆发。（中略）如今国民大众当中，以实业家团体最为厌战。然而在强硬的舆论氛围下，如今已经无人敢公开反战。时间长了，舆

① 指日俄战争前的 1903 年 6 月，东京帝国大学教授户水宽人、小野塚喜平次、富井政章、高桥作卫、金井延、寺尾亨以及学习院教授中村进午向时任首相桂太郎、外相小村寿太郎提交主张对俄动武的意见书一事。七博士意见书可谓日俄战前日本社会主战论的代表。

论民心逐渐也就习惯这种战争氛围了。

“卧薪尝胆”的故事之所以广为人知，在很大程度上是受日俄战争胜利后德富苏峰编纂的《公爵桂太郎传》（1917 年）和《公爵山县有朋传》（1933 年）的影响。实际上，这两部传记的刊行很大程度上是为了彰显桂太郎、山县有朋等所谓将日本推上世界八大国地位的政治人物，其内容未必符合历史事实。

日俄开战前的反战气氛

迄今为止，日本学界中关于日俄战争有着极为丰富且优秀的研究积累。其中，坂野润治可谓日俄战争实证研究新潮流的开拓者[27]。他在研究中分析指出：“很大一部分的日本国民以及部分国家领导者，到日俄开战为止都抱着厌战的态度。”在日俄战争前的 1903 年 3 月举行的第八次众议院总选举当中，对开战抱消极态度的政友会获得了过半数的 193 席，而宪政本党只获得了 91 席。从这个选举结果来看，至少地主和实业家阶层并不赞成对俄开战①。此外，关于 1902 年缔结的日英同盟，原敬在日记中写道：“应当反对加征地租，同时反对以地租为财源的海军军备扩张计划。当前借缔结日英同盟之机，暂缓军备扩张的脚步，无疑是一个合理的选择。”[28]

此外，三谷太一郎在对日俄战争前的政界状况进行分析后指出[29]，开战前，以元老为首的政界高层中有不少人都倾向于非战论

① 之所以得出这个结论，是因为当时日本的选举制度设有较高的财产和收入门槛，一般认为这一时期的选举代表的是地主和企业家的意见走向。

（至少是潜在的非战论）。在分析过程中，三谷格外重视 1903 年末的财政紧急敕令案的审议问题。1903 年 12 月 28 日，在预想日俄即将开战的前提下，为了筹集军费，政府编订了一系列紧急财政政策，并希望以紧急敕令①的形式来公布这些财政政策。然而，这一紧急敕令案在枢密院②审议的过程中却遇到了极大的阻力。以此为依据，三谷判断当时政府高层中不少人对开战其实都抱着消极的态度。1904 年 2 月 5 日，即日俄开战的前一天，原敬在日记[30]中写道：

昨日来，时局逐渐紧迫，俄国业已决定开战的消息频传，刊发相关号外的报纸也不在少数。不得不说，关于时局演化的种种问题，日本政府所持的保密策略实有过度之嫌。这导致广大国民大多不明时局之真相。事实上，日俄两国虽然最初是围绕着满洲问题进行争论，但此后争论焦点逐渐变化。时至今日，日俄两国之间的争议无非只是关于朝鲜半岛的中立地带到底要划多大的问题。虽说一旦对俄开战，国民仍然能够团结起来一致对外，但不得不说眼下多数国民心中仍然渴望和平，只是在当下舆论环境中无人能公开表达而已。即便是元老们，亦是如此。全国上下，除了少数论客之外，大多数人内心都不希望发生战争。然而即便如此，战争的脚步

---

① 所谓紧急敕令，是指明治宪法体制下，在帝国议会闭会期间出于紧急需要颁布的具有等同法律效力的敕令。

② 明治宪法体制下，直属天皇的最高咨询机关，负责立法、条约、紧急敕令和皇室制度相关问题的咨询与审议。此时的枢密院议长正是伊藤博文。

似乎还是在逐渐迫近。

“如果最终妥协案能够送达，日俄战争便不会发生”

新锐外交史学者千叶功在其著作《旧外交的形成》中，对日俄战争的开战过程做了实证性的解读[31]，对 1903 年 7 月至 1904 年 2 月间日俄外交谈判中的各项议题和论点，以及元老会议议题的变化过程，做了非常细致的总结和探讨。在此基础上千叶得出结论，日本政界高层实际上很晚才做出了对俄开战的决定；无论是被视为主战派的山县有朋、桂太郎、小村寿太郎等人，还是主和派的代表伊藤博文，都认为“满洲问题和韩国问题之间有着密不可分的关系，在对俄外交的过程中，应当同时就这两个问题进行谈判”。针对“满韩不可分”这一点，上述两派的观点其实并无不同。1903 年 12 月 21 日，山县有朋在写给桂太郎首相的信函（藏于国立国会图书馆宪政资料室）中说道：

> 芳翰已拜读。关于 16 日会议之重点问题，正如老兄所知，老生一直主张应趁当下之时机向俄方提出满韩交换之主张。然而，16 日会议最终决定在现阶段采用外相提出的谈判方案。对此，我向外相表示，国家之政略自当由政府当局负责人来制定，老生不会固执己见对政府事务横加干涉。不过，关于贵谕当中的第二点问题，即采取断然之手段对俄开战之论，老生实难认同（后略）。

信中所提及的1903年12月16日召开的元老会议的出席者，除伊藤博文、山县有朋、井上馨、松方正义、大山岩各元老外，还有桂太郎首相、寺内正毅陆相、山本权兵卫海相以及小村寿太郎外相等阁僚。山县在这封信中想表达的核心是，在16日的元老会议上，他本人虽然对“为了解决朝鲜问题不惜与俄国一战”的政府方针表示了认可，但并不同意因“满洲”问题与俄国开战。从这封信中我们可以看出，在日俄开战两个月之前，决策者们仍未就是否对俄开战达成一致。

日俄战争结束后，《大阪每日新闻》曾在1907年1月10—18日连载了俄国远东特别委员会保存的日俄战前对日谈判的相关资料。日俄战争前担任俄国陆军大臣的库罗帕特金（Aleksei Nikolaevich Kuropatkin）也曾在笔记中引用这份资料。千叶功在参考该资料的基础上表示，日俄战争爆发前俄国沙皇尼古拉二世已经决定对日妥协，并曾下令向日本送交承认日本占领韩国全境的最终妥协案。然而在这份妥协案送达日本之前，日军已然先发制人地对俄军展开攻击，挑起了战争。千叶认为，如果俄国的这份最终妥协案能够早些送达日本，那么日俄战争大概率是可以避免的。

俄国史领域的研究潮流

上文中，笔者就日俄战争前日本国内的反战氛围，以及直到日俄开战前夕日本决策层仍未就对俄开战问题达成一致的相关问题进行了阐述。近年随着俄国方面史料的公开，俄国史领域关于日俄战争的研究有了长足的进展，其中最具代表性的研究成果便是和田春树[32]与卢科雅诺夫的一系列著作。此外，加纳格的相关研究成果也极大推进了日俄战争研究史的发展[33]。

为了更好地理解上述最新研究成果的划时代意义，让我们先来回顾一下这一领域最脍炙人口的文学作品——司马辽太郎的小说《坂上之云》[34]。关于日俄开战前俄国内部的政治动向，司马在小说中描写道：日俄开战前，俄国的财政大臣维特（Sergei Yul'jevich Witte）倾向于回避战争，但沙皇尼古拉二世由于受到别佐布拉佐夫（Aleksandr Mikhailovich Bezobrazov）一派的影响，开始倾向于带有冒险主义色彩的朝鲜领有论，日渐沉迷于对外侵略扩张。而以库罗帕特金为首的俄国军人，也大多轻视日本的军事实力，认为一旦日俄开战，俄国可以轻易获得胜利。

和田春树指出，司马的上述描写很大程度上是受到了维特回忆录的影响。而司马对于库罗帕特金的认识，基本上也是基于库罗帕特金在战争中出于逃避责任的目的向沙皇提交的《战争的总结》这份文件的内容。一旦不加分析和批判地相信以上这些战争当事人的回忆录，自然就会得出所谓俄国国内没有主战派、俄国上层都不想开战之类的结论。

日俄战争后，俄国总参谋部编纂了十卷本的官方战史。其中负责第一卷第一章编写工作的西曼斯基少将，对开战前俄国国内的状况进行了还原。在编写战史的过程中，他于 1910 年留下了大量的询问调查资料。和田春树指出，这些询问调查资料是关于日俄开战过程最为翔实的史料。而这些资料所呈现的日俄开战的史实状况，与司马小说中的描写全然不同。例如，此前一直被认为是对日强硬派的别佐布拉佐夫，在 1904 年 1 月 10 日（俄历 1903 年 12 月 28 日），即日俄战争爆发前一个月，甚至还起草了一份主张缔结俄日同盟的意见书。其中约定，俄国不会吞并“满洲”，作为交换，日本也维持朝鲜的独立。在此基础上，俄日两国可以建立政策性质的开发企业，分别对“满洲”和朝鲜的天然资源进行开发。

加纳格在沙皇尼古拉二世遗留的档案中也发现了别佐布拉佐夫起草的这份俄日同盟意见书。原本俄方高层希望劝说沙皇尼古拉二世与明治天皇取得联系，由两国君主出面直接商谈俄日同盟案，但沙皇最终并没有批准这份提案。时任驻俄公使的栗野慎一郎对这份俄日同盟案似乎也非常感兴趣，甚至还专程就该提案给小村寿太郎外相发了一封很长的电报进行汇报。这封电报本应在1月15日送达日本，然而时任俄国外交大臣的拉姆斯多夫（Vladimir Nikolayevich Lamsdorf）却对栗野公使说，别佐布拉佐夫不过是“一介狂夫”，“和他进行谈判有害无益”，表示无意就别佐布拉佐夫提出的俄日同盟案与日方展开谈判。2月3日，拉姆斯多夫通过电报向驻旅顺的俄国远东总督阿列克谢耶夫（Yevgeni Ivanovich Alekseyev）传达了沙皇的对日回复案。在该提案中，俄方坚持要求在朝鲜半岛北纬39度线划设中立地带，哪怕是通过签订秘密条约的方式亦无不可。而这是当时的日本高层无法接受的。

通过和田春树的研究可知，在战争爆发前的日俄外交谈判中，朝鲜问题才是两国之间不可调和的矛盾。俄方坚持要求在朝鲜划设中立地带，并要求日本承诺不将朝鲜用作战略前进基地。对此，日本屡次表示拒绝。持续半年之久的日俄谈判基本就是围绕着这一问题的拉锯战。

此外，韩国高宗皇帝在1903年8月15日寄给沙皇尼古拉二世的密信中表示，一旦日俄开战，韩国将站在俄国一方，他还希望日俄两国承认韩国的战时中立地位。从俄国外交档案的记载来看，当时俄方对高宗的这一要求给予了正面的反馈。

俄国学者的最新研究

在日俄战争研究领域，俄国前沿学者卢科雅诺夫阅读了大量俄方保留的一手史料，并在此基础上对别佐布拉佐夫一派的政策主张进行了深入研究。别佐布拉佐夫一派在 1903 年获得了尼古拉二世的信任，对当时俄国远东政策的制定有着非常大的发言权。卢科雅诺夫在分析后指出[35]，当时别佐布拉佐夫一派在远东政策方面的主张主要有两点：一是俄军应从“满洲”北部撤退，同时向辽东半岛南端的旅顺和大连增兵；二是建议加强对邻近日本势力圈的鸭绿江两岸地域的开发，积极扩展俄国在朝鲜半岛北部的势力范围。

在 1903 年 8 月 12 日开始的日俄谈判中，日本当局乐观地认为，如果在“满洲”问题上对俄让步，仅就朝鲜问题和俄国谈判的话，两国想必可以很快达成一致。但在阅读卢科雅诺夫的研究著作时，笔者不禁怀疑，按照日本当局的谈判方案，日俄两国真的能够达成妥协吗？正如前文所述，当时对俄国远东政策具有决定性发言权的别佐布拉佐夫一派主张积极在朝鲜半岛扩大俄国的势力范围。在此背景下，日俄两国想要就朝鲜问题达成一致可谓困难重重。换言之，重视朝鲜半岛权益的别佐布拉佐夫一派，与对俄国远东政策缺乏自觉认识，一厢情愿地认为只要在“满洲”问题上对俄让步，就可以换来俄国在朝鲜问题上的对日让步的日本当局之间，对于日俄谈判的预期从一开始就存在着巨大的落差。

日方之所以对俄国的远东政策缺乏理解，与日本自身对国际局势的认知不无关系。当时日方认为，如果只是因为韩国问题和俄国爆发冲突，是很难获得英、美两国的支持的。受到这种认知的束缚，日方自然倾向于以“满洲门户开放”为大义名分对俄开战，认为这样便能够在国际上获得英美的支持。此外不得不说，当时俄国也没有清醒地认识到韩国问题在日本国家安全领域的重要意义。

结语

1902年日军先发制人挑起了日俄战争。然而，如今关于这场战争，日本坊间却广泛流传着一种戏说性质的历史认识，即日俄战争是“日本为了替中国保卫满洲地区而进行的战争。日本是为了中国才和俄国开战的”。实际上，日俄战争是从国家安全角度考虑，希望在朝鲜半岛建立排他性支配的日本，与不愿看到日本独霸朝鲜的俄国之间矛盾不可调和的结果。在日俄开战前的十多年里，俄国在财政大臣维特的主导下，以辽东半岛为终点进行了大规模的铁路建设。当时在俄国国内，针对维特的铁路建设计划也有不少反对的声音。特别是在日俄开战前的数年里，作为沙皇侧近的别佐布拉佐夫一派开始倾向于认为，与其在辽东半岛投入巨额预算进行开发建设，不如设法拓展在朝鲜半岛的势力范围，这样才能更加合理且经济地保护旅顺军港和大连商港的安全。在俄国远东战略的重心逐渐转向朝鲜半岛的同时，日本国内却对俄国战略的变化缺乏了解，因此才会一厢情愿地认为只要以满韩利权交换论为基础与俄国进行谈判，就能够和俄国达成一致。以上问题可以说是理解日俄战争开战过程的难点所在。

所谓“日俄战争是为了保卫满洲的战争”之类的说法，本是源于日本政府在对俄开战之时，为获得英美支持进行的宣传。为了将战争正当化，日本刻意将日俄战争粉饰成“为了维护满洲的门户开放的战争”。甚至诸如吉野作造、朝河贯一等一流知识分子，也纷纷在美化战争的言论场上粉墨登场。例如，吉野作造在《征俄之目的》（征露の目的）[36]一文中说道：“吾等并没有反对俄国扩张领土之理由。而吾等之所以被迫行使自卫权与俄国相对抗，实是因为在俄国扩张领土的过程中，总是伴随着最为野蛮的排斥他国贸易的行为。”[37]

日俄战争明明是一场因韩国问题爆发的战争，然而不知道从什么时候起，逐渐被粉饰成了维护“满洲门户开放”的战争。1931 年“九一八”事变爆发后，日本在国际联盟的会议上阐述本国立场时便表示，日本曾经为了守卫“满洲”“付出了数十万生命，背负了二十亿的债务”。关于 1904 年日俄战争的历史记忆，经过恣意篡改之后，在 1931 年“九一八”事变发生后，成了日本在国际舞台上论述自身立场的武器。

正如本章所述，日本与清朝、俄国之间走向开战的实际过程，与社会上广为人知的各类说法之间存在着巨大差异。然而，笔者近来越发感到，“日清战争（甲午战争——译者注）是为了将朝鲜从宗主国清朝的支配下解放出来的战争”，“日本是为了让朝鲜实现独立才与清朝开战的”，“日俄战争是为了维护满洲门户开放，替中国夺回被俄国占领的满洲而进行的战争”之类完全违背历史事实的谬论，在当今日本社会中仍然对国民有着难以忽视的影响力。

在此类谬论蔓延于世之际，我希望拥有灵活思辨能力的各位读者能够多去阅读类似《日本外交文书》之类的一手史料，通过自身的努力去了解历史的真相。如今《日本外交文书》的绝大部分已经在外务省的主页上全文公开。最后，我想引用一段李顿的话。众所周知，“九一八”事变后，国际联盟理事会派遣了以李顿为首的调查团前往日本、中国调查具体情况。在访日之时，李顿对时任日本外相内田康哉讲了一段话[38]。虽然这段讲话全文较长，但其内容可以说是针对序言中所引用的松冈洋右外相关于“这个国家的形态”的发言的有力反驳。我希望大家能仔细地品味解读这段发言的内容。

> 日本方面一直表示满洲是日本的生命线。对于这条生命线日方一直十分敏感，不允许任何人质疑日本在满洲的立场。对于日本的这一立场，我等愿意予以尊重与承认。（中略）然而我想对日本说，正如日本对满洲抱有强烈感情一样，世界各国国民也都有自己在意和敏感的事情，也都有自己的自尊与骄傲。欧洲大战之际，各国举国奋战，甚至有些国家拼至一无所有。日本总说自己为了满洲耗费了十亿元。然而在欧洲大战中，参战各国的花费比这要多得多。有些国家的国民甚至子孙数代都要背负战争造成的债务。日本说自己为了满洲牺牲了二十万人的生命，然而欧洲大战中各国的牺牲人数何止百万。在大战结束后，世界各国付出了如此高昂代价换

来的只有一点，那就是国际联盟这个旨在维持和平、不让各国重蹈战争覆辙的合作机构。

在这里，我将日本人和日本这个国家的记忆形容为“这个国家的形态”。在我们思考日本“这个国家的形态”时，一定不要忘记一个既定的基本事实，那就是这个世界上的每个国家及其国民的心中，也都存在着各自所认知的“这个国家的形态”。[39]

第二章

军国主义的兴起：从明治维新至第一次世界大战结束

本章探讨的核心问题有以下三点：1. 在日本的国家安全感和对外观念当中，中国观和朝鲜观的特点。2. 由《大日本帝国宪法》和帝国议会构成的战前日本立宪体制下，军事制度和军部的特质。3. 统帅权的解释随时代发展逐渐变化的情况。

序　言

明治维新后，为了摆脱不平等条约框架体系，实现国家的“独立”，明治政府推行了富国强兵政策。自甲午战争（1894—1895）后，日本基本上每10年就进行一场战争[1]，这可以说是近代日本的一个特征。这里，笔者希望在回顾这段历史的同时，抱着以下三个疑问，从历史学的角度对这一近代日本的特征进行分析。①远东岛国日本及其国民心中的安全感（或者说安全观念、国防观念）究竟具有什么样的特征？在日本的对外意识中，中国又到底是一个什么样的角色？②在由宪法和议会构成的近代日本政治制度体制中，军事制度具有什么样的特征？扮演着什么样的角色？③在吞并中国台湾和朝鲜后，围绕着当时的亚洲太平洋区域的国际秩序问题，殖民帝国日本与英美等国的矛盾不断激化的具体过程是什么样的？

在叙述问题①的过程中，笔者势必会从近代日本的角度出发，对当年日本的历史局势认知和国民感情的变化进行叙述。希望各位读者注意的是，这部分内容归根到底是当年日本所认知的历史局势和当年日本人的国民感情，是有其历史局限性的。

1. 日本的朝鲜观、中国观的特质

日本的当权者以及民众对东亚地区乃至整个世界的局势有着什么样的认识？在选择发起对外战争时又是出于什么样的考虑？在思考上述两个问题之前，我们有必要先对日本这个国家以及日本国民的安全感的特质进行思考。美国历史学者马克·佩蒂（Mark R. Peattie）在评述第一次世界大战之前的日本国家特征时说："在近代诸多殖民帝国当中，大概只有日本是一直沿着一个异常清晰的国家战略思考方向前进的。日本作为一个岛国，当时它的当权者们在本国的安全保障问题上，也都能在慎重考量的基础上达成一致。这在全世界都是极为罕见的。"[2]

近代日本作为一个岛国，其在安全保障领域所追求的利益目标为何能在当权者和民众中获得广泛的支持？而作为近代国家，日本在实现快速发展的同时，又为何会将矛头指向朝鲜半岛和中国，企图通过武力来重构东亚的国际秩序？

可能会有一些读者对笔者在一篇旨在论述中日关系的文章中插入有关朝鲜问题的议论不以为然，但笔者如此行文论述是有理由的。例如，如果我们思考一下甲午、日俄两场战争的爆发过程，便会发现两场战争其实都是以日本进军朝鲜半岛为开端的。大多数时候，近代日本或日本人所持的朝鲜观和中国观其实是密不可分的。

关于这一点，我们可以参考中国古代史学者西嶋定生的研究。西嶋认为，古代日本是一个位于隋唐帝国周缘部的文化较为落后的国家，为了维持本国的独立性，在国内树立统治权威，有必要虚构出朝鲜半岛的诸王朝（新罗等）臣服于日本，日本与中国历代王朝的关系是对等的这样一种假象[3]。此外，朝鲜史学者吉野诚也指出，公元720年编纂的日本最早的历史书《日本书纪》，刻意将朝鲜半岛诸国描绘成了臣服于天皇的国家（神功皇后的新罗征伐、三韩朝贡等）。对古代日本来说，这类以巩固国内统治为目的的历史虚构创作是不可或缺的[4]。换言之，早在天皇统治刚刚确立的古代日本，统治者们便已经在利用朝鲜和中国来确立自身在国内的统治权威。

这里读者们大概会怀疑，古代日本的对外认识真的可以套用到近现代吗？为了解决这个疑虑，笔者在这里想引用一段昭和天皇的话。1946（昭和21）年8月14日，亦即决定接受《波茨坦公告》的御前会议召开整一年之际，昭和天皇邀请战败时的首相铃木贯太郎、时任首相吉田茂等人举办了茶话会。根据侍从次长稻田周一的记录，昭和天皇在会上讲道：

对于战败一事，我个人深感抱歉。然而，这也不是日本第一次在战争中败北，历史上日本曾经出兵朝鲜，在白村江之战中一败涂地。之后日本不得不从朝鲜撤兵，着手进行一系列改革。而这些改革成了日后日本文化发展的重要转机。以史为鉴，大约可以预见日本未来的发展道路。[5]

白村江之战是公元663年唐朝和新罗联军大败倭国（日本）的一场战役。值得注意的是，昭和天皇在战后就战败的责任问题向相关侧近致歉时，引用了近1300年前的白村江之战作为先例。

此外，正是在公元702（大宝二）年，日本在恢复自669年起中断的赴唐朝贡使（即日本所谓的遣唐使）的同时，开始使用“日本”这一国号，取代之前的“倭”。根据《日本书纪》等日方编纂的史书，当时日本仿佛和唐王朝建立了对等的外交关系。但毫无疑问这些史书的描写是一种虚构。

虽然历史上唐日两国的实际关系并不对等，但以天皇为顶点的古代国家，仍然营造出了一种“唐为邻国，新罗为蕃国（藩国）”[6]的对外认识，并在此认识基础上建立了对国内的统治。而日本当时尽管不定期地向唐王朝派遣朝贡使，但并未加入唐朝的册封体制。之所以如此选择，是因为一旦加入了唐朝的册封体制，便会与同样接受唐王朝册封的朝鲜（新罗）处于对等地位，如此一来日本虚构的“新罗从属于日本”的说法便会不攻自破[7]。古代史学者石母田正还指出，日本创造出“天皇”这一称号的动机，也是为了模仿中华帝国建立一个“东夷的小帝国”[8]。既然模仿唐王朝的皇帝自称天皇，那么日本怎么能没有朝贡国呢？而如果要在周边寻找朝贡国，也只能把目光投向朝鲜半岛的新罗。这便是古代日本的逻辑构造。吉野诚也指出：“从本质上看，只有在拥有朝贡国的基础上‘天皇’这一称号才能够成立。换言之，天皇为了成为天皇，获得朝鲜的臣服是必不可少的。”[9]

在此基础上，让我们再来看一看明治新政府的领导者之一木户孝允对于朝鲜半岛问题的想法。1868（明治元）年12月14日，木户在日记中写道，针对朝鲜的“无礼”行径，可遣使究责。如若朝鲜不肯认错，则可兴师问罪，以显“神州”（日本）之国威[10]。众所周知，在导致西乡隆盛等人下野的1873年征韩论争中，木户曾明确表示反对征韩。联想到这一点，明治元年木户在日记中所写的征韩主张更可谓意义非凡。那么，为何日后的内治派代表人物，主张优先发展内政、反对盲目出兵海外的木户，会在明治初期主张征韩呢？

1868年，对马藩遣使前往朝鲜，递交了日本实行王政复古的通告书。木户的上述日记正是写于使节出发后不久。木户在日记中所说的“无礼行径”，其实指的是朝鲜和德川幕府建立外交关系一事。无视天皇的政府，反而和武家政权建立“私交”，在木户看来朝鲜的这一外交方针颇有问题。而木户的这一朝鲜观其实是建立在以下思维之上的：通过明治维新，日本既然重新树立了天皇亲政的理念，那么朝鲜自然也应像古代天皇制国家的时代一样（当然，木户等人理解的所谓古代天皇制国家形态，也只是一种虚构的假象），臣服于王政复古的日本。

木户孝允究竟在多大程度上受到了《日本书纪》中的虚构故事的影响，这一问题在这里暂且先不谈。当时木户为了让新政府摆脱明治初期艰难的政治局面，可谓是绞尽脑汁。1868年，在野的攘夷论者纷纷批评新政府，要求尽快将欧美列强驱逐出日本。面对国内的动荡局势，新政府选择在宣传王政复古理念的基础上，利用“朝鲜为日本属国”这一自古以来虚构的口号来统一国内舆论。换言之，为了树立明治国家的正统性，当时新政府认为有必要以古代神话为依据建构立国理念，并在此基础上实现对国民的统合。总结来说，日本的朝鲜观和中国观很多时候其实并不关心通商利益和领土扩张等对外关系问题，相反却带有很浓厚的对内宣传色彩。在这种情况下，日本当权者都会对朝鲜观、中国观加以宣传利用，以此一方面在国内实现国民的统合，另一方面也可以树立新政权的权威和正统性。

2. 政军关系的特质及其构造

外征论的意图

明治维新政府是一个在形式上拥戴年轻不成熟的明治天皇为顶点，本质上以萨（鹿儿岛藩）、长（山口藩）、土（高知藩）、肥（佐贺藩）等旧雄藩势力为核心的联合政权。在 1885 年内阁制度建立之前，1868 年依照《政体书》[①] 设立的太政官是明治政府的最高决策机关。当时萨摩的西乡隆盛、大久保利通，长州的木户孝允、伊藤博文，土佐的板垣退助以及肥前的大隈重信等人都在太政官中就任参议一职。1871 年明治政府宣布废藩置县。其后，政府又以萨、长、土三藩藩兵组成的“御亲兵”，特别是以西乡率领的旧萨摩藩兵所构筑的强大军事力量为后盾，在全国范围内解除了旧藩支配下的身份制军队的武装。然而，由于当时近卫兵主要是以萨摩士族为核心构建的，因此西乡隆盛个人对近卫兵有着极大的影响力。明治政府将这种以乡党关系统合起来的军事力量直接拿来作为中央集权体制下的国家军队，无疑要冒不小的风险。

---

① 1868 年 6 月颁布的明治新政府政治纲领，其中规定了建立以太政官为顶点的三权分立原则。

认识到了这一点后，在木户孝允以及山县有朋陆军卿等长州系政治家的主导下，明治政府在 1873 年 1 月 10 日制定公布了《征兵令》，开始着手建立全民皆兵的军事体制。

此后，在明治政府内部，随岩仓使节团考察归国的木户等人的内治优先路线，与西乡、板垣等人的外征（征台论、征韩论）路线发生了对立。1873 年，在政策路线斗争中失败的西乡、板垣等人辞官下野。大岛明子具有划时代意义的研究[11]指出，以琉球人遇害问题为契机引发的征台论，以及由所谓朝鲜侮日问题为契机引发的征韩论，其核心目的都不在外征本身。当时出身萨摩、土佐的乡党集团之所以主张出兵海外，其目的之一其实是希望通过外征来掌握兵权，以此为后盾同以长州系为核心的内治派进行对抗。此外，1874 年，以“佐贺之乱”为代表，不平士族的叛乱时有发生。而一旦鹿儿岛县的不平士族与其呼应共同起事，则全天下难免会陷入内乱状态。为了降低这一风险，在太政官正院中的一些旧萨摩藩出身者（如大久保利通、西乡隆盛之弟西乡从道等人）的刻意主导下，明治政府才强行出兵中国台湾。最终，主张征韩论一派在国内政争中失势，征台后出现的对清朝开战的风险最终也通过外交途径得以回避。在这一背景下，政府才在 1874 年 11 月命令以鹿儿岛士族为中心编成的外征部队回国。而直到 1877 年西南战争的结束，外征派对中央政府的抵抗才最终平息。明治政府成立后，其内部斗争的平息过程整整花费了十年之久。

近代政治制度的确立与政军关系

在本节中，笔者希望探讨一下日本政军关系的特质。许多研究都指出，在1889年《大日本帝国宪法》制定之前，统帅权独立和兵政分离主义两大原则[12]作为习惯已然得到了确立。但这一时期，上述两大原则的确立并没有诱发统帅权脱离政府制约的暴走现象。山县有朋在1878年主导创建参谋本部，树立统帅权独立原则的背景原因主要有四点：①在德国研究考察军事制度的桂太郎的归国。②1874年“佐贺之乱”等反政府武装叛乱过程中的教训。面对武装叛乱，当时太政官正院（最高国家决策机关）中的部分当权者（如萨摩派的大久保和西乡从道等人）在动用国家军事力量的过程中曾下达过一些不当的命令。③竹桥事件（西南战争后，因对论功行赏问题抱有不满，近卫炮兵大队士兵杀害大队长等上级军官的事件）对政府的冲击。④防止要求开设国会的民权运动波及军队。鉴于以上背景原因，1878年12月，明治政府制定了《参谋本部条例》，其中第6条规定：“战时，凡军令必出于天皇亲裁。”1879年10月制定的《陆军职制》第1条也明确规定：“日本帝国陆军直属于天皇陛下。”

总结来说，一贯反对外征论并亲自参加了西南战争的山县有朋，之所以着手确立统帅权独立的原则，主要是为了将军队从政治影响力之下隔离开来。这样一方面可以杜绝军队参与各种内乱，另一方面也可以防止军队受到政治运动的影响。然而到了昭和战前时期，明治时代狭义的统帅权独立原则却变成了军队拒绝内阁和议会干涉的攻击性武器。在明治时代，即便有统帅权独立原则的存在，政治权力和军事权力之间的关系仍然是较为和谐融洽的。在甲午和日俄两场战争中，政府和军队在决策领域也没有出现分歧。在这种政军协调关系的背后，手握军事实权的山县有朋和手握政治实权的伊藤博文这两位元老的存在有着很大的意义。而在日俄战争后，特别是进入大正时代之后，通过元老间的协调合作所建立起来的基于乡党派阀的支配模式开始松动，政党、官僚和军阀三大势力逐渐从元老的支配下独立出来。以此为契机，统帅权独立原则的各种负面影响也开始逐渐显现出来[13]。

一旦推行统帅权独立的原则，让军队直属于天皇，会不会产生军人打着天皇大权的旗号实际控制政治权力的问题呢？为此笔者认为，在手握政治实权的元老伊藤博文从欧洲各国引入的内阁、宪法、议会等近代政治制度体制之后，至少在明治时代，军队权力的肥大化问题在很大程度上还是可控的。1882 年前往欧洲进行宪法调查的伊藤博文，遇到了维也纳大学政治经济学教授冯·施泰因。冯·施泰因向伊藤讲述了行政权的重要性，认为“行政权应独立于议会与君主的意志”。此外，伊藤还从冯·施泰因那里学到了“宪法的目的在于限制君权”的立宪思想。伊藤自欧洲归国后，在 1888 年 6 月 18 日召开的枢密院会议上，向审议宪法草案的与会者表示：“创立宪法政治的过程，即明文规定君主大权之范围，并对其部分权限进行限制。（中略）显而易见，宪法政治之意义即在于限制君权。”[14]

首先，我们来看看明治宪法中有关战争的条款。宪法第 13 条规定，宣战讲和之权以及缔结条约之权属于天皇。然而，《宪法义解》① 针对此条解释说[15]，之所以规定宣战讲和之权属于天皇，乃是为了防止议会之容喙。上述权限名义上属于天皇，实际上由构

① 1889 年，以伊藤博文名义出版的对《大日本帝国宪法》的立法意图与实际运用模式等问题进行逐条解说的著作。

成内阁的国务大臣以及负责条约内容咨询事务的枢密院来行使。同时，无论在何种情况下，到开战为止的外交过程均属国务之范畴，应由国务大臣及其他相关者（如内大臣、元老、临时外交调查会等）对其负责[16]。

此外，宪法第 11 条规定“天皇统帅陆海军”。而有权在统帅权领域辅弼天皇的有陆军大臣、海军大臣、参谋总长、海军军令部长（1933 年起改称军令部总长）以及侍从武官。国务大臣则被限制干涉统帅权的相关事务。1925（大正 14）年，时任法制局长官的塚本清治在帝国议会答辩的过程中，就统帅权独立问题代表政府作出了如下解释：“宪法第 11 条规定的统帅大权，并不属于第 55 条所规定的国务大臣的辅弼责任范围。但统帅权相关事务往往与国务大臣负责之事务有着密不可分的联系，因此国务大臣亦可在各自职权范围内参与谋划统帅权相关事务。”根据这一官方解释，宪法第 55 条中“国务各大臣尽辅弼天皇之责。凡法律敕令及各类有关国务之诏敕在颁布时均需国务大臣副署”的规定，原则上不适用于统帅权相关事务。

与此相对，宪法第 12 条“天皇决定陆海军之编制与常备兵额”，规定了天皇的编制大权。对此《宪法义解》说：“天皇应依责任大臣之辅翼行使此权”，即将编制权相关事务划入了国务范围。换言之，在明治宪法体制下，军队的编制大权属于国务大臣的辅弼范围，此外议会也握有预算审议权。陆海军在扩张军备，增设师团、舰队时，议会便可动用预算审查权对其经费进行审议和削减。事实上，自 1890 年帝国议会召开以来至明治中期为止，政府和政党一直围绕着军备扩张、节减政府预算以及民力修养等预算相关问题相互对立。然而，自 1937 年中日战争全面爆发之后，日本陷入了持久战的泥沼之中，为了尽可能地防止议会干涉战时预算，政府决定将从开战起至战争结束的多个年度统合为一个单独的特别会计期间处理，这样一来便大大削弱了议会通过行使预算审议权干涉军事事务的能力。

元老的职责与战时大本营

正如上文所述，在明治宪法体制下，天皇的宣战讲和大权由内阁负辅弼责任，用兵作战等统帅大权则由统帅机关负辅弼责任，而在内阁与统帅机关之上，又由元老来全盘负责最终的国家决策。此外到了战时，还会另设大本营这一机构。例如 1894 年 6 月甲午战争爆发前，伊藤博文首相便在参谋本部内设立了大本营（后移至广岛）。甲午战争时的大本营，由参谋总长、参谋次长、军令部长等统帅部高层组成，其中陆海军各 6 人。此外，大本营内还包括有管辖后方事务的兵站监部。当时广岛大本营的设立还推动了日本国内铁道网的规划整备，以及用来向海外投送兵力的宇品港基础设施的建设工作[17]。甲午战争爆发之后，除统帅部人员和陆海军大臣之外，考虑到在战时，军事预算事务以及外交事务的主管者也有必要熟知军事行动的具体进展，明治天皇还特旨允许伊藤博文首相和陆奥宗光外相出席历次大本营会议[18]。

日俄战争爆发前，政府在 1903 年 12 月设立了大本营。与甲午战争时相同，除构成大本营的军人外，在明治天皇的授意下，首相和外相也出席了日俄战争期间的历次大本营会议。与甲午战争时不同的是，在日俄战争前修订的《战时大本营条例》的规定下，此时海军在大本营内获得了与陆军对等的地位[19]。此外日俄开战之前，虽然统帅部一直主张尽早对俄开战，但当时内阁和元老仍能对统帅部实现管控。与昭和战前时期相比，此时的政军关系总体上还是较为融洽的。这是由于当时在政战两略以及军费筹措等问题上，伊藤、山县、松方正义、井上馨等元老有着跨越政界和军界的影响力，能够对政府和军队起到统合作用。但也正因如此，日俄战争后在总结旅顺口战役指挥失误的教训，以及追究战争中弹药不足等诸多问题的责任时，统帅部开始将相关责任推卸到元老和内阁头上，说是内阁和元老在决定对俄开战时踌躇不决才导致了以上问题。1925 年，陆军大学校兵学教官谷寿夫在陆大讲授的课程内容充分反映了当时统帅部内的这种思维趋势。谷寿夫对内阁方面未能及时向参谋本部通报对俄外交的详细进展深表不满，认为军方应从一开始便参与日俄两国的外交谈判，还批判说："日俄战争中日本的最高统帅者其实是那群元老。"[20]

而从当时出席大本营会议的成员构成，我们可以看出大本营制度所隐含的问题。以 1904 年 2 月 13 日召开的日俄战时第一次大本营会议为例，出席会议的有桂太郎首相、小村寿太郎外相、山县有朋等元老，陆军方面的参谋总长、次长、作战主任参谋、运输通信长官、陆军大臣，以及海军方面的军令部长、次长、2 名幕僚、海军大臣。从出席人数来看，军人超过了半数。而在制度上，内阁成员其实原本无权出席大本营会议。随着日俄战争后元老势力日薄西山，大本营会议的这一制度构造问题便难免会给日后军部抬头埋下隐患。

而明治宪法第 55 条的规定更是在日后进一步促成了军部势力

的做大。该条第 1 项规定的国务大臣单独辅弼制（各国务大臣单独对天皇负责，宪法原理上各大臣的地位与首相对等），决定了明治宪法体制下的内阁制与当前日本国宪法体制下的内阁制有着本质的区别。当时的首相并没有任免国务大臣的权限。此后，随着 1900 年军部大臣现役武官制的制定，内阁中的陆海军大臣便掌握了置内阁于死命的武器①。1912 年，第二次西园寺公望内阁拒绝了陆军方面提出的在朝鲜半岛增设两个师团的要求，此后上原勇作陆相宣布辞职，陆军方面也拒绝推荐后任人选，最终导致西园寺内阁被迫总辞职。进入昭和时代，1937 年广田弘毅内阁倒台后，原本被推荐为继任首相的陆军稳健派的宇垣一成，也因为陆军方面的强烈反对而没能成功组阁。

---

① 所谓军部大臣现役武官制，只有现役的陆海军大、中将可以出任陆海军大臣，预备役、后备役将官均无权出任。加之在明治宪法体制下，首相没有阁僚的任免权。在这一制度架构下，一旦军部对内阁不满，便可以让陆海军大臣辞职，且不再推荐继任人选，如此内阁便难逃倒台的命运。

3. 甲午、日俄战争开战过程中的错误及其正当化逻辑

山县有朋眼中的东亚秩序

在本节中，笔者希望对明治时代日本所抱有的安全感的特征进行总结。近代日本之所以选择在1894年和1904年先后发动对清朝和俄国的战争，其理由单纯来说，是当时日本的当权者们一致认为，想要维持日本的国家安全，其前提是必须保证朝鲜半岛不被其他国家所支配。大约直到日俄战后，日本的国策都是由伊藤、山县等元老制定的。因此，笔者在这里希望先通过山县有朋执笔的意见书来总结一下他的中国观和东亚观。

1890年3月，身居首相之位的山县以井上毅的草稿为基础撰写了题为《外交政略论》的意见书。山县在该意见书中表示，当前俄国正准备开工修筑西伯利亚铁路（1891年开工，1904年全线贯通），此后俄国南下的威胁必将日渐增强。面对这一局势，日本为了自卫与独立，除了要坚守主权线，还有必要防守利益线。这便是著名的主权线、利益线理论。主权线指的是日本本国的领土范围，利益线则是指与日本的国家安全有着密切关系的邻近地区，山县的上述言论指的就是朝鲜半岛。之后，山县在同年12月召开的第一届帝国议会上进行了施政演说。在此次演说中，为了让占

多数议席的民权派通过陆海军的军费预算案，山县也向其阐述了主权线、利益线理论。

而将主权线、利益线理论传授给山县的，正是前文提及的冯·施泰因。1888 年山县前往欧洲访问之际，曾经教授伊藤博文宪法理论的冯·施泰因向他讲述了日本的安全保障战略[21]。但当时冯·施泰因并没有鼓动山县侵略朝鲜，只是对山县说，当俄国企图占领朝鲜并在当地建立海军基地时，西伯利亚铁路的铺设便会对日本产生致命的影响。为了不让俄国在朝鲜建立海军基地，日本必须让朝鲜维持中立。只要英俄两国保证维持朝鲜的中立，日本便没有必要武力干涉朝鲜事务。受到冯·施泰因的熏陶后，山县在其主权线、利益线理论体系中，也加入了以英国或德国为中介，由中日两国共同保证朝鲜中立的相关内容[22]。

我们再来看一看山县的中国观。甲午战争开战前一年的 1893 年 10 月，山县在其撰写的《军备意见书》中指出：东洋之局势将于未来十年彻底走向决裂，到时日本所面临的敌人并非中国和朝鲜，而是英、法、俄等国[23]。当前，英国经营长江沿岸之利权，法国染指云南，而俄国对蒙古亦是虎视眈眈，而中国自 1885 年后便“陷入衰退当中”[24]。值此西伯利亚铁路即将贯通之际，对日本来说，中国之现状可谓危机四伏。面对当前列国争相瓜分攫取中国利权之局面，日本要在确保本国不受波及的同时，“做好趁机从中获利的准备”[25]。

也就是说，在山县的认知中，当时的中国仿佛是帝国主义列强的盘中餐。面对这一东亚局势，他主张日本一方面要防止卷入中国局势，另一方面也要做好分一杯羹的准备。值得注意的是，此时山县认知中的警戒对象是英、法、俄三国，中国本身并不是他心目中的假想敌。当时山县担心的反而是中国无力抵抗列强的入侵，致使日本也被卷入列强和中国的纷争中。

宣战诏敕中的中国认知

甲午农民战争（东学党之乱）爆发后，应朝鲜政府请求，清朝于1894年6月出兵朝鲜。而日本虽然没有收到朝鲜政府的请求，仍决定以《天津条约》第二项为理由向朝鲜派兵。依照迄今为止学术界的通行说法，日本政府在决定向朝鲜派兵时，便已经下了同清朝一战的决心。然而，近年桧山幸夫与大泽博明等人的研究指出，在日本和清朝军队联合镇压朝鲜农民起义之后，第二次伊藤博文内阁的首相伊藤与外相陆奥非常乐观地认为，当时清朝会接受日本提出的两国联手改革朝鲜内政的提案[26]。换言之，在6月决定向朝鲜派兵时，日本政府还未决定对清开战。伊藤内阁当时对日本和清朝外交的形势盲目乐观，而这种盲目的乐观也最终体现在了两国外交谈判的过程中，导致日本提出了一系列清朝根本无法接受的强硬要求。可以说，伊藤内阁对于外交客观形势的误判引发了两国之间的战争。如今，这种学说逐渐成为主流。

如果对相关史料进行严谨的分析，我们便可以解读出当初伊藤首相和陆奥外相在外交谈判时的那种盲目乐观的情绪。由于日本政府的误判，日本和清朝关系日渐恶化。当日本方面意识到战争已然无法避免时，便开始匆忙寻找各种借口来树立对清朝开战的正当性。于是这便有了所谓甲午战争乃是“推进朝鲜内政改革的文明国日本，与拒绝改革的非文明国清朝之间战争”的说辞。

当时日本不少人都在向民众灌输这套理念，福泽谕吉也是其中之一。1894 年 7 月 29 日，福泽谕吉在其创刊的《时事新报》上发表了题为《日清战争乃是文野之战》的论稿。在这篇文章中，福泽将甲午战争定义成了“谋求文明开化和进步的国家，与阻碍文明进步的国家之间的战争”。同年 8 月 1 日下发的对清宣战诏敕的逻辑，可以说和福泽谕吉的说辞如出一辙。这份据说由伊东巳代治起草的宣战诏敕，将甲午战争爆发的责任完全推给了清朝。其中说道：朝鲜经日本之启蒙，成为与世界万邦为伍之独立国家。而清朝却每每自称朝鲜为其属邦，对其内政横加干涉，拒绝日本提出的联合改革朝鲜内政之提案，坚持让朝鲜在治安维持领域依赖清朝。

上述逻辑无疑只是日本政府为了将战争正当化所进行的舆论宣传。这一逻辑完全没有考虑清朝的观点与立场，也完全没有提到日本政府一直以来追求的朝鲜中立化战略最终失败的责任所在。在日俄战争爆发前，日本政府为了将战争正当化，也进行过类似的宣传。关于这一问题笔者将在下一节中进行论述。

日俄对立的焦点

1895 年 4 月，《马关条约》将朝鲜定义为“完全无缺的独立自主国家”。但在此之后，朝鲜高宗开始推行亲俄路线，最终导致甲午战争后日本对朝鲜的影响力并未增强多少。同时，俄国开始加强对中国的干涉。1896 年 6 月，俄国自中国取得了经黑龙江、吉林两省至符拉迪沃斯托克的中东铁路（东清铁路）铺设权，同时开始在辽东半岛南端的旅顺建设海军基地。至此，当年冯·施泰因提出的警告变成了现实。对此，日本方面自然深感威胁。此后，俄国以1900年八国联军侵华为契机，出兵占领了中国东北。其后，陈兵东三省的俄国又将目光投向了朝鲜，开始热心开发鸭绿江两岸的中朝边境地带。对此，日本方面的危机意识自然也进一步升级。

日俄战争的相关研究近年取得了快速发展。其中许多研究指出，日俄战争爆发前，无论是帝国议会还是内阁、元老，其实对开战都抱着相对慎重的态度[27]。1902年第一次《日英同盟条约》（1905年、1911年分别签订了第二、第三次《日英同盟条约》，该条约规定，当缔约国一方受到他国侵略时，同盟国必须严守中立）签订之后，在众议院占有过半数席位的立宪政友会便认为，日本此后可以借英国之威势来应对远东的危机，因此没必要再在军备扩张方面过多投入[28]。实际上，第一次日英同盟的主要意义在于，一旦日俄两国因朝鲜和中国问题的对立激化，日英同盟可以有效防止俄国和法、德两国组成对日同盟。换言之，第一次日英同盟的建立并不意味着英国要和日本一同对俄开战，而只是为了防止在俄国之外有新的假想敌出现。

起初，第一次桂太郎内阁和元老们对于1903年夏天开始的日俄谈判抱有很大的期待。当时在对俄谈判方针问题上，内阁和元老们一致认为，“满洲问题与朝鲜问题密不可分，应同时就这两个问题与俄国展开谈判”[29]。但参谋本部坚持主张应在西伯利亚铁路全线贯通之前，趁俄国尚未为战争做好万全准备时与其开战。在参谋本部的鼓动下，1904年12月21日，桂太郎首相给反对开战的元老山县有朋写信，敦促他早下决心与俄国一战。桂太郎代表内阁在信中说："针对朝鲜问题，我国应向俄国充分阐述己方立场。在此基础上，如果彼等（指俄国）还是对我国立场不屑一顾，那么我国即便迫不得已采取终极手段（即战争）也要贯彻己方的主张。"[30]由此可见，此时内阁方面已经做好了为朝鲜问题与俄国一战的准备。然而即便如此，山县仍然对首相表示："开战一事，老生实难苟同。"[31]直到12月24日，桂太郎首相和寺内正毅陆相亲自拜访山县，苦口婆心对其进行劝说，山县才终于点头同意对俄开战。但我们要注意的是，当时日本想通过战争解决的是日俄间关于朝鲜半岛的纷争。

此外，卢科雅诺夫[32]、和田春树[33]在对俄国的开战决策过程进行研究后指出，当时在俄国国内也并没有真心打算和日本开战的所谓主战派存在。然而，由于俄方低估了日本的财政能力，乐观地认为日本在财政上无力一战，故在对日谈判中一直展现出极其强硬的姿态，坚持要求在朝鲜半岛39度线以北设立中立地带。沙皇尼古拉二世直到开战前都在坚持要求日方以秘密条约的形式在朝鲜半岛设立中立地带。而这一要求是当时日本无论如何也无法接受的。

日俄战争后日本的选择

日俄战争本质上是企图在韩国建立排他性支配地位的日本，与不愿看到日本独霸韩国的俄国之间，为了争夺朝鲜半岛利权的战争。然而，由于当时世界舆论普遍对朝鲜问题的关注度不高，因此，为了将战争正当化，也为了获取同盟国英国以及持好意中立态度的美国的舆论支持，日本刻意打起了"满洲"的旗号，将日俄战争描绘成一场为了维护“满洲门户开放”的战争。日后成为大正民主思想旗手的吉野作造，也曾说日俄战争是日本为了让八国联军侵华后处于俄国占领下的“满洲”实现“门户开放”的战争，试图借此将日俄战争正当化。在日俄开战之际所写的题为《征俄之目的》一文中，吉野给出兵占领“满洲”并在事实上垄断当地贸易的俄国的行为态度，贴上了“不文明”的标签。他论述道：“吾等并没有反对俄国扩张领土之理由。而吾等之所以被迫行使自卫权与俄国相对抗，实是因为在俄国扩张领土的过程中，总是伴随着最为野蛮的排斥他国贸易的行为。”[34]

日俄战争爆发的背后其实还有经济方面的诱因。1885—1890年，日本的经济发展主要依赖企业的设备投资和建设投资。1890—1900年，日本经济发展的动力也主要是政府的经常性支出与设备投资。然而进入20世纪后，日本经济发展对于出口贸易的依赖越来越强[35]。1885年，出口占日本经济需求总量的比重约为4.9%；到了1910年，这一比重已然增长到12.8%。可以说在资本主义经济制度的确立期，出口的增长对于日本经济发展起到了巨大的推动作用。而当时日本的主要出口对象正是韩国和中国的东北地区。此外，在俄国占领中国东北后，日本之所以给俄国贴上“不文明”的标签，也是为了争取英美两国的支持，这样一来日本便可以从欧美获得贷款，从而让本国在战争中处于较为有利的地位。

1905年9月签订的日俄和约的内容主要有以下五点：①俄国承认日本在韩国拥有政治、军事与经济方面的优越地位。②日俄两国自中国东北撤军。③俄国将旅顺口、大连及其附近的领土领海租借权，以及长春至旅顺的东清铁路支线转让给日本。④俄国割让桦太（即库页岛）北纬 50 度以南的地区给日本。⑤俄国同意将日本海、鄂霍次克海以及白令海等俄国沿岸地区的渔业权授予日本。虽然日本从该和约中获得了各种利权，但由于当时日本国内各大报纸纷纷预计日本能在战后从俄国获得约 30 亿日元的赔款，因此日本国民对于日俄和约中没有赔款条项深感失望。实际上，日俄战争期间身居参谋总长职位的山县清醒地认识到，随着西伯利亚铁路的全线通车，俄军向战场输送兵员的能力会大幅增强，与之相比，日军的后备兵力却已捉襟见肘。基于这一认识，山县对日俄和约的内容非常满意。在 1905 年 8 月撰写的《战后经营意见书》[36]中，他表示，日俄和约让日本掌握了韩国的国防、财政与外交的实际控制权，可谓“近年来之一大成功。我对签订本条约的内阁当局者之苦心感同身受”。

山县在该意见书中还说，“战后理应将满洲之地归还清朝”[37]，但鉴于俄国未来可能会发起针对日本的复仇战，我们有必要采取措施巩固日俄战争当中获取的各类特殊权益。当时日本依照和约从俄国获得的关东州，本是 1898 年俄国以 25 年为期从中国租借来的。按照租约，在 1923 年租借期满后，日本理应将其归还中国。此外，日本获得的南满铁路的使用期限也原定于 1940 年到期。但第二次桂太郎内阁还是在 1908 年 9 月召开阁议决定，拒绝在到期后向中国归还关东州和南满铁路的相关权益。山县有朋也在 1909 年 4 月撰写的《第二对清政策》中表示：随着租借期满，清朝方面未来一定会要求日本归还“满洲”的相关权益。然而“满洲”是日本“付出 20 亿财产与 20 万死伤才获得的战利品”[38]，因此不能将其轻易归还。此后，日本为“满洲权益”付出了20亿财产与20万人的牺牲这一叙述，逐渐成了日本在描述“满洲权益”重要性时的惯用表达。

日俄战争的教训总结

到日俄战争为止，日本陆军一直在对德国军制进行模仿。而当时的德国军制主要建立在普法战争时期总参谋长老毛奇（Helmuth Karl Bernhard von Moltke）制定的战略战术基础上，要求将炮兵和小型枪械的火力集中于一点，在步兵近战之前，以火力至上主义的方式来决定胜负[39]。日俄战争后，日本陆军的军事思想逐渐开始从火力至上主义向白刃战主义转变。这是因为在日俄战争中，日军的炮弹消耗量远超预期，导致炮弹储备在开战仅半年后即告枯竭，从而不得不紧急向克虏伯和阿姆斯特朗等欧洲公司订购炮弹。此外，由于日本国内工业生产水平低下，国产炮弹的性价比和杀伤率比预计的要低（据统计俄军负伤者中，因炮击而负伤的仅占14%）。在这一背景下，日军的作战思想开始反时代潮流而行，逐渐向白刃突击主义倾斜[40]。

海军方面亦是如此。日本海军曾在日俄战后编纂了多达147册的极密版《明治三十七八年海战史》，但海军日后未将全本对外公开，而是制作了四卷本的普及版。在这个普及版中，海军向国内外宣传了这样一个饱含大舰巨炮主义色彩的“故事”：日本海海战中，联合舰队在敌前大转向，通过炮击在30分钟内将俄国波罗的海舰队全数歼灭。然而根据田中宏巳的研究，极密版《明治三十七八年海战史》中所描述的日本海海战的状况和普及版并不相同。极密版中记载，在日本海海战中，联合舰队的主力舰和巡洋舰队先是通过丁字和乙字战法对波罗的海舰队进行攻击，之后又出动了水雷舰队和驱逐舰队进行雷击，才取得了海战的最终胜利[41]。但这一战史在之后并没有得到正确的传承，致使社会上对大舰巨炮主义的盲信蔓延开来。

“持久战论”的登场

众所周知，石原莞尔是1931年9月18日爆发的“九一八”事变的策划者。石原曾回忆说，自己从陆军幼年学校①时代起便对日俄战争的历史抱有很大的疑问。他说：“自我对军事学有粗浅理解之时起，便对日俄战争的历史抱有疑问。在进入陆军大学②学习后，这个疑问甚至成了最为困扰我的问题。日俄战争虽然以日本的大胜而告终，然而无论从哪个方面看，我都觉得日俄战争的胜利实在是一种侥幸。当年如果俄国能够再坚持抵抗一段时间的话，怕是最终鹿死谁手还很难说。”[42]抱着这种想法，石原自1923年起赴欧留学。在为期两年半的留学生涯中，石原师从柏林大学教授戴布流克（Hans Delbrück）学习战略理论[43]。

当时的德国正值一战战败后不久，各界普遍认为德国的战败

① 陆军军官的预备教育机构，其前身是设立于1870年的陆军幼年学舍。1896年起，陆军除设立中央幼年学校外，还在东京、仙台、名古屋、大阪、广岛、熊本设有6所地方幼年学校。幼年学校招收13—15岁的少年入学，学制3年。石原莞尔在1902年9月进入仙台地方幼年学校，1905年7月以第一名的成绩毕业，其后升入中央幼年学校。

② 日本陆军的最高教育机构。成立于1883年，其学生从各连队的优秀军官当中选拔，是培养陆军精英的核心机构。1915—1918年间石原莞尔在陆军大学学习，并以第二名的成绩毕业。

是总参谋部的指挥失误，致使德军未能通过短期决战对敌军的主力部队实现包围歼灭。然而，一直以来戴布流克都对歼灭战略的教条抱着批判的态度，在这方面石原也深受戴布流克的影响。石原曾总结说，战争分为决战战争和持久战争两大形态。在进行决战战争时，应当在秉持统帅独立原则的基础上采取歼灭战略。而在进行持久战争时，则必须在保持政战两略一致的基础上兼顾消耗战略。在此认识的基础上石原指出，第一次世界大战的本质是持久战。因此，当年德国总参谋部应当树立政战两略一致的方针，制定消耗战略。在此基础上与政府部门相互协作，共同应对国民动员和经济封锁的问题。德国战败的根本原因不在于其歼灭作战之不彻底，而在于当时德国并未理解世界大战的本质。得出这一结论之后，石原开始思考资源贫乏的日本将来要如何应对敌国的消耗战略，如何能让日本构筑起足以应对他国经济封锁的国家体制。这两个问题此后逐渐成为石原等陆军中坚幕僚长期思考的课题[44]。

4. 殖民帝国日本的权益与国际局势

第一次世界大战与日本的安全感

1914 年夏，第一次世界大战爆发。大战爆发后，日本以英日同盟的“情谊”为根据宣布参战。参战后日本的首要目标，便是从海军实力仅次于英国的德国手中，夺取其位于中国胶州湾的根据地及其在中国山东半岛的各种利权。同年 8 月 15 日，日本向德国发出最后通牒，要求德方将胶州湾租借地移交给日本，并宣称这么做是为了“将来由日本出面将其归还给中国”。日本之所以发出这样的最后通牒，一方面是为了获得对德开战的借口，另一方面是为了在夺取胶州湾和山东铁路利权之后，回避可预见的来自英美的批判。当时日本面对战争爆发后宣布局外中立的中国，为了成功从德国手中接管山东利权主要采取了以下两个策略。

一方面，日本游说英、法、俄等协约国，以承诺在战时提供协助为条件，换取各国承认由日本来继承德国在胶州湾和南洋群岛的利权。例如 1917 年 2 月，英国曾主动请求日本海军向地中海派遣驱逐舰队。当时日本便开出条件，希望英国承诺在战后的讲和会议上赞成由日本来继承德国在山东半岛以及赤道以北南洋群岛的各项利权。此后，日本又和法、俄、意等国达成了类似的协定。

另一方面，在以袁世凯为首的北京政府与南方革命派相互对立的背景下，1915 年 1 月，日本向中国提出了“二十一条”。其中第一号规定，未来如果日本与德国达成有关山东权益的协定，中国必须予以承认。第二号则是日本针对“南满洲和东部内蒙古”的利权要求。其中的核心是要求中国同意将旅顺、大连的租借权（原定至 1923 年），以及南满铁路（原定至 1940 年）、安奉铁路（原定至 1923 年）的使用权之期限延长至 99 年。起先，中方并未同意日方的要求。同年 5 月 7 日，由于受到英美等国的批评压力，日本撤回了第五号要求（聘用日本人担任政治顾问和警察顾问，由日本独占福建省的开发权，由日本向中国提供一定数量的武器），并发出最后通牒，以武力逼迫中国政府接受其余要求。5 月 9 日，中国政府被迫表示接受。此后这一天一直被中国人称为“国耻纪念日”。

在日本向中国提出“二十一条”之后，美国于 1915 年 5 月 13 日表示，如果中日间达成的协定违背保持中国领土完整与门户开放的相关原则，则美国政府将拒绝承认该协定，希望以此来牵制日本扩大在华利权的行动。众所周知，在 1919 年召开的巴黎和会上，中日两国代表团围绕“二十一条”的有效性问题发生了严重的对立。当时中方代表主张，随着 1917 年 8 月中国对德宣战，此前中德两国之间缔结的不平等条约已经自动失效，因此应当将之前德国侵占的山东权益立即归还中国。中方还主张，“二十一条”是中国在日方的威逼之下被迫签订的，因此是无效的。面对中方的主张，日本则拿出了 1917 年 2 月英、法、俄、意等协约国与日本签订的协定，以及 1918 年 9 月 24 日中日签订的《山东问题换文》，以此为依据主张应将山东铁路及其附属的矿山等利权移交日本。

战后酝酿的反省思潮

在巴黎和会上，为了向英、美、法三国施压，日本代表团表示如果不答应己方要求，便拒绝签署和约，立即回国。威逼之下，最终各国同意了日本的要求。1919 年 6 月签订的对德和约第 156—158 条承认了由日本来继承德国在中国山东半岛的各项利权。然而，与甲午战争、日俄战争战后的讲和会议不同，当时即便是在巴黎和会日本代表团的内部，也有不少人对日方各项要求和主张的正当性心生怀疑。例如，当时作为外务省宣传专员参加巴黎和会的松冈洋右，在会议结束后的 7 月 27 日向日本代表团次席全权代表牧野伸显写信吐露了如下想法[45]：

> 如今无论我方如何辩解都无济于事。和会上日方的主张大多是“special pleading”，用所谓“普天之下当强盗的也不止我一人，你们有什么资格指责我”这样的逻辑来论证自己主张的正当性。这终究是走投无路之时的诡辩，实在难以服众。

提起松冈洋右，想必读者会先想起 1933 年 3 月，他在日内瓦国联大会会场上宣告日本退出国联走出会场时的形象。我们很难将松冈在巴黎和会上的这段感言和他在退出国联时的形象联系起来。在寄给牧野的信中，松冈针对“二十一条”以及山东问题表达了对日本政府方针的不满。“special pleading”是一个法律用语，指的是在辩论中只谈对自己有利的论据的诡辩法。松冈指出，日本在巴黎和会上提出的各项主张背后的逻辑完全没有说服力，仿佛是说既然他人也在做贼，那我们做贼又有什么问题。

此外，1918 年 12 月 8 日，牧野伸显动身前往巴黎前，也在临时外交调查会①上做了如下发言[46]，对此前日本的外交姿态进行了批判。

> 此前在国际舞台上，帝国或是高举正义公正的大旗，或是主张机会均等门户开放，或是标榜不干涉内政、中日亲善。然而，帝国政府实际上的所作所为却往往和上述口号背道而驰。长此以往，世界各国自然会觉得日本乃是一个表里不一、不讲信用的国家。

牧野之所以在会上如此说，主要是为了让原敬首相和临时外交调查会的成员反省一下此前日本的外交方针。当时 20 多岁的近卫文麿受日本代表团首席全权代表西园寺公望的委托，也作为随员参加了巴黎和会。归国后，1920 年，近卫曾在东京的国际联盟协会就参加巴黎和会的感想发表演讲[47]。从近卫的演讲当中，也可以读出类似松冈洋右的反省思想。“如今世界各国纷纷对日本展开批评。这种批评非难之所以产生，如果只是单纯由于欧美人对日

① 第一次世界大战期间，日本设立的直属天皇的外交问题调查审议机构。

本的误解，或是单纯由于各国听信了中国人宣传的具有迷惑性的反日口号，那我们日本宁可选择光荣孤立。然而现实是，我们当中无人敢保证日本绝非侵略主义国家，也无人敢断言中国人宣传的那些反日口号完全是子虚乌有、造谣诬陷。目睹迄今为止日本军阀在中国和西伯利亚干出的强取豪夺般的行径，我们不禁也要皱起眉头。听到各国针对日本的批评非难，我们在内心也会感到极为羞耻。”

作为巴黎和会日本代表团的一员，近卫也承认当时日本代表团中无人能有底气反驳说中国对日本的批判非难纯属子虚乌有，甚至还将日本军阀过往在战争期间的所作所为形容为强取豪夺。第一次世界大战在欧洲造成了上千万人的牺牲。在巴黎目睹了欧洲各国的战后处理措施后，松冈洋右、牧野伸显、近卫文麿等参会者也酝酿产生了一股针对日本帝国主义外交方针的反省思潮。

当时正值政友会总裁原敬当政，原敬内阁也是日本历史上第一个真正意义上的政党内阁。第一次世界大战结束后，原敬内阁立即确定了日本政府在战后和会上的方针。此外，针对与第一次世界大战有着密切关系的西伯利亚出兵问题，原敬在宫中专门新设了临时外交调查会，首次由内阁而非大本营来直接负责指挥西伯利亚出兵这场广义上的“战争”。以上述国内局势为背景，日本在 1922 年的华盛顿会议上先后签订了规定主力舰保有量为英美六成的《华盛顿海军裁军条约》、关于中国问题的《九国公约》以及《中国关税条约》。1923 年，随着日英同盟的瓦解，日本选择坚持国际协调的外交路线，加入了以国际联盟和美国为主导的凡尔赛—华盛顿体系。

华盛顿会议

在巴黎和会上，美国总统威尔逊虽然对中国的立场主张表示理解与支持，但由于英法等国不愿看到日本因中国问题而拒绝在和约上签字，最终在各方妥协之下，巴黎和会并未针对日本主张的所谓在“满蒙”和东部内蒙古地区的特殊权益的具体内容进行讨论。而到了华盛顿会议召开时，美国总统换成了共和党的哈定。哈定政府时期，美国的远东政策开始日渐倾向于维持现状。华盛顿会议中，美国全权代表罗脱（Elihu Root）以 1921 年 11 月中国全权代表施肇基向太平洋及远东问题总委员会提出的十项原则为基础，同时参考英国全权代表贝尔福的提案，提出了所谓的“罗脱四原则”①。其后，“罗脱四原则”作为“关于中国之大宪章”在华盛顿会议总会上获得通过。这一大宪章的内容和中方提出的十项原则相比，其维持现状的色彩十分浓厚[48]，甚至其中还有被称为“安宁条款”的内容。该条款对日本一直以来主张的所谓“在国防和经济领域与帝国之生存和安全息息相关的”“满蒙特殊权益”给予了理解[49]。此外，该大宪章还规定，与会各国在将来并不负有审议修订与中国签订的不平等条约的义务[50]。通过签订这一大宪章，英、美、法等参会国就维持各国在华既有权益问题达成了原则上的一致。

---

① “罗脱四原则”的内容：尊重中国主权与独立暨领土与行政之完整；给予中国完全无碍之机会发展，并维持一有力巩固之政府；施用各国之权势以期切实设立并维持各国在中国全境工商业机会均等之原则；不得因中国状况趁机营谋特别或优先权利致损及友邦人民之权利，并不得奖许有害友邦安全之行动。与施肇基提出的十项原则相比，“罗脱四原则”删除了大量有关于实质性问题的条款。

1921年12月6日，中方全权代表王宠惠在会上向各国控诉日本通过不正当手段强迫中国延长关东州的租借期限。在12月12日召开的远东问题总委员会上，王宠惠还要求各国放弃一切在华势力范围。对此，日方表示不应在华盛顿会议上对所谓“二十一条”的相关问题进行讨论。由于日方的反对，山东问题未能列入华盛顿会议远东问题总委员会的议题。最终在英美两国的斡旋下，中日两国单独召开了一场关于山东问题的专门会议。在该会议上，中日两国终于达成了妥协。总而言之，华盛顿会议其实并没有针对列强的在华势力范围、废除不平等条约以及“二十一条”的效力问题进行正面讨论。然而，进入20世纪30年代之后，在陆军主办的一系列国防思想普及演讲会的歪曲宣传下，“华盛顿会议剥夺了日本在大陆的既得利权”这种与史实不符的说法开始在日本坊间广为流传。

新四国借款团与“满蒙特殊权益”的实态

上文中，笔者介绍了在华盛顿会议上英美两国就中日矛盾进行调停斡旋的情况。然而，一旦英、美、法这些帝国主义殖民国家和日本之间因中国利权问题发生矛盾时，这些国家的态度便会立刻强硬起来[51]。这一现象在英、美、法、日四国联合组建被称为经济版“小国联”的新四国借款团[52]的过程中，得到了淋漓尽致的体现。早在1918年7月，美国便召集了英、美、法、日四国银行团的代表，共同针对第一次世界大战之后国际金融资本进军中国市场的相关问题进行了讨论。从此可以看出，在巴黎和会召开前，列强便已经开始就战后世界经济走向进行展望与讨论。参与这次会议的有美国华尔街巨头摩根商行以及日本的横滨正金银行。经过两年以上的讨论，1920 年 10 月 15 日，由上述四国组成的国际投资机构正式在纽约宣告成立。为了区别于 1910 年 5 月成立的由英、法、德、美构成的四国借款团，我们一般将其称为新四国借款团。

新四国借款团的业务范围包括向中国中央政府以及地方政权提供贷款，对中国政府参与经营的产业、企业进行投资。按照各成员国的设想，当时近乎所有的海外对华投资都应由该借款团经手。而美国主导设立该借款团的目的主要有以下两点：一是美国在目睹日本屡屡向中国发放带有极强政治色彩的贷款后，希望通过在该借款团中标榜尊重中国主权完整与门户开放，来对日本进行牵制；二是目睹英法两国在一战的打击下陷入疲敝，美国希望趁机通过贷款投资等经济手段来夺取两国在中国长江流域的既得权益。

在借款团正式成立前的磋商过程中，英、美、法三国针对日本在华特殊权益的具体内容提出了质疑。日本代表曾在 1919 年 5 月的会议上表示："无论是从地理还是历史角度来看，日本与满蒙地区都有着特殊的关系。此前各国也对此表示了承认。"因此，日本主张应将其拥有特殊权益和优先权的南"满洲"、东部内蒙古排除出新四国借款团的投资范围。美国代表则表示，无论如何都无法接受将"满蒙"地区从投资范围中排除出去。对此，原敬内阁在 1920 年 3 月对英、美、法三国做出了答复[53]：无意将南满铁路以及其他日本既得权益全盘排除出新四国借款团的投资范围。这代表此时日本政府放弃了之前的全盘排除方针，改而采取有限的列举主义排除方针。此外，日方所主张的将“满蒙特殊权益”排除出借款团投资范围的理由此时也有了变化。此前，日本一直主张之所以要将“满蒙”排除出借款团的投资范围，是出于维持治安的需要；而此时，日方开始改从“国防以及国民生存之需要”的角度来论述其主张的合理性。然而美方对此表示，日本所主张的国防和国民生存的自卫权乃是各国都普遍承认的正当权利，因此不需要专门为此发布一个国际宣言，所以最终并未理会日方的主张。

最终，在摩根商行托马斯·拉蒙特（Thomas W. Lamont）的斡旋下，日美两国银行团通过书信往复的形式，在1920年5月11日就“满蒙利权”的排除问题达成了妥协。在妥协案中，日本不仅放弃了将东部内蒙古排除出借款团投资范围的要求，还放弃了概括性排除方针，转而采取列举方式，要求借款团将“满蒙”地区吉林至会宁、郑家屯至洮南、长春至洮南、开原经海龙至吉林、吉林至长春、新民府至奉天以及四平街至郑家屯之间的各条铁路排除出借款团的联合投资范围。最终，这一主张获得了各国的承认。原敬在1920年5月4日的日记[54]中兴奋地写道：“解决借款团问题颇费了一番周折。此前我国所主张的满蒙势力圈的概念过于模糊。而此次借解决借款团问题之机，我国的满蒙权益不仅得到了具体化，还获得了各国的承认。从长远来看，这无疑对我国非常有利。”原敬认为，此前日本主张的所谓“满蒙特殊权益”概念的实际形态本就模糊不清，且并未完全获得英美等国的承认。因此认为在借款团问题上，日方的妥协其实颇有价值。

参谋本部酝酿的反美论

尽管原敬首相对借款团问题的最终妥协案给予了很高的评价，但陆军方面对此却抱有完全相反的看法。陆军方面出于对苏防卫作战的考虑，一直坚持认为“扼守满蒙地区乃是事关帝国生存的重要问题”。当时参谋本部第二部等部门在其联合制定的《新借款团成立与帝国之对策》[55]中表示：“加入借款团之时，列国完全没有理会帝国提出的将满蒙地区除外的要求。（中略）帝国此次针对借款团问题的政策方针是完全失败的。”

此外，在1924年美国通过所谓的“排日”移民法①时，参谋本部也表示了强烈的反对。虽然这部法律通过后，据统计，每年日本赴美移民的数量只减少了150人左右，但参谋本部方面却将其看得非常严重，在《美国新移民法与帝国未来之国运》[56]中表示：过往日美之间的各项君子协定规定日本移民能够在美国享受到不少特殊待遇，然而本次通过的新移民法不仅取消了上述特殊待遇，更令人担忧的是该法竟然将日本人和多年来一直被禁止进入美国的中国人同等对待。这导致日本移民无法在美国获得公民权。参谋本部还认为，美国制定的这部让日本丢尽面子的新移民法，其实是“日本国力的真实反映”：1922年签订的《华盛顿海军裁军条约》削弱了日本海军的实力，1923年关东大地震进一步导致日本国力整体下滑，而美国正是看到这一点才制定通过了这部“排日”

---

① 指美国在1924年制定的《约翰逊—里德法令》，该法旨在设定各国特别是非白人国家每年对美移民的上限人数，其中虽然特别列入了全面禁止亚洲移民的条款，但并非专门针对日本。所谓“排日”，只是日本单方面的称呼。

移民法。此外值得注意的是，当时参谋本部还从中日关系的角度出发对该法的影响进行了分析："排日"移民法的负面影响不仅限于面子层面，更重要的是该法"打压了日本的武威"。美国禁止日本移民获得公民权，将日本人和中国人同等对待，就等于削弱了日本对中国的"武威"，会使中国日渐蔑视日本。这样一来，中日两国爆发战争的可能性就会增加。

正如前文所说，古代日本曾经为了在国内树立政治威信，刻意营造日本和中国在外交上是对等国家的假象。联想到这一点，作为日本国防计划的主要制定者之一，参谋本部针对中日关系的上述认识可以说是让人感慨良多。

国防方针的修订

近代日本是如何对未来战争的形式进行预想和准备的呢？《帝国国防方针》[57]会为我们理解这个问题提供不少关键线索。第一次世界大战后，战争对日本的影响在《帝国国防方针》的修订过程中得到了广泛体现。1918 年 6 月，陆海军对 1907 年制定的《帝国国防方针》（以俄国为头号假想敌，美、德、法三国次之）进行了修订。而在 1916 年时，《帝国国防方针》的修订草案便已编订完成。从这一时间点来考虑，当时中国国内反日浪潮日渐高涨，在中国问题上，日本与列强也开始陷入对立。《帝国国防方针》的修订，正是为了因应这一形势变化。修订后的《帝国国防方针》中，日本的假想敌依序分别是美、俄、中三国。虽然中国居于第三位，但在该修订版中陆海军联合制定了各类干涉中国的具体策略，同时中国还是唯一被陆海军同时列入假想敌名单的国家。

第一次世界大战结束后，美、苏两国都选择和国际联盟保持一定距离。同时，日本也逐渐了解到战时经济封锁和总体战的具体模式。面对战后形势的变化，陆海军认识到有必要再次对国防方针进行修订，于是1918年版《帝国国防方针》在1923年2月被再度修订。1923年版《帝国国防方针》的第三项"世界大势"中，陆海军对于当时的世界局势做了如下的观察与总结：虽然国际联盟在战后得以创立，但由于美国拒绝加入，这一组织能够在国际舞台上发挥多大效能颇值得怀疑。此外，虽然各国之间签订了《九国公约》和《四国公约》，但以上条约根本无法保证东亚局势的稳定。此外，陆海军还如下分析道：

> 种种政局纠纷与危机之根源在于经济问题。随着大战造成的创伤日渐痊愈，列国经济战之焦点逐渐转向东亚大陆。东亚不仅有着尚待开发的广袤土地和丰富资源，且这片地区的数亿人口也构成了一个庞大的市场。然而在东亚问题上，帝国与列国之利害可谓背道而驰，长此以往未来难免有兵戎相见之时。而列国当中，在东亚问题上最易与帝国发生冲突者便是美国。

1923年版《帝国国防方针》与之前两个版本的最主要区别在于，陆海军同时将美国列为头号假想敌。在陆海军看来，长期以来在中国经济问题和人种偏见问题上与日本相对立的美国，是最有可能与日本爆发战争的国家。这版《帝国国防方针》虽然制定于1923年，却预示了"九一八"事变之后的历史走向。而石原莞尔也是在 1928 年前后，开始着眼于未来可能发生的对美、对苏战争，开始构想夺取中国东北地区并将其打造成对苏战争基地的具体计划。

第三章

第一次世界大战中的战后构想：讲和准备委员会与币原喜重郎

1917年，第一次世界大战进入第三个年头。众所周知，中美两国在这一年先后宣布参战，同年俄国爆发了革命。这些事件都从根本上改变了第一次世界大战的性质。而日本方面，币原喜重郎外务次官所领导的讲和准备委员会，早在1915—1916年便开始对战后讲和条约的具体内容进行讨论和准备。在本章中，笔者希望对该委员会准备的讲和条约的具体内容进行探讨。

德国方面基于本国的殖民地开发政策方针，并未将山东铁路相关利权收归国有。因此，参战后日本也就无权对山东铁路及其附属利权进行战时占领和接收。如此一来，如何在战后和会上从德国手中夺取山东利权，便成了日本政府面对的重大课题。尽管日本以德国为假想交涉对象，对上述课题做了充分的准备和探讨，然而到1919年巴黎和会召开时，实际上站出来强烈反对日本接收山东权益的并不是德国，而是中美两国。

序　言

对象

第一次世界大战（当时日本国内称之为日德战争）爆发后，日本政府组建了一个名为“日德战役讲和准备委员会”[1]的组织。1915（大正4）年10月18日至1916年12月25日，该委员会共计召开了31次会议。这些会议到底讨论了些什么？本章首先就这一问题进行探讨。

该委员会召开的历次会议留下了大量印刷成册的议事录、调查书以及参考资料，然而这些资料当时都被归类为政府的“机密档案”，仅发放给了少数几个相关政府部门。如今这些资料被分别收藏于两个史料馆中，其中会议录收藏在外务省外交史料馆，而在防卫省防卫研究所战史研究中心收藏的原海军省书记官榎本重治的寄托文书中，则可以看到与该委员会相关的各种调查书和参考资料。或许是史料所在较为分散的原因，迄今为止都没有学者对该委员会进行过详细的考察与研究。

该委员会由来自外务省、陆军省、海军省以及内阁法制局这三省一局的委员构成，委员长由外务次官担任。委员构成如下：外务省通商局长、政务局长以及书记官数名，法制局参事官，陆海军省军务局长及参事官[2]。

在1915年9月10日该委员会成立之际，大隈重信外相就该委员会的组建目的发表了演讲："大正3—4年战役中，随着青岛陷落，德国东洋舰队被歼灭，对于帝国来说本次战争实际已告一段落。值此之际，我等应提前展望欧洲大战后的和谈事宜，对诸般问题进行调查研究，以求做到不论世界形势如何变化、和谈会议何时召开，我国都能预先为其做好万全准备。"[3]

在该委员会正式组建之前，自1914年10月开始，时任外相的加藤高明便命公使馆一等书记官长冈春一收集编纂和谈相关的各类资料，其后公使馆三等书记官木村锐市被任命为长冈的助理。木村花了半年多时间，四处收集过往历次和谈的相关资料[4]。加藤外相以及深受其信任的长冈、木村二人的一系列工作，为该委员会的组建做好了先期准备。

问题意识

在本节中，笔者希望首先对第一次世界大战中日本参战的过程做一个简单的回顾。1914年8月23日日本正式对德宣战，并于10月14日占领了赤道以北的德属南洋群岛，又于11月7日占领了德国位于中国山东半岛的租借地青岛。在参战不到半年的时间里，日军便达成了所有的既定作战目标。

在正式对德宣战前的1914年8月15日，日本向德国发出了最后通牒。其中第二项要求德国在1914年9月15日前，无条件将胶州湾租借地全部移交给日本，并宣称这么做是为了"将来由日本将其归还中国"。由此可见，从德国手中夺取胶州湾租借地，特别是青岛这一重要港口，是日本参战的首要目的。此后，除了 1917 年 1 月日本海军应英国请求派遣舰队前往地中海，以及在同年 11 月俄国革命爆发后出兵参加对俄干涉战争外，日本在参战初期便结束了所有战斗行为，并开始对“战后”进行构想。

1915 年 10 月该委员会首度召开会议时，第二次大隈内阁已经就胶州湾问题展开了行动。大隈内阁首先向袁世凯领导的北京政府发出最后通牒，逼迫其接受了“二十一条”[5]。又于 1915 年 5 月 25 日和中国签订了《关于南满洲及东部内蒙古之条约》以及有关胶州湾租借地的《关于山东省之条约》①。其中《关于山东省之条约》第一条[6]规定：“中国政府允诺，日后日本国政府向德国政府协定之所有德国关于山东省依据条约或其他关系对中国享有一切权利、利益让与等项处分，概行承认。”值得注意的是，此时日本除了希望从德国获得胶州湾的租借权之外，还打算将山东铁路（连接山东省济南和青岛的胶济铁路）及当地矿山等利权也收入囊中。

此外，在该委员会首次召开会议的同时，1915 年 10 月 19 日，日本宣布加入《伦敦宣言》，与同盟国约定不单独和德国媾和。1916 年 12 月委员会正式宣告解散。而就在该委员会解散不久的 1917 年 2 月，英、法、俄、意四国先后向日本承诺，会在战后和会上支持日本从德国手中接收在中国山东以及赤道以北南洋群岛的利权[7]。

既然日本已经在 1915 年通过中日《关于山东省之条约》，确保了将来中方承认由日本来接收德国在山东的利权，那么委员会

① 一般将上述两个条约及其附属条款合称为“中日民四条约”。

在之后召开的多达31次的会议，究竟又是为了商讨些什么呢？当然，除了山东问题外，委员会还必须商讨如何在战后和会上说服各国，让他们同意战后将赤道以北的德属南洋群岛划归日本管辖。但实际上，如果读一读委员会的议事录，便会发现在上述31次会议中讨论最为深入慎重、耗时最长的还是山东问题。

为什么会出现这一现象呢？笔者认为，当时委员会之所以频繁召开会议，主要是因为日本想要获得山东铁路和矿山利权，其实在法理上有很大的困难。在31次会议中，除第一次会议之外，其余都是币原喜重郎主持的。币原先后在第二次大隈重信内阁和寺内正毅内阁出任外务次官[8]。如果我们想要理解委员会为何要针对山东问题进行如此频繁和慎重的讨论，就有必要先对币原的对中认识以及他所构想的战后格局进行一番了解。

1917年，随着美中两国先后宣布参战（4月和8月）、俄国革命爆发（11月）以及德国国内局势崩溃，第一次世界大战的整体状况出现了大幅变化。即便如此，币原的战后构想也并没有随着战争性质的变化而出现转变。在币原的主导下，委员会一直以来都在赤裸裸地追求扩张日本的国家利益，并为此制定了一系列企图在战后“合法”夺取山东半岛权益的计划。而这些计划也淋漓尽致地展现了日本对于战后局势的构想。

在此，笔者希望以币原主导的该委员会为对象，就该委员会在一战整体局势出现转变之前做出的关于战后局势的具体状况进行分析。

迄今为止，之所以没有学者对该委员会进行深入的研究分析，不仅是因为该委员会相关的史料收藏状况不明，更是因为美中两国的参战以及革命爆发后俄国的对德单独讲和（1918年3月），使得战争后期的世界格局出现了急剧的变化。在此背景下，战时各国事先准备好的和谈构想与巴黎和会的实际议题在内容上出现了巨大偏差。

实际上，巴黎和会首次全体会议的议题只有劳动问题、德皇的战争责任问题以及战争犯罪的处罚问题。据说当时除了事先就议题内容进行过协商的英美两国，其他与会各国都对议题内容感到万分诧异[9]。巴黎和会的召开，实际上颠覆了该委员会长期以来各项讨论的大前提。因此，尽管委员会此前召开过30多次会议，就战后和会问题进行了充分的讨论。但实际上，直到1918年11月休战协定签订前一个月，外务省政务局第一科长小村欣一才真正完成了日本政府参加巴黎和会的各项方针的起草工作[10]。此后，这一草案经原敬内阁临时外交调查会审议通过，才最终交到日方的各与会全权代表手中。

根据该方针，日本在巴黎和会上共有三大目标：获得德国在山东的利权，获得赤道以北的南洋群岛，通过反种族歧视法案。由于此前委员会并未就反种族歧视法案和建立国际联盟的问题进行讨论，因此，原敬内阁和临时外交调查会不得不针对这两个议题临时制定应对策略。而针对委员会讨论已久的山东问题和南洋群岛问题，日方与会代表团则完全照搬了委员会制定的条约草案，将委员会在草案中罗列的各项利权要求以及提出该要求的理由与逻辑统统写入了日方的诉求案中。

在巴黎和会上，中方全权代表基于国际法主张在中国对德奥两国宣战之后，中德两国签订的《胶州湾租借条约》（1898年3月

6 日于北京签订）已经完全失效，对日方的主张表示反对[11]。虽然 1916 年 12 月即告解散的委员会不可能预见到中国将于 1917 年 8 月对德宣战，但从委员会议事录的记载来看，当时委员会针对未来中国政府可能采取的对日反制措施，已经有了某些“不好的预感”[12]。

1. 时代背景

对中政策制定者的跨部门合作

第二次大隈重信内阁时期，外务省以及陆海军的相关人员就对中政策（外交、军事、情报）问题组建了跨部门的合作团体。从陆军的角度来看，这也标志着军部作为一个政治主体，逐渐脱离以山县有朋为首的元老及长州阀的支配走向独立[13]。

这个跨部门合作团体制定的对中政策，最后演变成了 1915 年 5 月的“二十一条”。当时山县有朋这样评论道：“当下，似乎加藤高明和大隈重信都被外务省和海陆军的那伙小年轻们的强硬主张说服了。”[14]这里山县所指的便是这个跨部门合作团体。

这一跨部门合作团体的成员虽然多少害怕背上干涉中国内政的骂名，但他们还是逐渐倾向于支持护国运动，反对袁世凯政府[15]。最终该团体的主张实际上决定了大隈内阁对中政策的方向。关于该团体的具体情况，编写《海军外交官　竹下勇日记》[16]解说文的斋藤圣二[17]，以及编纂一战爆发时参谋本部第二部长宇都宫太郎的日记《日本陆军与亚洲政策》[18]的樱井良树[19]，都有着非常深入的研究。

根据《竹下勇日记》记载，第一次世界大战爆发后，海军军令部内负责制订作战计划以及对中情报侦搜的各部门与参谋本部展开了密切的合作[20]。自 1914 年 1 月起，时任海军军令部第四班（情报）班长的竹下勇[21]和参谋本部第二（情报）部联合成立了一个名为“安俱乐会”的交流团体。在 1914 年 2 月 27 日的日记中，竹下写道：“本日会上，大家经商议认为有必要建立联盟，在此基础上共同确定中国问题的解决方针。”[22]

陆海军共同成立的这个对中情报侦搜组织，与时任外务省政务局长（1913 年 10 月至 1916 年 10 月）的小池张造也有频繁的往来。据《竹下勇日记》1916 年 5 月的补遗记载，当时小池一直为了向中国第三革命提供资金援助的问题四处奔走。竹下在日记中写道：“在小池政务局长的周旋下，东亚兴业公司以及正金银行决定向中国南方革命派提供 500 万元贷款。至此他们终于能松一口气了。”[23]

护国运动与日本的对中方针

在 1916 年 1 月 13 日的日记中，竹下勇又写道：“下午 4 点于水交社同参谋本部人员见面，共同讨论了中国问题。”[24] 1 月 15 日，竹下又记载说：“在当天的会面中，与会者以参谋本部第二部长福田雅太郎提出的陆军方案为基础，制定了陆海军统一版的《对中外交案》，并将其提交至阁议审议。”[25]如今，我们可以从时任参谋本部第二部中国科长滨面又助遗留的资料中看到这份陆海军联合制定的《对中外交案》的具体内容。归纳来说，该案的核心在于表明日本反对袁世凯称帝的立场。其中第一条中就明确道：“鉴于中国之现状，帝国劝告袁世凯暂缓称帝。如若袁坚持称帝，帝国将不予承认。”[26]

从竹下勇的记载中我们可以看出，1916 年初陆海军一系列紧锣密鼓的活动，主要都是为了应对袁世凯称帝所引发的中国各地的反对运动，特别是 1915 年 12 月 25 日在云南省爆发的护国运动。其后看到护国军在讨袁战争中屡战屡胜，1916 年 3 月 7 日，大隈内阁审议制定了《帝国针对中国当下时局之政策》[27]，正式表明日本政府反袁、支援南方革命派的立场。

“帝国为达成上述目的（指在中国确立日本的优越地位），必须去除袁世凯这一障碍，将其从中国的领导层中排除出去。”此外，为了对南方革命派进行援助，日本政府还决定承认南方革命军为交战势力。

以上便是日德战争讲和准备委员会召开历次会议期间（1915 年 10 月至 1916 年 12 月）日本面临的内外局势。正如本节所介绍的，这一时期陆海军以及外务省三者之间针对中国问题建立起了跨部门的合作关系。

2. 对议事录的分析

调查工作的分配

1915年10月18日下午1点半至4点，委员会在外务省召开了首次会议[28]。这次会议主要做出了三点决定：自12月1日起，每周三下午1点半定期召开会议；由外务省委员木村锐市书记官[29]负责编纂历次会议的议事录；决定了各项调查工作的具体分工。依据防卫省收藏的史料[30]记载，调查工作的具体分工如下：

①外务省委员木村锐市书记官

（a）调查山东铁路及矿山的相关问题。

（b）调查山东铁路公司在战时被日本扣押期间所蒙受的损失情况，并确认日本是否有必要对其进行赔偿。

②外务省委员小村欣一书记官

（a）调查山东省内德国各项利权的概况。

（b）调查山东铁路与津浦铁路（连接天津与南京浦口的南北向铁路）的交汇关系[31]。

③法制局委员（牧野英一[32]参事官、黑崎定三参事官）

（a）调查德国殖民公司的性质，以及德国政府对其拥有的干涉权限。

（b）调查德国国内法中关于铁路以及铁路所有权性质的规定。

④陆军省委员（最初由山田隆一军务局长担任，后改任福田雅太郎参谋本部第二部长）

（a）调查山东铁路公司在日德交战过程中是否存在针对日本的敌对行为。

（b）如果日方要对山东铁路进行收购，由陆军省委员负责评估收购价格。

（c）对日占区土地，特别是私有土地的状况进行调查。

⑤海军省委员（最初由秋山真之军务局长担任，后改任森山庆三郎海军军令部参谋；山川端夫[33]参事官）

（a）调查位于德属南洋群岛的德国企业的状况。

从上述调查工作的分工我们可以看出，当时外务省和法制局主要负责从战时国际法出发，援引各种先例对日本能否将山东铁路视为德国的国有资产这一问题进行调查论证，陆海军则主要负责对战时接收的山东铁路以及位于南洋群岛的各类德国企业进行调查。以上这些调查的核心目的，都在于确定日本在战时扣押的德国铁路和矿山权益是否属于德国的国有资产，借此来进一步论证日本的战时扣押行为到底是否符合战时国际法。当时日方实际上也已隐约感到，德国经营山东铁路的方式理念与当年俄国经营东清铁路有很大不同。

山东铁路是德国的国有财产吗?

在 1915 年 12 月 8 日召开的委员会第三次会议上，外务省委员木村锐市书记官向与会者发放了一份大部头资料，题为《关于山东铁路与矿山的调查》。该资料由第 1 号“山东铁路公司之沿革、业务及资产”至第 10 号“山东铁路扣押过程中的损害赔偿问题”共计 10 个项目构成[34]。在参照该资料的基础上，木村针对山东铁路、矿山问题发表了以下意见：

首先，山东铁路公司与矿山权益是德国位于东亚的政治军事根据地——胶州湾租借地的经营权益中不可分割的组成部分。山东铁路公司是德国政府出于经营租借地之目的设立的“带有公性质的机关”。但德国政府与山东铁路公司之间并没有直接的投资往来与保护关系，且德国政府对山东铁路公司的监管权限，与对其他德国国内私营铁路公司的监管权限并无不同。基于以上两点原因，很难断言山东铁路公司是德国的公有财产。

之后，木村对德国铺设的山东铁路和俄国铺设的东清铁路进行了比较，指出两者之间的三个相同点：两条铁路均是通过租借条约，从中国政府手中获得铁道铺设权之后建设的；两条铁路的经营权名义上属于德俄两国与中方合办的私营企业，但实际上德俄两国完全垄断了铁路的经营管理权；德俄两国政府对于铁路都拥有较强的监管权限。

木村也指出了不同点：东清铁路是由俄国政府投资铺设的，山东铁路则是由德国经济界出资铺设的；俄国铺设东清铁路主要是出于军事层面的考虑，但山东铁路至少在表面上是一条商业性质的线路；东清铁路全线负有军事运输义务，而山东铁路仅在租借地至中立地带百里以内负有军事运输义务；东清铁路的沿线警察权归俄国所有，山东铁路的沿线警察权则归中国所有。

木村在得出上述结论的过程中主要参考了1898年3月中德签订的《胶澳租借条约》，1899年6月德国获得的山东铁路铺设经营许可、山东省矿山采掘许可，同年制定的《山东铁路公司营业条款》，1900年制定的《胶济铁路章程》[35]，以及1913年2月修订后的新版《山东铁路公司营业条款》等一系列资料。通过木村的报告，委员会的成员也明白了，想要获得胶州湾租借地虽然容易，但是想要从德国手中获得山东铁路等利权却并非易事。

山东铁路公司的抗议

外务省方面在会议中会抱着如此悲观的态度也是有原因的。当时总部位于青岛的山东铁路公司已经向日本政府提出了抗议。1914年11月7日日军占领青岛后，山东铁路公司便迅速展开了行动。1915年1月5日，该公司通过美国驻日大使正式要求日本政府归还被日军扣押的山东铁路及矿山，并对扣押过程中产生的各项损失进行赔偿[36]。当时该公司向日方提交的归还与赔偿申请书[37]上的落款日期为1914年12月11日。

山东铁路公司提出上述要求的主要依据有以下几点：

①山东铁路公司是一家由私人资本创立的商业性质的私营企业。虽然中国政府持有该公司一部分股份，但德国政府并未持有该公司的股份，也未向该公司发放过补助金。根据德国和清朝签订的《胶澳租借条约》[38]第二端“铁道矿务等事”中第二款、第三

款的相关规定，山东铁路公司毫无疑问是一家商业性质的企业。

第二端第二款、第三款的条文分别如下：“盖造以上各铁路，设立德商、华商公司，或设立一处，或设立数处，德商、华商各自集股，各派妥员领办。”“一切办法，两国迅速另订合同，中德两国自行商定此事；惟所立德商、华商公司，造办以上铁路，中国国家理应优待，较诸在中国他处之华洋商务公司办理各事所得利益，不使向隅。查此款专为治理商务起见，并无他意，盖造以上铁路，决不占山东地土。”

②山东铁路公司根据上述条约中“盖造以上铁路，决不占山东地土”的规定，主张该铁路并非胶州湾租借地的延长部分。此外，根据《胶济铁路章程》[39]第二十七款的相关规定，铁路通过的德国租借地的主权问题归德国青岛总督管辖，而铁路通过的山东省其他地域的主权问题则归山东巡抚管辖。该章程第十七款还规定，山东铁路的铺设目的主要在于发展交通和商业。以租借地方圆百里为界，百里之外禁止利用该铁路运输任何国家的军队和武器。战争和其他军事冲突发生时，如若参战一方强行使用该铁路进行军事运输，则铁路公司对此不负责任。在此前提下，若山东铁路被敌国占领，山东巡抚亦不需对该铁路负保护责任。换言之，山东铁路在胶州湾租借地之外的铁路警察权，实际上是属于中国地方政府的。

③德国政府与山东铁路之间没有任何财产权方面的关系。

山东铁路公司依据上述三点理由主张，无论在国际法还是任何其他法律的规定之下，日本在战时扣押山东铁路的行为都是违法的。山东铁路公司要求日本立即归还该铁路，并对该公司的损失进行赔偿。

向法制局求援

面对山东铁路公司的抗议，日本政府也不得不认真做出应对。在委员会第三次会议上，木村在重新对山东铁路矿山条约[40]进行调查后，也悲观地表示很难将山东铁路和矿山视为德国的国有财产。此后，木村进一步就以下三个问题向法制局征询意见：①山东铁路公司作为一家殖民企业，在经营中是否行使过德国政府的部分行政职权。②德国政府是否可以针对山东铁路公司自由地行使国家权力。③德国的法律体系中是否存在能将私营铁路视为国有财产的条款或先例。从上述三个问题我们可以看出，木村仍希望通过法制局的调查，从法律层面出发将山东铁路、矿山解释成德国的国有财产。

明治维新以来，无论在军事、宪法、医疗还是地方行政等领域，德国都可谓日本的老师，正是德国向日本传授了各种近代国家的基础制度与理念。然而，此时委员会承担的核心使命，却是想方设法尽可能合法地从德国老师那里夺取铁路和矿山利权。

研究史上的创见

经过数次讨论分析，委员会成员们也逐渐认识到，德国经营山东铁路的方针与当年俄国经营东清铁路的方针有很大的不同。在此，笔者参照前人的研究成果，对德国在山东拥有的各项利权的具体状况进行简单的总结。在铺设山东铁路之际，德国曾从青岛派兵前往铁路沿线，并在高密和胶州建设兵营驻扎军队，对铁路沿线进行警备。然而在山东铁路竣工之后，德国便撤走了沿线的军队，并将沿线的警察权移交给了中国铁路警察。1905 年末，山东铁路全线被划归至中国政府的管辖之下。当时中国政府在铁路沿线派驻的巡警和各类官员达到了 790 人[41]。可以说，德国忠实地遵守了和中国签订的《胶济铁路章程》中的各项规定，也一直严格地将其施政权的行使范围限制在胶州湾租借地内。反观日本方面，在出兵占领青岛之后，日军不仅在德国租借地内施行军政，还强行在山东铁路沿线行使驻兵权、警察权以及司法权[42]。日军扣押山东铁路后的所作所为，可以说完全是仿照日俄战争后从俄国手中接收东清铁路南支线，即后来的南满铁路时的方针。

此外，浅田进史的一系列研究[43]对德国东亚殖民地的特征进行了分析，并在此基础上指出，与德国其他殖民地相比，胶州湾租借地有三个特征：首先，德国政府一直以来都计划将胶州湾租借地建设成一个商业殖民地。其次，德国还希望将青岛作为在东亚地区的海军据点，利用驻扎在该港的巡洋舰队来保障其在东亚地区的经济活动的安全。最后，胶州湾租借地的经营活动与中国政府以及中国所处的国际环境，有着密不可分的关系。

当时，主管胶州湾租借地事务的德国海军部一直计划将胶州湾打造成一个“自由港”。在海军部的制度设计下，德国政府最大限度地赋予了胶州湾总督府（青岛总督）各类自主权限。此外，德国各国家机关也都尽量避免对当地的商业活动进行干预。在德国海军部的主导下，胶州湾逐渐被打造成了一个政府监督权较弱，以促进商业自由发展为主要职能的租借地。而德国海军部也明白，想要长期在胶州湾租借地维持“自由港”制度有着不小的困难。

为了解决这些困难，德方认识到有必要在不平等条约的框架下与中国展开合作，积极拉拢中国商人参与胶州湾租借地的建设。

正如前文所述，中德两国在1898年3月签订了《胶澳租借条约》。1899年6月14日，山东铁路公司在柏林宣告成立（后将总部迁至青岛）。浅田在对山东铁路、矿山公司的创建过程进行研究分析之后，得出了一个有趣的结论[44]。当时在德国，包括外交部、海军部在内的政府部门，与实际经营殖民地利权的、以银行资本为代表的辛迪加之间，有着明显的对立关系。当时德国政府就山东铁路、矿山权益问题向出资方提出了四点要求：政府有权干涉铁道线路的规划和运费的设定；在盈利超过一定额度的情况下，企业必须将部分收益上缴国库；承担军事义务；承担胶州湾租借地的煤炭储备义务。但出资方对上述要求均表示了强烈反对。

最终德国政府与资方在相互妥协后达成了以下协议：公司以市场价的九五折向德国海军供应煤炭；在分红率超过5%的情况下，公司会向国库上缴部分收益；公司成立10年之后，铁路运费标准需接受总督府的审查并获其认可；将矿山公司定性为殖民地企业，公司必须接受帝国总理的监管[45]。

综上所述，山东铁路公司是一家性质极为特殊的企业。而其特殊性一方面来源于监管该公司的德国海军部的构想，另一方面也源自德国政府和银行辛迪加之间的利益冲突。

3. 强夺利权的理论依据

币原的疑问

1915年12月15日，在委员会第四次会议上，委员长币原曾提问，如若德方坚称山东铁路和矿山是私营企业名下的财产，德国政府无权对其加以干涉，并以此为依据拒绝将相关利权移交日本，我方又要如何应对?

币原正是因为预想到铁路、矿山利权问题会成为未来和会上的争议点，因此才主张事先对该问题进行慎重的讨论。面对币原的提问，外务省委员木村锐市坦言，想依靠法律依据正面证明日本的主张会非常困难；不如依靠政治论据从侧面迂回，主张山东铁路、矿山企业的经营对象乃是与国家利权息息相关的事业，因此“可以将上述企业视为德国的国家机关或带有公性质的产业机构”[46]。

除木村之外，与会其他委员也都各抒己见。例如，法制局委员牧野英一参事官便对木村的看法表示了赞同。他表示，日方可以主张“山东铁路公司的经营活动建立在德国政府委任的殖民地特权的基础之上。因此无论法律上如何规定，日方都可认为此类建立在政府特权之上的大规模经营活动带有公的性质”。与此相对，外务省委员小池张造政务局长与海军省委员山川端夫坚称，只要坚持主张“胶州湾租借地与山东铁路的密不可分性”即可，不需要考虑太多。然而正如前文所说，山东铁路公司在向日方提出的抗议中，已经对上述的“密不可分性”进行了强有力的驳斥。从这点来看，当时小池和山川根本没有将山东铁路公司的抗议当回事。

委员会第四次会议最终通过决议，暂定采纳牧野英一的提案作为官方论据。然而，山东铁路公司的经营活动是否带有公的性质，与能否将其视为德国的国有财产并在战时扣押，完全是两个问题。委员会对此也有着清醒的认识。正因为如此，委员会才针对山东铁路、矿山问题制定了无偿让渡和有偿让渡两个方案，并在此后分别从这两个方案出发对相关问题进行了讨论。

立作太郎[47]的观点

1915年2月22日召开的委员会第五次会议上，外务省委员立作太郎针对前一次会议的决议提出了质疑。他表示，将大规模的殖民地经营活动视为带有公性质的行为是缺乏根据的。此后，委员会便组建了一个由立作太郎、长冈春一、木村锐市、牧野英一、黑崎定三5名外务省和法制局委员组成的特别委员会[48]，对相关问题持续进行研究。

在第五次会议上，长冈春一委员的提问再度引发了一系列讨论。长冈表示，用收购的手段来获得山东铁路、矿山权益亦不失为一个好办法，并在此基础上主张委员会也应就收购方案进行调查和研究。对此，陆军省军务局长山田隆一表示了反对：“对日本来说，青岛租借地其实没有任何价值。从军事、经济、殖民等角度看，山东铁路才是当地唯一有重要价值的东西。因此我国绝不能放弃山东铁路的相关权益，无论动用何种手段都一定要将其收入囊中。”[49]从中我们大约可以看出当时日本陆军在山东地区真正的关心所在。

在本次会议上，币原再度表示，如果德方对日军战时扣押山东铁路的行为表示抗议，那么日方要如何论证扣押行为的合法性呢？委员会必须事先对这一问题进行研究。对此，木村又做了如下回答。

出于敌对属性考虑的扣押

第一次世界大战爆发后，中国政府在山东半岛划定了交战区，然而大部分山东铁路都位于交战区外的中立地区。因此在日军占据山东铁路之后，陆军和政府为了论证这一行为的合法性可谓煞费苦心。例如，当时参谋本部提出了所谓的“战争必要性理论”，陆军省方面则提出了所谓的“国家自卫权理论”。与此相对，日本政府则计划，一旦中方就日军的占领行为提出抗议，就从山东铁路的性质出发进行回应。但正如上文所说，山东铁路公司在向日方提交抗议时已经明确表示山东铁路在性质上并非德国国有财产，对日本政府的“性质论”主张进行了驳斥。在此背景下，木村认为将来如果再从铁路性质出发来应对中方的抗议，既难以站住脚也没有必要，不如主张扣押山东铁路乃是出于“敌对属性”的考虑。

木村认为，不论山东铁路公司的性质是私营还是国有，它都是一家建立在租借地上的铁路公司。因此不如从铁路公司与中德两国政府的关系出发，主张“山东铁路虽地处中国领土之上，但无论平时还是战时都受德国政府支配，不受中国管辖。一旦战争爆发，该铁路自然便会为德国所用。换言之，该铁路虽处中立区内，但其本身对日本来说却带有非中立的敌对属性”，因此日本有权在战时对其进行扣押。

立作太郎对木村的“敌对属性论”提出了反对意见，认为“只以山东铁路的非中立性为论据来论证我方主张，难免会与中立地区不可侵犯以及庇护权相关的国际法规定相抵触”，因此不如将议论焦点集中在“中国实际上是否严守中立”这一根本问题上。他主张，中德两国签订的《胶澳租借条约》第一端第一款[50]承认了德军的自由通过权。换言之，中国依照该条约所承担的义务本身就是违反战时中立原则的，因此中方宣布的中立亦是不完整的。他还指出，《胶济铁路章程》第十七款虽然规定战时当德国将该铁路用于军事目的时，中方不对其承担保护责任[51]。但如果换一个角度从中方立场来看，这其实也就意味着中国允许德国在战时将该铁路用于军事目的。

简而言之，在论述日本扣押山东铁路的合法性时，立作太郎反对以该铁路所带有的敌对属性为论据，同时提出日本应主张中国宣布的战时中立本身就有漏洞，以此为论据来对中方的抗议进行回应。此前委员会讨论的各个问题的核心都在于如何在战后和谈中说服德国，让其将山东权益拱手让渡给日本。在将德国作为论战假想敌的情况下，立作太郎的主张和木村的“敌对属性论”相比，前者或许更有说服力，但也带有一定的危险性，可能会动摇此前日方在战时对中国的定位与认知。

立作太郎主张的危险性主要在于，“中国宣布的中立并不完整”这套说辞，与当时中方严守中立的实际态度完全不符。第一次世界大战爆发后，中国立即宣布严守中立，并将中国本土上列强的租借地及其附近海域划为交战区，并通过美国向参战各国表示，希望各国军队的战斗行为不要超出交战区。接到中方请求后，英德两国都表示了认同[52]。然而日本无视中方的请求，在进攻胶州湾时，为了从德军背后进行攻击，悍然派兵进入了中立区。

而当中方就山东铁路问题向日方抗议时，竹下勇的反应则略显冷淡。他在 1914 年 10 月 13 日的日记中写道：“中国政府屡屡就占领山东铁路的问题向我军提出抗议。袁世凯那家伙演戏演得还真好。”[53]

最终，委员会第五次会议同时批准了木村锐市、立作太郎的主张。这意味着立提出的“中方宣布的中立存在漏洞”的说辞，与木村提出的强调战时的紧急必要性及山东铁路的敌对属性的说法，都成了委员会公认的主张。

特别委员会的调查报告

委员会第五次会议上任命的 5 人组成的山东铁路特别委员会，在 1916 年 3 月 8 日召开的第十四次会议上做了报告。为了方便未来参加战后和会的日方代表进行参考，特别委员会的报告书分为条约草案和理由书两个部分。其中关于山东铁路问题的条约草案又分为有偿让渡和无偿让渡两个版本，无偿让渡版明确要求“德方将青岛至济南的铁路干线、支线，以及铁路附属的矿山等相关利权财产全部无偿让渡给日本”[54]。除了无偿让渡方案，委员会直到解散也没有放弃以有偿方式获得山东铁路利权的方案。这一点非常值得我们注意。

根据木村在特别委员会上的说明，上述条约草案及理由书都尽量回避涉及法律理论，并在折中参考立和木村二人理论的基础上，选择从政治视角出发来阐述日方的主张。该报告书首先针对山东铁路和矿山的经营基础、由来、经营目的以及与德国政府之间的关系进行了论述，并在此基础上主张山东铁路和矿山明显带有公的性质。

此外，因为预想到和会上德方很可能会以山东铁路和矿山乃是私有财产为由，坚称德国政府无权对其进行干涉。法制局委员牧野和黑崎还预先准备好了反驳书。经委员会审议后，该报告书中的条约草案及理由书被写入了第十四次会议的决议中。

由于特别委员会编写的理由书全文很长，这里只对其内容做简短的总结。“从山东铁路以及矿山的存在基础、经营目的、与德国政府之间的关系出发来看，相关企业可以说是德国政府从中国获得的租借权及国际地役权①的实际行使机关。相关企业的经营完全仰赖德国政府赋予的权利，并依靠国家权力在中国领土上享受经济与政治上的特权。（中略）因此可以断定相关企业名下的财产带有极强的公性质，与德国国家权力之间形成了密不可分的命运共同体关系。”[55]

最终，依照1919年6月签订的《凡尔赛和约》第156—158条

① 指通过国际条约，一国允许他国对本国部分领土加以积极利用，例如驻军、通行该国军队等权利。

的相关规定，日本无偿获得了德国在中国山东的各项利权，这标志着委员会在巴黎和会召开前议定的各项要求在和会上全部获得了承认。

最后不得不提的是，虽然委员会以德国为论战假想敌，针对山东问题可能导致的争论事先做了充足的准备，甚至还为此专门编写了各种理由书和反驳材料。但1919年1月巴黎和会正式召开后，与会的英国首相劳合·乔治、美国总统威尔逊以及法国总理克里孟梭等各国首脑根本未就和谈条件征询德国的意见，因此委员会事先针对德国所做的各种论战准备最终并未派上用场。而出乎委员会意料的是，在巴黎和会上，中美两国取代德国，就山东问题和日本展开了激烈的论战。

中国参会的相关问题

1916年4月5日召开的委员会第十八次会议上，与会委员就未来对德和会的参加国问题进行了讨论。外务省委员长冈书记官表示，参照过去欧洲的三大会议，即维也纳会议、巴黎会议以及柏林会议的先例，只有参战国才有权参加和谈。因此日本在和会上只要和英、法、俄等国谈判即可。值得注意的是，当时长冈虽然一方面表示日本不应对与会国的选定横加干涉，但同时又自相矛盾地表示，“日本必须反对中国参加和会”[56]。

关于反对中国参加和会的理由，长冈表示，中日两国间关于山东权益归属的各种问题已通过1915年5月签订的《关于山东省之条约》得到了解决。因此“日方坚决反对中国利用和会的场合就业已解决的事项再度进行讨论，借此妨碍山东问题的解决”。此外，币原委员长亦主张只有参战国才有权参与战后的和会。当时币原除了反对中国参会，还反对荷兰参会。币原认为，荷兰一旦参加和会，便会以事涉荷属东印度群岛为由，对赤道以北的德属南洋群岛的归属问题进行干涉。

为了确保战争中从德国手中获得的各项利权，外务省一直希望最大限度地对战后和会的参加国进行限制。然而，参谋本部第二部长福田雅太郎却对外务省的这一路线提出了异议。福田认为，如果列国认为和会讨论的各项议题与荷兰有关，从而允许荷兰出席的话，日本就没有任何理由反对中国出席和会。“既然帝国如今在对中政策上打着日中亲善的旗号，为何又要想方设法将中国排除在和会之外呢?”[57]

1917 年 2 月，陆军内部围绕着中国参战问题分成了两派，反对派认为一旦中国参战，则必然会在战后和会上拥有发言权，中德之间签订的不平等条约亦自然会因此失效。这必然会对日本在战后获得山东利权产生不利影响。而赞成派则认为，中国参战后可以有效排除德国的在华影响力，而且将来想要驱除俄国革命派也少不了中国的协助。不过，这些问题都是后话，笔者在本章中不打算对其进行深入讨论。

关于和会的参与国问题，1916 年 4 月委员会经过讨论，最终一致通过决议：日方虽不打算明确表态拒绝任何一国参加和会，但唯独针对中国，日方认为有必要采取手段“巧妙地将其排除在和会之外”。在做出上述决议后，币原仍对中国参会的问题忧心忡忡。1916 年 7 月 12 日召开的第二十七次会议上，币原询问与会委员，如果未来德国将“取得中国之承认”作为向日本移交胶州湾租借地的前提条件，日本又会如何应对？虽说中日两国之间此前已签订《关于山东省之条约》，但该条约说到底是中日两国之间的协定，对德国并没有约束力[58]。可见币原十分担心德国会抬出中国作为挡箭牌，以需要获得中国的承认为理由阻挠日本获得山东利权。

对于币原的担心，代表海军参会的山川端夫参事官从国际法的角度予以了回应。山川表示，如果德国表示在移交山东利权给日本时需要获得中国的承认，那这实际上就和日俄战争后俄国移交“满洲利权”给日本时的情况十分相似了。当时日俄签订的《朴次茅斯和约》也规定俄国在移交“满洲权利”给日本时，“需要获得中国之承认”。然而，俄国代表在朴次茅斯和谈的过程中，并没有因为有这一规定而专程在签约前去询问中方的意见。如今既然中国政府已在《关于山东省之条约》中允诺承认将来日德两国签订的条约内容，那么日德两国在和谈过程中自然也就没必要再专程去询问中方的意见。最终，山川的上述说法获得了大多数委员的支持，此后委员会也未进一步就此问题进行探讨。

结语

确实如山川所说，“需要获得中国之承认”这句话很容易让人想起日俄《朴次茅斯和约》第五条：“俄国政府在清朝承认之基础上，将旅顺口、大连湾并其附近领土领水之租借权之一切权利转让与日本政府。”不过，第一次世界大战时的情况亦确实与日俄战争时有所不同。日本政府在对德开战前提交的最后通牒中，确实曾明确表示要求德国交出山东利权是“为了将来将其归还给中国”。战争爆发后，在帝国议会中，反对党立宪政友会曾经就此问题批评第二次大隈重信内阁的外交方针，要求大隈内阁就加入“为了将来将其归还给中国”这段话的目的做出解释。

从以上种种情况出发考虑，我们便大致能够理解币原为什么既反对中国参加战后和谈，又希望设法阻止德国就山东利权移交问题去征求中国的同意了。当时币原自然无法预料到之后中美两国会相继参战，以及俄国会在国内革命爆发后单独对德媾和并退出战争。作为日本当时最优秀的外交官之一，币原会对战后和谈问题抱有近乎偏执的慎重态度，大概还是因为他对于未来和会上中日两国外交战的前景，心中多少已经有了些许不祥的预感吧。

第四章

20世纪30年代战争的核心目的

对于“九一八”事变之后的历史，笔者有如下疑问：第二次世界大战后，美国作为战胜国在改造日本宪法过程中，究竟希望在战后日本建立一个什么样的国家基本秩序呢？战后美国为了避免被追究战时违反中立原则的责任，曾经试图将侵略战争定义为一种针对国际共同体的内乱行为。其实类似的现象在20世纪30年代也曾出现，当时美国逐渐开始在世界上扮演起国际概念、用语的最终定义者的角色。而讽刺的是，同一时期日本也在尝试对战争的形态进行定义。从这个角度看，当时美日两国的行为在某种程度上有许多相似之处。

序　言

从公历年份出发思考的理由

1931—1940（昭和 6—15）年的 10 年时间，从外交和军事角度来看，是从关东军阴谋挑起“九一八”事变至德国对西欧各国的闪电战告一段落为止的 10 年；从内政方面来看，则是三月事件发生至大政翼赞会成立为止的 10 年；而从国际经济角度来看，这也是从英国宣布脱离金本位制至美国将自己定位为民主国家兵工厂的 10 年。

这 10 年中，将凡尔赛—华盛顿体系视为阻碍本国发展之桎梏的日德两国，逐渐开始尝试以武力为杠杆强行撬动旧有的国际体制。而在国内，这 10 年当中日本也逐渐脱离了原有的两大政党体制，开始摸索建立以组织团结国民为目的的新政治体制。这 10 年中，日本乃至全世界的政治体制都发生了动摇。因此，为了凸显时代的本质，笔者更倾向于使用“20 世纪 30 年代”这一公历年份，而非年号纪年来指代这段时间。也正是出于这一考虑，笔者才将本章的题目定为“20 世纪 30 年代战争的核心目的”。

1. 国际军事法庭条例的革命性

回顾第二次世界大战结束之时

本节中，笔者希望先将论述的时间点从20世纪30年代快进到第二次世界大战结束时。如此快进，想必各位读者会觉得内容十分跳跃。不过还请各位放心，之后还是会把话题拉回20世纪30年代的，所以这里还希望各位能够先勉为其难地读下去。18世纪的哲学家卢梭在其遗稿《论战争状态》中，将战争定义为“对敌国的政治基本结构和秩序＝宪法的攻击行为”[1]。有趣的是，19世纪的法学家冯·施泰因也曾说：“在法治国家内部，宪法只是社会秩序和社会本身存在的表现。一旦国家遭到攻击，则必须从宪法和法律之外来发动战争，所以，战争仍然由武器的力量来决定。”①[2]

卢梭和冯·施泰因对于宪法的认识大致相同。两者所论述的宪法，并不特指某国的宪法，而是泛指支撑国家成立的基本制度框架。那么经历了漫长而惨烈的第二次世界大战后，英、美、法、苏等战胜国准备如何改造德日等战败国的“宪法”呢？如果我们

---

① 卡尔·施密特文章译文引自刘小枫编，刘宗坤、朱雁冰等译《施密特文集：政治的概念》（上海人民出版社2015年版），下文不再说明。

能弄清当时同盟国与轴心国在“宪法”问题上的最终妥协点，或许便能够大致分析出让两大阵营陷入敌对状态的基本框架到底是什么了。当然，笔者这里所说的“宪法”，指的也是战前德日两国的基本国家制度框架与秩序。在本章中，笔者不打算针对被同盟国改造的战后“宪法”的具体内容进行探讨，而是希望将目光集中在战前，分析当时在同盟国看来，德日两国的国家制度构造中的最大问题究竟是什么。

1945年5月，德军宣布投降。8月15日，日本也宣布接受《波茨坦公告》投降（正式签署降书是在9月2日）。至此，欧洲和亚洲战场的战争均宣告结束。战争结束后，同盟国在1945年11月20日设立了纽伦堡国际军事法庭对德国战犯进行审判。其后又设立了远东国际军事法庭对日本战犯进行审判，即所谓的东京审判（1946年5月3日开庭）。在纽伦堡国际军事法庭开庭之前，同盟国方面还专门制定了《国际军事法庭宪章》，对法庭的管辖范围及各种规则进行了规定。

大沼保昭将《国际军事法庭宪章》的制定比作一场国际法领域的“革命”。[3]在下文中，笔者希望首先在参考大沼研究成果的基础上，对《国际军事法庭宪章》的制定过程进行总结。1945年6月26日至8月8日，美、英、法、苏四国代表在伦敦召开会议，制定了《国际军事法庭宪章》。其中第6条规定：发起侵略战争是一种犯罪行为。侵略战争的领导者将被追究刑事责任。笔者暂且将前者称为战争违法观，将后者称为领导者责任观。

该宪章原本是针对纽伦堡审判制定的，但东京审判时制定的《远东国际军事法庭宪章》第5条也规定：“下列行为，或其中任何一项，均构成犯罪行为。本法庭有管辖之权，犯罪者个人并应单独负其责任。”其后所列的“（甲）破坏和平罪”中进一步规定：“策划、准备、发动或执行一种经宣战或不经宣战之侵略战争，或违反国际法、条约、协定或保证之战争，或参与上述任何罪行之共同计划或阴谋”的领导者、组织者、教唆者、共谋者都应负刑事责任[4]。从上述条文可以看出，《远东国际军事法庭宪章》对于战争违法观和领导者责任观的规定，基本沿袭了伦敦会议制定的《国际军事法庭宪章》。

何谓国际法上的“革命”

那么，大沼保昭为何要将 1945 年 6 月伦敦会议上制定的上述方针定位为国际法上的“革命”呢？战争违法的观念在 1924 年签订的《日内瓦协定书》以及 1928 年签订的《凯洛格—白里安条约》（即《非战公约》）中已然得到了体现。到伦敦会议召开时，该观念已然成为国际社会的共识。然而，领导者责任的相关观念就不同了。伦敦会议上，尽管美国代表、首席检察官（时任美国联邦最高法官）罗伯特·H. 杰克逊（Robert Houghwout Jackson）力主在纽伦堡审判中贯彻领导者责任观，但法国代表提出了异议，表示能够理解由发起侵略战争的国家本身及其全体国民来承担战争赔偿责任这种观念，但对于由领导者来对战争负刑事责任的观念，实在无法苟同。

虽然在 1945 年战争刚刚结束之时，战胜国各国并未就领导者责任观达成一致，但由于同盟国的胜利在很大程度上是仰赖美国的经济和军事力量，因此杰克逊的主张最终还是于 1945 年 8 月获得了通过。至此，伦敦会议正式确立了领导者需要为发动侵略战争负刑事责任这一崭新的法律观念。当时与会各国代表在明知领导者责任观乃是一种事后法的情况下，还是将其与战争违法观一同写进了《国际军事法庭宪章》。也正是因此，大沼才称其为国际法上的一场“革命”。

当时也有一些战犯审判的当事人认识到，所谓领导者责任观乃是一个崭新的法律概念。例如东京审判开庭后，在 1946 年 6 月 4 日开始的检方最初陈述举证的过程中，首席检察官基南（Joseph Berry Keenan，美方代表）就领导者责任观阐述道：“这一观念乃是国际法上最为重大的课题之一，并且很可能是本次审判中唯一的新问题。”“个人作为国家首脑以公的资格犯下的不法行为，将在本次法庭中被视为个人的犯罪行为接受审判。这在历史上是没有先例的。对此，我们应当坦率地予以承认。”[5]

1947 年 2 月 24 日开始的辩护方开庭陈述中，清濑一郎作为辩护方代表也说道：“（发动对外战争）乃是主权国家行使主权的行为。而本次审判中检方所主张的，国家机关负责人需要对战争这一主权国家行为负责的理念，从国际法的原理来看”，无论是在 1928 年还是在其后的战争过程中，都是不成立的。从国际法观念的演变过程来看，清濑如此主张确实也在情理之中。[6]综上所述，在东京审判开始时，检方和辩方的代表都认识到领导者责任观在当时是国际法上的一个新概念。

2. 领导者责任观确立的背景

将侵略战争视为国际犯罪的必要性

正如上文所说，领导者责任观在1945年是一个全新的概念。那么在1945年之前的国际法理念下，又要由谁来对战争负责呢？简要来说，在1945年之前，国家即全体国民要对战争负全部责任。战争结束后，战败国往往要向战胜国割地赔款。而实质上，割地赔款最终会以经济负担的形式由战败国的全体国民来集体承担。旧时国际法所采用的便是这样一种国民责任论形态的战争责任理念。例如甲午战争后，战败的清朝不仅要向日本支付赔款，还把台湾地区割让给日本。日俄战争后，俄国也将南桦太和东清铁路南支线的相关利权割让给了日本。第一次世界大战后，协约国不仅要求德国支付巨额赔款，还以国际联盟委任统治的名义剥夺了德国在世界各地的殖民地。由此可见，到第一次世界大战为止，国民责任论都是各国在进行战后处理的过程中所秉持的基础理念。而在纽伦堡审判之前举行的伦敦会议上，美国代表提出的由战争领导者而非全体国民来对战争负责的理念成了同盟国间的共识。至此，关于战争责任的国际法理念发生了剧变。

那么领导者责任观的国际法理念为什么会在这一时期诞生呢？

大沼保昭的研究指出，当时主导伦敦会议的美国联邦最高法官杰克逊提出领导者责任观理念，主要是出于以下两点考虑：（1）在美国发出声明呼吁德日两国“无条件投降”之后，如果仍然坚持国民责任论的旧有观念，难免会给德日两国提供一个绝佳的借口，让他们在国内宣传“一旦战败全体国民都会沦为敌国的奴隶”，这样一来便有可能激起两国国民背水一战的决心。因此，为了避免遭遇鱼死网破式的抵抗，杰克逊认为有必要对领导者和国民大众的战争责任作出明确的区分。（2）当时美方希望将侵略战争定义为一种“针对国际共同体的犯罪行为”。既然侵略战争本身是一种国际犯罪，那么战争发起者也就理所当然要以个人的名义对其负刑事责任。

关于第二点，大沼保昭一针见血地指出：“发动侵略战争原本是国家作为一种观念行动体的行为，但杰克逊为了强调侵略的违法性，刻意将其定义成一种‘犯罪’，并在此基础上将这一概念与国内法体系上个人对‘犯罪’行为承担刑事责任的观念结合起来，赋予了其全新的意义。”[7]

中立的义务与公平性

这种将侵略战争视为针对国际共同体的犯罪行为的思维模式，又是如何在美国诞生的呢？通过思考这一问题，我们便能够对20世纪30年代日本国内乃至全世界的历史特质进行形象的还原。

首先，让我们转变一下思维方式，想一想美国当时为什么需要将侵略战争定义为一种针对国际共同体的犯罪行为。在思考这个问题的过程中，我们可以将以下假设作为线索：如果将敌国发起的战争行为与本国发起的战争行为进行明确区分，并在此基础上将前者定义为“犯罪”而非战时国际法定义下的战争行为，首先可以摆脱战时国际法所规定的各种针对交战国的法律束缚，从而相对地获得更多行动上的自由。其次，如果将敌国发动的战争定义为“犯罪”，那么本国所采取的武力行为便会自然而然地成为针对“犯罪”行为的取缔与制裁，这样一方面可以将本国的行为正当化，另一方面也可以让人自觉地意识到敌国乃是犯罪行为的主体，而本国则是惩罚犯罪行为的主体。此外，原本在传统的战时中立原则下，非交战国在战时要受到种种制约，然而一旦将侵略战争定义为针对国际共同体的犯罪行为，便可以为本国创造出突破这一制约的理由与契机。

17世纪的思想家、被称为国际法之父的格劳秀斯（Hugo Grotius）提出了古典的中立概念。此后历次战争中，这一古典中立概念赋予了中立国种种战时中立义务，其中，最为重要的便是所谓的“公平”原则，即中立国对交战国双方必须一碗水端平，不得进行差别对待。在此基础上，中立国还必须履行三点义务：容许义务（中立国必须容许交战国封锁其海上交通线，或扣押其海运船舶），回避义务（中立国不得对交战国进行军事援助，不得向其出售军需物资，不得对交战国的公债予以担保），阻止义务（当交战国企图将中立国领土用于军事目的时，中立国有义务动用强制力对其进行阻止）[8]。按照古典中立原则，一旦战争爆发，一国想要严守中立避免卷入战火，则必须履行上述三点义务，这点从逻辑上看也是非常易于理解的。

差别的经济制裁

然而到了20世纪，各国在一战这场总体战结束后，都痛彻地认识到了经济制裁在战争中所发挥的巨大威力。众所周知，起先在军事上占据优势的德国之所以最终战败，在很大程度上是拜英美等国的对德海上封锁所赐。鉴于一战的历史经验，1920年成立的国际联盟便理所当然地将经济制裁视为未来阻止侵略国家维持和扩大战争的有效手段。《国际联盟盟约》第十六条就明确规定，各加盟国有权对联盟认定的侵略国家发动经济制裁，断绝与该国的一切贸易金融往来。

上述条款代表国联各加盟国之间达成协议，此后可以针对被联盟认定的侵略国家进行经济制裁。这一点有着极为重要的意义，意味着国联加盟国可以不实际参战，在保留中立国身份的同时，针对战争中的一方施行单方面的经济制裁。在古典的中立概念下，不论是针对侵略国还是被侵略国，未参战的中立国都要严守公平原则与回避义务。换言之，此前这种单方面的经济制裁一直是被禁止的。1921年的第二届联盟总会还通过决议，确定了《盟约》第十六条中经济制裁的具体执行方针，同时将针对侵略国家非战斗人员的粮食禁运和饥饿封锁也列入了经济制裁的手段当中。

在经历了1929年大萧条，以及1931年英国宣布脱离金本位制这两个国际经济领域的重大事件之后，到了20世纪30年代中期，国联首度决定发动《盟约》第十六条规定的经济制裁。1935年10月，意大利与埃塞俄比亚之间爆发战争。国联认定意大利为侵略国家，并宣布对其进行经济制裁。而在国联宣布对意实施制裁前后，并非国联加盟国的美国的举动非常值得我们注意。1935年8月，美国便已决定与国联统一步调，宣布《中立法》适用于意大利和埃塞俄比亚之间的战争。而美国的《中立法》在性质上与国联《盟约》第十六条规定的经济制裁不同，至少从字面上来看，美国的《中立法》并不对交战国双方进行区别对待，而是一视同仁地对交战双方进行武器、弹药以及军用器械的禁运。

实际上，1935年美国发动《中立法》明显对意大利更加不利。首先，国联方面并未将石油类物资列入禁运清单，而美国在发动《中立法》之后，还向从事石油等日用品出口的贸易商施压，要求其停止对意大利出口石油[9]。此外，一直以来有经济能力从美国购买武器、弹药与军用器械的，自然只会是意大利而非埃塞俄比亚。从这一角度来看，美国的《中立法》其实并没有严格遵守针对交战国双方的公平原则。

在宣布针对意大利、埃塞俄比亚之间的战争发动《中立法》之际，美国总统罗斯福还主张，为了促进世界的和平，在冲突爆发时应当赋予总统与和平国家进行友好协调的自主裁决权。罗斯福的这一主张如果再进一步发展，便会演化成这种思维：一旦认定某类国家行为是一种国际犯罪，美国便可以在保持中立的同时，对侵略国实行区别对待，不对其履行中立国原先应承担的公平与回避义务。

“中立”美国的经济威力

然而，不论是直接发动经济制裁的国联加盟国，还是发动

《中立法》间接响应经济制裁的美国，一旦这些参与经济制裁的国家的经济体量达到一定规模，难免就会在制裁过程中诱发一些道义问题。耶鲁大学法学院教授波查德（Edwin Montefiore Borchard）在1940年出版的《美国的中立》（*Neutrality for the United States*）一书中，对当时美国主张的中立概念进行了尖锐的批评：20世纪30年代的美国对古典的中立概念进行了修正，并将《中立法》作为经济制裁的手段加以运用。如此一来，“在止战的大义名分之下推行的贸易禁运，最终却孕育了一个新的中立概念。即可以以某国国民未能阻止其政府发动侵略战争为借口发动中立机能，从而以贸易禁运的手段让其统统饿死”。[10]

拥有巨大经济影响力的美国一旦将《中立法》用作对外经济制裁的手段，自然会产生举足轻重的政治影响力。对此，同时代的德国政治学者的感受尤其敏锐，毕竟德国在一战中曾经饱受英国的经济封锁之苦。卡尔·施密特在1932年发表的论文《政治的概念》中说道：“一个以经济为基础的帝国主义当然力求造成掠夺状态，在此状态下它能够不受阻碍地使用其经济权力手段，如信贷领域、原材料领域、敌国货币制度的破坏等，而且拥有它们就足够了。”[11]

卡尔·施密特所说的“以经济为基础的帝国主义”，自然指的就是美国。施密特并非是从纳粹法学的支持者的立场出发，而是单纯地质疑以武力威逼他国改变政策，与以经济手段强迫他国改变政策，两者在本质上到底有多大区别？能否简单粗暴地将前者归结为侵略手段，而将后者定义为一种和平手段？施密特在文中主要就是想从原理层面出发就这一问题进行分析。

杰克逊的哈瓦那演讲

波查德和施密特的论述在某种层面上可以称为一种真理。然而1941年3月27日，时任司法长官的杰克逊（即1945年6月主导伦敦会议的杰克逊首席检察官）在哈瓦那举行了一场演讲。他代表美国，对波查德和施密特的论述进行了终极概括性的反驳，表示美国有权不履行旧有中立概念中所规定的公平性原则和回避义务。当时杰克逊如下阐述道[12]：

> 如今正在进行中的侵略战争乃是一种针对国际共同体的内乱行为。针对这一明火执仗的侵略行径，（中略）美国及世界其他国家都有权对侵略者予以区别对待。

从这一演讲内容我们可以看出，杰克逊在1945年伦敦会议上的主张，其实在1941年时就已经成型了。此外值得注意的是，针对指责美国违反战时中立原则的声音，杰克逊的演讲构成了一个强有力的反驳逻辑：既然侵略战争乃是针对国际共同体的内乱行为，那么美国自然有权对发动战争的一方进行制裁。而在制裁的过程中，亦不必顾及什么公平性原则，完全可以单方面地对侵略者予以区别待遇。杰克逊在哈瓦那演讲中提出的这一视角，不仅将美国从种种关于战时中立义务问题的非难指责中拯救了出来，在战后的伦敦会议上，这一视角也成了对侵略国战争领导者加以刑事处罚的理论根据。

众所周知，1939年9月1日第二次世界大战爆发后美国宣布维持中立。但此后美国先是在1939年11月3日修改了《中立法》(废除武器禁运条款，允许以预先支付现金并自派船只运输为条件向交战国出售武器)，又在1940年9月3日与英国签订了《驱逐舰换基地协议》(美国向英国转交50艘驱逐舰，以换取英国在纽芬兰、百慕大以及西印度群岛的基地使用权)。按照此前的古典中立概念，美国的上述行为确有违反战时中立原则之嫌。而这也是1941年3月27日哈瓦那演讲的意义所在。在哈瓦那演讲前的1941年3月11日，美国正式通过了《租借法案》。在此背景下，为了将1939年9月至1941年3月间美国实施的各种有违反战时中立原则嫌疑的行为全部正当化，杰克逊才发表了哈瓦那演讲，将所谓"明火执仗的侵略行为"定义为针对国际共同体的内乱，主张美国有对侵略国家进行区别对待的权利。

我们来看看《租借法案》的具体内容。该法案规定，当总统认为符合美国之国防利益时，可以授权政府向他国，如英、苏、中、法等同盟国，出售、租借或无偿转让武器及其他物资[13]。该法案制定之后，美国也就没必要再像之前那样继续维持表面的中立了。

3. 20世纪30年代美国的“中立”

“中立”美国与中日全面战争

1941年《租借法案》出台后，美国开始对同盟国进行大规模的军事援助。但在20世纪30年代，美国还一边维持着表面的中立，一边向援助英法的立场倾斜。当时美国的这种“中立”状态，又对东亚局势有着什么样的影响呢？首先，我们有必要先确认一下美国在1941年3月公开主张有对交战国双方“实施差别对待的权利”之前，其对世界局势所持的立场。1991年，即太平洋战争开战50周年之际，在山中湖召开的国际会议上，在日美开战问题研究领域著作等身的沃尔德·海因里希（Waldo H. Heinrichs）总结说，20世纪30年代的东亚并没有一个成型的国际体系存在。在此基础上，他又对当时的日美两国做出了如下的定位[14]：

> 20世纪30年代存在两个反体制的国家。一个是追求建立自给自足经济体制，以自我为中心的日本。而凑巧的是，当时的美国亦是如此。

海因里希将20世纪30年代的日美一同视为反体制国家的视角

可谓意义深远。不过在当时美国虽是一个反体制国家，但也会时常因应世界局势的变化，对《中立法》进行修订，并依靠该法对国际局势施加巨大的影响力。卡尔·施密特在 1932 年发表的论文《现在帝国主义的国际法形式》中，针对美国的国家实力论述道[15]：

> 这样一种弹性，这样一种能力，即运用宽泛的概念并迫使世界各国人民尊重它的能力，是一个具有世界历史意义的现象。在运用那些关键性的政治概念时，重要的恰恰在于：谁能诠释、定义和运用这些概念。（中略）人类的法律与精神生活中最重要的现象之一便在于，那握有真正权力的人也能够从自身出发确定概念和词语。

美国《中立法》的历史可以追溯至 18 世纪。仅在 20 世纪，被称为《中立法》的法案就有 1915 年 3 月版、1917 年 6 月版、1933 年 1 月的博拉决议案、1933 年 4 月的麦克雷诺兹决议案、1935 年 8 月的两院联合决议案（两院联合决议案经总统签署后拥有与法律同等的效力）、1936 年 2 月两院联合决议案、1937 年 5 月的两院联合决议案以及 1939 年 11 月的两院联合决议案等多个版本[16]。

1937 年 7 月 7 日，中日之间偶发的一场军事冲突最终扩大演化成了两国之间的全面战争。而 1937 年 5 月的《中立法》对中日之间的战争形态产生了巨大影响。1937 年的《中立法》与 1935 年针对意大利和埃塞俄比亚战争发动的《中立法》相比，其内容和形态得到了很大程度的完善。从内容方面来看，1937 年《中立法》规定：①针对交战国双方施行武器、弹药、军用器材的禁运。②

赋予总统认定战争状态的权力。③禁止代理发行、出售交战国的公债和有价证券，禁止向交战国提供融资。④对面向交战国的物资、原料出口进行限制（以预先支付现金并自派船只运输为条件）。可以说，1937 年《中立法》的限制范围几乎涉及了所有方面。

决定宣战与否的《中立法》

1937 年《中立法》中最让日本感到苦恼的是②和③的相关规定。日本担心一旦美国总统认定中日之间的冲突是“战争”的话，那么依照《中立法》的规定，日本便会丧失通过美国金融市场进行国际清算和筹集外资的能力。但另一方面，因为日本相较中国拥有更多的现金和运输船舶，④的相关限制在某种程度上反而对日本更加有利。因此当时针对是否要对中国宣战，诱使美国针对中日两国适用《中立法》这一问题，日本方面一直犹豫不决。乃至于到了 1937 年 11 月，企画院次长以及外务、大藏、陆军、海军、商工五省次官还在内阁第四委员会上就对中国宣战的利弊问题进行研讨[17]。外务省和陆、海军省花费了大量时间和精力，就美国是否会针对中日之间的战争适用《中立法》这一问题进行讨论。最终他们判断，一旦美国宣布针对中日之间的战争适用《中立法》，将对日本的贸易、金融、海运、保险等行业造成巨大的冲击。

1937 年 8 月中旬之后，中日战争的主战场转移到上海、南京一带。针对当时的中日战况，蒋介石的德国顾问曾评价说：“这是自凡尔登战役以来最为惨烈的战斗。”尽管战况惨烈，中日两国却都未向对方宣战。日本选择不对中国宣战，正是为了回避美国《中立法》的种种限制。但从外务、陆军、海军三省共同编订的档案资料来看，当时三省认为宣战其实也有不少好处。例如，能够行使战时国际法所承认的军事占领权和军政施行权等交战权力；可以进行海上封锁，对中立国船舶实行登临检查，从而可以有效防止第三国向敌国输送战时违禁物资；还可以正当地要求赔偿。

卡尔·施密特在1938年发表的论文《论战争概念与敌人概念的关系》中曾感慨道："不仅宣战因其自动地将宣战者置于不义而是危险的，而且对军事的和非军事的行动当作'和平'或者'战争'的临界性标志都是毫无意义的。因为非军事的行动可能以最有效、最直接和最强化的方式而变成为敌对行动，反之，军事的行动可能会庄严而有力地挥动着友善的幌子进行。"[18]如果我们将引文所说的"非军事的行动可能以最有效、最直接和最强化的方式而变成为敌对行动"的主语理解为美国，同时将"军事的行动可能会庄严而有力地挥动着友善的幌子进行"的主语理解为日本的话，或许便能在一定程度上理解施密特的论述中所蕴含的某种真实性了。

4. 从描述中日全面战争的用词出发之所见

奇妙的战争的现代意义

在施密特撰写《论战争概念与敌人概念的关系》一文的1938年，日本官方描述中日之间战争的用词开始发生变化。当时正值第一次近卫文麿内阁时期，一份据推测是近卫首相的智囊团——昭和研究会编写的《当下时局之基本认识及其对策》的文件，对中日之间的战争做了如下定义："战争之性质——并非是为了侵占领土或是为了获取政治经济权益，而是一场为了清除阻挠中日恢复邦交的残余势力的讨匪战。"在日方眼中，中日战争只是一场讨伐匪贼的战斗。

引用这段表述，并非是想强调昭和研究会中的知识分子对于中日战争的认识多么荒谬。在这里，希望各位读者能够回忆起上文所引用的卡尔·施密特写于1932年的《现在帝国主义的国际法形式》中的内容："握有真正权力的人也能够从自身出发确定概念和词语。"从施密特的这段论述出发，笔者希望向各位读者传达这样一种看法：当时的昭和研究会不愧是网罗了日本全国顶级知识分子的智囊组织。从"讨匪战"这段描述中可以看出，当时的昭和研究会很可能在有意识地模仿美国，作为"概念与词语的确定者”来对新的战争“形态”进行定义。在眺望20世纪30年代日本与全世界的历史时，我们的眼前总会浮现这样一幅情景：未来即将成为亚太地区“真正霸主”的美国，不断地创造出各种各样新的国际规范。而日本则一边对美国制定的新规范进行确认，一边为了让自己发起战争符合美国的新规范，努力对战争的“形态”——当然也仅限于“形态”进行改造与雕琢。

当时的美国，一边打着政治民主化与经济自由化的大旗，一边扮演着世界和平与人道拥护者的角色。同时，美国还是“概念与词语的确定者”，将侵略战争定义成了“针对国际共同体的内乱与犯罪”。20世纪30年代的日本则一直处在美国的影响之下，一味尝试着对美国所定义的“概念与词语”进行形式上的模仿。这么说或许各位读者心中会不以为然，但实际上当时类似的现象很多。例如，全面侵华战争时日方拒绝承认交战对手是一个国家的思维，与美国创造的将战争定义为“针对国际共同体的内乱”的理念，其实是非常相似的。后者自然指的是杰克逊在1941年3月发表的哈瓦那演讲，而前者指的是第一次近卫内阁在1938年1月16日发表的“不以国民政府为对手”的声明。近卫内阁又先后于1938年11月3日和12月22日，发表了“东亚新秩序声明”和“近卫三原则（善邻友好、共同防共、经济合作）声明”。日本政府发表的这些声明，正可谓是施密特所说的“庄严而有力地挥动着友善的幌子进行的军事行动”。将近卫内阁发表的三个声明放在一起看，难免会觉得自相矛盾、滑稽可笑。然而从根本上看，如果说20世纪30年代新的战争概念催生了以下两种行为模式：一是最大限度利用非军事手段推行的敌对行为，另一种则是“标榜友好意图的军事行动”，那么近卫声明所代表的日方的行为范式，便可以说是针对“非军事的敌对行为”所采取的典型的“标榜友好意图的军事行动”。

20世纪30年代，美国作为“概念与词语的确定者”，一直在主导建立新的国际秩序与规范。而日本面对美国，在“概念与词语”的解释问题上，又是如何试图将自身的行为正当化的呢？笔者在《从满洲事变至中日战争》（満州事変から日中戦争へ）一书中，便主要针对这一问题进行了探讨，同时上溯至20世纪20年代，对20—30年代日本所参与的数次围绕“概念与词语”问题的争议进行了讨论。例如，1920年加入新四国（美、英、法、日）借款团时，围绕“满蒙特殊权益”这一概念定义的争议；1928年签订《非战公约》时关于“自卫权”定义的争议；1932—1933年关于李顿报告书中日本在华“特殊权益”定义问题的争议；1937年美国《中立法》与中日宣战问题的争议。

虽然20世纪30年代看起来是一个充满战乱与冲突的时代，但正如施密特所说，尖锐的对立到了决定的瞬间会演变为语言的纷争[19]。从这个角度看，我们也可以说30年代是一个围绕词汇概念的定义进行斗争的时代。

如今的年轻人想要在21世纪生存，相比依靠军事、经济的力量，更需要依靠语言的力量。因此，衷心地希望今天的年轻人更多地去了解20世纪30年代的历史。此外，或许本书的读者中有一些是出生在战前时代的老人，想必这些老一辈的读者很多时候很难带着距离感来眺望30年代的那段历史。在此，笔者希望老一辈的读者能够从美国模式的法律观念（如当时美国希望把

《中立法》当作一种经济制裁手段使用这种思维观念）入手，以观看鸟瞰图般的心态来回顾30年代。如此笔者将会感到无上的喜悦与荣幸。

第五章

总体战下的政军关系

当我们将政治学上用来评估军人干政程度的费纳理论套用在近代日本的例子上时，往往会发现日本军人干政的程度比我们认知上的要轻微一些。这很大程度上是因为比起在国内谋划军事政变，近代日本军部很多时候更倾向于在国外挑起战端，造成既成事实，借此来动摇国内政治体制，同时对国际体系造成破坏。20世纪30年代初，随着《伦敦海军裁军条约》的签订与“九一八”事变的爆发，在统帅权问题上天皇与军队之间的关系，以及在兵力量问题决定权问题上省部（军政与军令）机关之间的关系，都发生了决定性的变化。特别是“九一八”事变的爆发，更是意味着军队内部的精英们亲自否定并肢解了天皇对军队的指挥权，即统帅权。

序　言

第一次世界大战以及中日之间长期的实质战争，究竟是如何改变战前日本的政军关系[1]的？这种改变日后又是如何影响日本的战争模式的？从国家体制变革的视角来看，对于长期以对外战争而非国内革命为手段来变革国家体制的日本而言，政军关系一直是一个十分重要的课题。此外，在当下的世界军人干政也是一个普遍存在的问题。对于经历了冷战体制瓦解以及海湾战争至伊拉克战争等多场战争的现代世界而言，也有必要再度对政军关系进行深入的探讨[2]。

1. 政军关系论与第一次世界大战

一般情况下，所谓政军关系论的分析视角主要包括几类，如分析军队组织在政府内部的正式机构地位，军人群体在国家和社会中所扮演的非正式角色及其影响，以及支撑军部与文官的意识形态的特质，等等。而这些分析视角之间本身也存在着相互关联[3]。同时，政军关系论的分析对象与课题的覆盖面也非常广，其中包含关于政府和军事组织、政党和军部以及军政机关和军令机关[4]等组织之间的相互对立和协调关系。那么近代日本的政军关系论究竟是如何登场的，该理论又解决了哪些问题呢？

（1）两个问题意识

近代化过程

政军关系论中存在两个基本的问题意识，其中之一来源于探索近代化模式的过程。这种问题意识认为，在贵族政治或者说基于身份制的支配秩序向民主政治转变的过程中，文官与军队实现了机能、制度、价值的分离。而政军关系正是建立在这一政军、民军分化的基础之上的[5]。早在托克维尔的《论美国的民主》（De la démocratie en Amérique）以及斯宾塞的《社会学原理》（*Principles of Sociology*）中，就已经将文明、社会的发展阶段和军国主义、战争、对外侵略视为相互关联的概念进行论述。而上述政军关系论的问题意识正是继承了托克维尔和斯宾塞的视角。在此视角下进行分析，会发现在藩阀政治时代，藩阀领袖实际上扮演了统合约束政军双方的角色。这一时期，军部实质上处于藩阀领袖的文官统制之下。当时的政军关系大部分时候也主要表现为军内部的关系[6]。其后，政党逐渐取代藩阀成为政策的统合主体。为了对军部行使影响力，政党一方面尝试建立各类文官统制制度，另一方面也努力从军部手中夺回一直以来被视为军部的政治独立领域的殖民地特权[7]。

然而，日俄战后不仅是近代史上政党势力迅速壮大的时期，同时也是军部抵制文官统制的各类制度框架建构完成的时期[8]。日俄战争前，在"兵政分离原则"，一是统帅权独立这一国家制度的基本原则上，日本建立了两项制度，即统帅机关及陆海军大臣的帷幄上奏制度（军令事务可不经国务大臣之辅弼直接向大元帅天皇上奏）[9]，二是军部大臣现役武官制。到了日俄战后，各类军令与帝国国防方针相继制定。虽然此后以大正政变①为契机，山本权兵卫内阁对军部大臣现役武官制进行了修订。但同时期陆军为了防

---

① 1913年2月，政党势力与民众通过第一次护宪运动推翻第三次桂太郎内阁的政变。本书前文亦曾提及，1912年12月，因第二次西园寺公望内阁未能满足陆军方面增设两个师团的要求，上原勇作陆相宣布辞职，陆军方面亦未推荐陆相后任人选，利用军部大臣现役武官制逼迫西园寺内阁总辞职。此后时任内大臣的桂太郎出马第三度组阁。对藩阀、陆军的上述政治行为极为不满的舆论与政党势力联合发动了第一次护宪运动，最终导致桂太郎内阁总辞职。

止上述修订对其内部造成影响，作为对抗手段，也对《陆军省参谋本部教育总监部相关业务分担规定》进行了修订。另一方面，政党势力也一直在尝试通过各种手段瓦解军部建立的上述制度框架。其成果主要有以下三点：对殖民地长官武官制的修正（1919）；文官代管海军大臣事务（1921、1930）；设立陆海军政务次官（1924）。由此可见政党内阁时代的政军关系，主要体现为政党与军部之间就权力分配问题的斗争。

与国民之间的关系

正如上文所述，政军关系论的第一个问题意识建立在政治学、社会学的基本框架上，衍生于追求近代化的过程中。与此相对，日本史学领域的学者们很早便将目光投向了一个上述问题意识未曾涉及的领域，即国民与军、社会与军之间的关系[10]。在历史学者对这一领域进行发掘的过程中，形成了政军关系论的第二个基本问题意识。与盎格鲁—撒克逊国家不同，近代日本政治和军事的发展过程一直是并行且对等的。从这个角度来看，近代日本的政军关系和第一次世界大战前的德国非常类似，严格来说两者都没有实现真正意义上的文官统制[11]。在这一问题意识的基础上，虽然难以产出理念型的政军关系研究成果，却可以广泛地将社会、国民与军队的关系全盘纳入研究范围[12]。此后，纐纈厚在这一问题意识的基础上延伸开来，将政军关系定义为“希望依靠统帅权独立制度来对社会进行统合的军部（军事），与希望依靠民意来实现社会统合的政党（政治）之间的相互对抗关系”。在纐纈厚的描述下，军部和政党成了在社会统合问题上相互竞争的两个主体[13]。

此外，在该问题意识下，军对于国民思想与教育积极进行干涉的相关问题也被纳入了政军关系论的分析范畴。近代日本在宪法中明确规定了兵役义务，同时国家长期以来也依存于征兵制军队。因此与平时依靠志愿兵制维持军事力量的国家相比，日本社会生活中军队与国民之间的联系原本就更加紧密。然而，第一次世界大战作为一场总体战对日本造成了巨大影响，迫使日本改变了此前以现役兵为基干的军队编制思维。此后军方开始采取各种措施，意图在平时掌握未接受军事教育的后备兵力的状况，并对其开展各类军事教育。在一战之后，如何创建大众军队，实现国民精神层面的统一，并在此基础上为战时的大规模动员创造条件，成了军方最为重要的课题[14]。

(2) 最初的总体战与其后的政军关系

战争指导

第一次世界大战的冲击在政军关系论体系中孕育了两个新的研究领域：一是总体战时代的战争指导问题，二是军方在国际协调主义的世界新秩序建立的同时暗中推行二重外交的问题。

这一时期，以专业逻辑行动的军部与以利益逻辑行动的政党之间的关系，并非只有单纯的对立。此时政党本身也是战争指导主体的组成部分。原敬内阁时期主导从西伯利亚撤兵的临时外交调查会，便是一个很好的例证，甚至我们可以认为这一时期军、政两方面的权力都集中在了以政党为基础的政府手中。在政党主导下，政战两略达成了一致。综上所述，我们可以将 20 世纪 20 年代定位为一个军部（军事）与政党（政治）相协调，共同着手建立总体战体制的时代。

但与此同时，军部方面也一直在摸索理想的战争指导模式。这里笔者想以参谋本部部员酒井镐次为例。酒井在第一次世界大战期间有过三年以上的驻法经历，其间他一直细致地观察欧洲大战的状况，战后也长期被外派至欧洲。1926 年 5 月，他起草了《战时大本营编制・战时大本营勤务令修正案》[15]，并针对当时在军制上一味模仿欧洲模式的风潮进行了批判："如今不少人沉迷于欧洲大战各战胜国的战绩，同时盲目模仿欧洲各国的战时大本营编制，丝毫不考虑这些制度是否符合日本的国情和作战需求。这归根结底是一种欧化病。"

在此基础上，酒井认为："国军应该建立一个由少数精锐组成的作战指挥中枢。如若不然必会导致军队决策中枢优柔寡断，难以制定出果敢迅速的作战计划。"他进一步主张军队统帅部门即大本营应当与负责国民指导和一般行政事务的内阁上层相协调，联合组建一个"战时国家最高机关"。在酒井的构想中，这一机关由首相、参谋总长、海军军令部长以及其他敕任官员联合组成。虽然永田铁山等人也对酒井的提案表示了理解与赞成，但永田最终并未在他担任干事的作战资材整备会议（1926 年 7 月 9 日召开）上，对酒井的提案作进一步的讨论。

在总体战体制下，军事与政治、经济之间的界限逐渐模糊，军事也必然会开始干涉其他领域的事务[16]。然而在逻辑上，这同时也意味着一旦没有政治、经济等其他领域的参与和协助，只靠军事本身是难以维持总体战体制的。在国家总动员准备委员会设立之时，陆军当局者的如下发言便很好地说明了这一点[17]。

过往战时大本营的机要事务几乎全部由军部负责处理，即便首相也只能参与部分机要事务的讨论。然而在本次动员令的体制之下，电报通信的相关事务要由递信大臣负责，而铁路、粮食相关的事务也要分别由铁相与农相负责。自此，内阁各大臣都能够参与大本营事务。

自1926年10月起任陆军省整备局动员科长的永田铁山也曾表示："单纯依靠陆海军来保障国防的思维如今已然陈腐，这种思维并不适合未来的战争。"[18]在此基础上，永田指出在未来的总体战中，不能单纯依靠陆海军来制定战略，政治与经济也必须全面参与进来。自此之后，如何追求政战两略的一致逐渐成了政军关系领域的重要课题。

二重外交

日俄战争后，以日俄协商、日英同盟为代表的多个两国间同盟条约构建了多角的东亚国际秩序。然而第一次世界大战后，该秩序被凡尔赛—华盛顿体系这一多国联合体系所取代。由于该体系下的《国际联盟盟约》《四国公约》《九国公约》中规定的战争违法化观念与裁军思维对当时的帝国主义外交起到了抑制作用，因此日本被迫在新的国际秩序下改变了之前的对中政策。时值中国内战激化，北京政府陷入财政困境。面对动荡的中国局势，日本军部开始推行二重外交。众所周知，第一次直奉战争（1922）时，张作霖聘用的日本顾问便不顾本国内阁决议，帮助段祺瑞逃出了北京[19]。此外，军方还可以避开外务省，通过直属的海外驻屯军、派遣军、守备队等驻外部队，以及大使馆、公使馆附属武官、驻外武官、特务机构等军方的海外机构和渠道，独自开展外交活动[20]。

贝克汉恩（Volker Rolf Berghahn）曾指出，英语世界的日本政军关系研究以及美国近代化论者的政军关系研究大多忽视了一个重要的视角："民族国家和社会并不是存在于真空中的，无论自愿与否，国家和社会都必然会受到某个国际体系的束缚。"[21]从这个角度看，将军部视为国际秩序的阻碍者、破坏者对其进行分析的视角，大概是日本政军关系研究中特有的。而从这一视角出发的研究成果，也构建了政军关系论中一个不可忽视的研究方向。

即便是在和平时期，参谋本部也直接握有海外驻屯军，特别是驻屯中国的军队的指挥权。因此只要日本仍然将巩固大陆利权作为国策，并将发动对外战争作为推进该国策的原动力，那么为了巩固对中国和朝鲜的支配，陆军必然会想方设法在各个领域持续发挥其影响力[22]。

在1923年2月28日《帝国国防方针》的第二次修订中，陆海军都将美国列为头号假想敌。本次修订主要是因应沙皇俄国崩溃、日英同盟失效，以及《华盛顿海军裁军条约》签订等国际局势的变化。修订后由5个小节构成的《帝国国防方针》的第3节中有如下一段内容[23]：

> 酝酿种种政局纠纷与危机的根本原因在于经济问题。随着世界大战造成的创伤日渐痊愈，列国经济战的焦点逐渐转向东亚大陆。当前东亚不仅有广袤的土地和丰富的资源尚待

> 开发，且这片土地上的数亿人口亦构成了一个庞大的市场。然而在东亚问题上，帝国与列国之利害可谓背道而驰，长此以往难免兵戈相见。而列国当中，在东亚问题上最易与帝国发生冲突的便是美国。

从中可知，当时军方预计在未来一段时期内，日美两国会因中国问题加深对立。总体来看这一时期，国际协调体系下的二重外交问题逐渐成了政军关系论中的第二个新论点。

2. 统帅权的内实与变化

1931 年 9 月，柳条湖事件的爆发拉开了“九一八”事变的帷幕。但“九一八”事变本身并不意味着中日战争的全面爆发，1933 年 5 月《塘沽停战协定》签订之后，日本和中国国民政府之间的关系一时间出现了缓和修复的迹象。一些杰出的外交史研究成果指出，在 1937 年 7 月卢沟桥事变爆发之前，日本的外交部门在对中政策领域其实还是握有很多选项的[24]。

然而这场由局地纷争引发的战争，在国际联盟中受到了世界各国的广泛关注。“九一八”事变的爆发也正式宣告总体战时代的第二阶段的到来。当时谋划发动“九一八”事变的关东军参谋们在主观上亦是如此认为的。例如 1931 年 3 月，关东军高级参谋板垣征四郎在面向步兵学校教官的演讲中说道：“满蒙既是对苏作战的主战场，亦是对美作战的补给源泉。说满蒙是对美、苏、中三国作战的关键所在也不过分。”由于预想到未来对美、苏、中三国的战争会是一场总体战，因此为了获得支撑总体战的基地，关东军才谋划发动了“九一八”事变。同一时期政党内阁制也宣告瓦解，此后藩阀和政党都失去了作为政策统合主体的地位。至此，日本近代政军关系的状态发生了急剧的转变[25]。

(1) 天皇统帅权的变质

持久战争论

正如上文所述，永田铁山等人认为仅靠陆海军来进行狭义的战备远远不够。除军事领域之外，他们主要将目光投向了日本国内的产业开发领域。永田曾主张："欧洲的动员是人员本位的，而日本的动员则应是工业本位的。这点日欧之间有所不同。"[26]1925年4月，田中义一陆军大将就任政友会总裁，次月政友会和革新俱乐部宣布合并，此后政友会开始标榜"产业立国主义"的口号。从产业动员的角度来看，执政党政友会的口号变化无疑有着象征性的意义[27]。当时军方认识到，将来如果要发起类似马耳他战役或是坦能堡战役的歼灭战，必须提前进行长期且大规模的工业动员。为此，政党和军部应相互协调合作，共同为建立总体战体制做准备。

然而几乎同一时期，在日本未来的战争模式问题上，石原莞尔却抱着与永田铁山不同的看法。1926—1927年，石原在陆军大学讲授"欧洲古战史"课程。课上他曾经如下讲道：

> 贫弱的日本如果要派遣百万人规模的新式军队出征，光是后勤补给每年就不知道要耗费多少。真如此干日本怕是免不了会在短期内破产。

在此基础上，石原主张应趁苏联在军事领域还未恢复元气之际，效仿拿破仑时代英法战争的模式，采取以战养战的战略，果断对苏发起持久战。此外石原表示，未来日本根本没必要照搬欧洲国家的总体战模式，在漫长的战线上发起耗费大量兵力和后勤补给的歼灭战。1927 年，参谋本部作战科科员铃木贞一和要塞科科员深山龟三郎创立了一个旨在讨论装备改善问题的研究会。此后，该研究会与二叶会（以陆士 17 期的永田铁山、小畑敏四郎、冈村宁次为核心创立的旨在革新陆军人事、解决“满蒙”问题的同志会组织）合并组建了木曜会。1928 年 1 月 19 日，在木曜会的第三次聚会上石原莞尔表示，未来必须建立一个日本“不出一分钱”的持久战方针，“如果以全中国为根据地并对其加以充分利用，日本有能力将战争持续二三十年之久”。

正是在这种战略构想下，关东军才瞅准中苏关系降至冰点的时机挑起了“九一八”事变。通过“九一八”事变，日本不仅将对苏防卫前线向北推进到了北方天然要害地带，还夺取了北“满洲”地区苏军用作后勤补给基地的大片肥沃土地。自此日本在中国东北地区建立了全方位的支配。但“九一八”事变也带来了严重的后果。事变发生后，日本不仅在经济上放弃了金解禁政策，还退出了国际联盟，这意味着日本在政治、经济两个领域彻底背离了国际主义路线。在这一过程中特别值得注意的是，最初日本建立所谓的统帅权独立原则，原本是为了防止军队受到政治势力的影响。然而这一时期军方不仅开始将这一防御性的原则当作攻击手段来运用，甚至还将手伸向了统帅权本身。此后天皇的统帅权逐渐成了军部扩张政治影响力的根据，同时统帅权的实质也在军部的操纵之下被迫发生了改变[28]。

奉敕命令

战后，外务省对昭和战前时期日本在外交领域犯下的各种错误进行了回顾与总结，并在此基础上编纂了档案资料《日本外交的过失》[29]。根据档案的记载，曾任广田弘毅内阁和平沼骐一郎内阁外相的有田八郎在战后回顾说：

> 军部之所以能够横行无忌，主要还是因为他们在海外有驻军。战前即便是军队的奉敕命令，其实也必须经过内阁的批准。即便参谋总长本人向天皇上奏，如果没有内阁方面的批准上奏，天皇也是不会下达向海外派兵的命令的。

一般情况下，天皇向军队下达的命令首先会传达给天皇的幕僚长——参谋总长，再由参谋总长将命令以“奉敕传宣”的形式下达给直属的各军司令官，这便是所谓的奉敕命令。有田八郎表示，不经内阁批准，单靠参谋总长的上奏其实是无法向军队下达奉敕命令的。这一点有着非常重大的意义。

1931年9月19日，也就是“九一八”事变爆发的次日，林铣十郎朝鲜军司令官独断谋划派遣朝鲜军跨越国境进入中国东北增援关东军。得知这一情况后，金谷范三参谋总长立即下令朝鲜军原地待命，如此朝鲜军才暂时停在了国境线上。依照《朝鲜军司令部条例》和《关东军司令部条例》，朝鲜军和关东军可以在事先委任的任务范围内拥有一定的独断权。但朝鲜军企图越境进入中国东北的行为明显超出了上述条例允许的范围。

面对这一局势，奈良武次侍从武官长向金谷参谋总长表示，在出动朝鲜军增援关东军之前，陆军有必要委托南次郎陆相在阁议中说服各位阁僚，让内阁方面给出兵亮绿灯。在 9 月 20 日和 21 日的阁议中，南陆相也确实照做了。然而由于币原喜重郎外相和井上准之助藏相的反对，内阁最终没有同意陆军的派兵要求。但即便如此，9 月 21 日林铣十郎司令官还是独断命令朝鲜军进入了中国东北地区。

得知朝鲜军越境的消息后，金谷原本准备履行参谋总长的职责，通过帷幄上奏的方式就派兵一事直接向天皇请示。然而此时奈良侍从武官长和铃木贯太郎侍从长都表示，天皇不允许统帅机关的长官在没有获得内阁同意的情况下进行帷幄上奏。上奏受阻后，关东军、朝鲜军以及金谷参谋总长都陷入了窘境。但若槻礼次郎首相最终还是选择了妥协。在 9 月 22 日的阁议中，若槻首相虽然表示不承认朝鲜军的独断越境，亦不允许关东军进兵吉林，却还是批准了关东军和朝鲜军在军事行动中的经费要求。当天下午 4 点，若槻向天皇上奏表示虽不赞成朝鲜军的越境增援行为，但对于出兵这一既成事实予以承认，并向关东军和朝鲜军划拨所需经费。在内阁通过这一自相矛盾的决议之后，陆相和参谋总长才终于向天皇内奏，请求天皇追认朝鲜军向中国东北地区派遣混成旅团的行为。

“九一八”事变爆发时关东军和朝鲜军的行为体现了一种异常事态，而该异常事态的问题核心并不在于当时参谋总长通过帷幄上奏追认了驻外军队的失控暴走行为，毕竟起初参谋总长的帷幄上奏计划不仅遭到了宫中侧近的阻止，内阁方面直到最后其实也未对派兵行为予以同意。比起事变发生后东京方面的事后应对措施，我们更应当注意驻外军队的举动。当时驻外军队内的精英军官不仅策划了“九一八”事变，还独断调动朝鲜军增援关东军。虽然制度上军队的指挥权直属于天皇，但“九一八”事变的爆发标志着军队中的精英军官在有计划、有预谋地瓦解天皇对于军队的指挥权（统帅权）。这一点极具象征意义[30]。

（2）围绕兵力量决定的统帅权变质

《伦敦海军裁军条约》

海军决定脱离由华盛顿、伦敦两次会议构成的海军裁军体系一事，对日美关系的紧张，以及日本主观上对美危机意识的增强起到了决定性的影响。海军内部实际上从1930年4月22日若槻礼次郎全权代表签署《伦敦海军裁军条约》起，就已经开始计划脱离这一裁军体系了。华盛顿会议将美、英、日三国主力舰的保有比例限制为5∶5∶3。而在伦敦会议上，当美方主张依照同样比例对三国的辅助舰保有量进行限制时，遭到了日方的反对。众所周知，当时海军军令部坚持要求维持对美七成的保有比例，并对主张接受美方提案、缔结裁军条约的滨口雄幸内阁进行了种种攻击[31]。

1893年5月，海军军令部作为海军的军令机关，从海军军政机关海军省以及陆军军令机关参谋本部下独立了出来。然而一直以来，海军省部两机关之间的关系与陆军有很大的不同。在海军内部，不仅明治宪法第十二条规定的编制权事务要由海军大臣负责，甚至宪法第十一条规定的统帅权事务，也是由海军大臣和海军军令部长共同负责的。此外依照海军的《省部事务互涉规程》，海军大臣可以在与海军军令部长商议的基础上，从国防用兵的角度出发向部外提出各种要求[32]。

伦敦海军裁军会议时，政府在 1930 年 4 月 1 日正式作出了最终的回训决定。当时以首相身份临时兼管海相事务的滨口雄幸、军事参议官冈田启介、海军军令部长加藤宽治、海军次官山梨胜之进四人在首相官邸召开会议。席上滨口首次将前一天傍晚从币原外相处拿到的政府回训案交给了三人，向他们征询意见。根据滨口的日记记载，加藤在会上表示："从用兵作战的角度出发，我不同意请训案中的内容。从用兵作战的角度出发的话。"[33]对照加藤本人以及冈田的日记，可知加藤当天确实在会上表示，从用兵作战的角度出发考虑，不同意与会日本全权代表的请训案。然而加藤当时并没有明确表示不同意政府方面制定的回训案。

事实上，加藤曾在次日即 4 月 2 日谒见天皇。在向天皇上奏的过程中，他也没有表示反对政府的回训案。奈良武次侍从武官长还一度担心加藤谒见天皇是为了就反对政府回训案一事进行帷幄上奏。谒见结束后，奈良在当天的日记中安心地写道："加藤上奏时并没有表示一旦接受美方提案，国防安全就难以获得保证云云。而仅仅是说如果接受美方提案，就有必要对大正 12 年制定的国防兵力方案和国防方针进行修订。"[34]

宪法解释

按照当时学界通行的美浓部达吉的宪法学说，缔结有关海军兵力保有额度的条约的行为，属于明治宪法第十二条的编制大权的管辖范围。而编制大权本身又属于国务大臣的辅弼责任范围。如果立足于美浓部的宪法解释，理论上在签订条约过程中，内阁完全没有必要和海军军令部协商。即便海军军令部明确表示反对，内阁也可以完全不予理会。况且当时滨口首相还兼管了海相一职的文官事务（海相参加伦敦海军裁军会议期间的临时代理）。但滨口内阁法制局并没有依据美浓部宪法学说的解释，而是主张："根据《宪法义解》，军队的编制属于国务大臣的辅弼范围。而由于宪法第十二条规定的编制权和第十一条规定的统帅权之间有着极为密切的关系，因此在行使编制权的过程中，必然会受到统帅权的影响。"立足于上述官方解释，滨口内阁为了通过枢密院会议和帝国议会对条约案的审议，在答辩中表示内阁和统帅部已经就裁军条约问题进行了充分的协商。最终这一表态在之后引发了一系列问题。

1930 年 7 月 2 日海军召开了军事参议官会议。会上海军内部确定了以下方针："海军兵力相关事务需遵照惯例进行处理。在处理过程中应保证海军大臣与海军军令部长的意见一致。"此后该方针被以内令的方式在海军内部下发[35]。事实上，此前海军《省部事务互涉规程》第七项中关于兵力问题只是简单地规定："牵涉经费及兵力增减的事务，省部间需相互咨询对方意见。"然而上述 1930 年 7 月的海军内令却一边打着"遵照惯例"的旗号，一边规定今后在兵力相关事务上，省部二者需达成"意见一致"。换言之，自此在兵力决定权问题上，原则上海军军令部拥有了与海军省对等的发言权。

军令部的权限扩大

时任海军军令部长加藤宽治遗留的资料中，有一封陆海军大臣、参谋总长、军令部长共同签署的《关于兵力决定问题》的机密文件。该文件上标注的日期为1933年1月23日[36]，其中写道：

> 兵力作为国防用兵上必不可少的要素，其增减应由统帅机关幕僚长，即参谋总长和军令部长立案，并经帷幄机关审议后正式决定。

该文件彻底推翻了此前海军的内部惯例，将兵力方案的立案权划归到了军令部长的名下。1933年斋藤实内阁之所以会制定这一文件，主要是由于同年1月23日，政友会的内田信也在帝国议会（1932年12月召开）上向政府提出了如下问题：从“五一五”事件的庭审陈述可以看出，《伦敦海军裁军条约》诱发的统帅权干犯问题，给国民思想带来了巨大的影响。部分舆论认为，政党和立宪政治的存在乃是统帅权干犯问题发生的根本原因所在，这无疑是一个巨大的误解。在此我想请问政府，如今正值日内瓦裁军会议召开之际，在本次会议中，日方代表提出的兵力方案究竟是基于宪法的哪一条制定的[37]。

面对内田的提问，首相斋藤实的答辩则多少带有妥协的色彩。斋藤表示，日内瓦裁军会议中，日方提出的兵力方案的起草权虽然属于海军军令部，但最终决定权仍属于政府。此外，当时和内田等人站在同一阵线的皇道派荒木贞夫陆相在帝国议会的答辩过程中扮演的角色也非常值得注意，他表示：“众所周知，兵力决定权乃是天皇大权的组成部分。同时，兵力亦是国防用兵上必不可少的要素。因此应由统帅机关幕僚长，即参谋总长和军令部长来起草具体的兵力方案，并经帷幄机关审议后正式决定。”从答辩内容来看，当时荒木基本是把上文中引用的文件照本宣科地在议会上读了一遍。在《伦敦海军裁军条约》签订时，政友会和陆军皇道派曾联手对滨口内阁进行攻击。而此时政友会和皇道派又再度联手，在议会中充当起了海军强硬派的代言人，最终导致海军内部的政军关系发生了剧变。

此后，陆军省军务局对前文引述的文件进行了细节修改。修改后的文件规定：“兵力问题与宪法第十一条、第十二条的规定息息相关，乃是国防用兵上必不可少的要素。兵力的决定权属于天皇，并由统帅部对其进行‘参画’。”[38]本次修改将原版中“由统帅机关幕僚长立案”的表述修改成了“由统帅部对其进行‘参画’”。此后，这一文件便成了法制局对于兵力决定权问题的官方解释。

然而事实上，当时海军省军务局仍坚持认为应按照1930年7月2日颁发的海军内令来处理兵力立案问题，并没有同意陆军方面的上述修改。1933年7月17日，伏见宫博恭王海军军令部长和大角岑生海相再次就兵力决定权问题进行磋商，结果尽管兵力问题的主管部门，即海军省军务局坚持表示反对，但大角海相仍独断决定对海军内的相关规定进行修改。最终在1933年9月26日海军制定了新版《军令部令》和《海军省军令部业务互涉规程》，在其中仿照陆军将军令部长的权限范围扩大到了与参谋总长同等的水平，同时还将“军令部长”的名称改为“军令部总长”。新版

《海军省军令部业务互涉规程》第三条规定：“兵力方案由军令部总长起草，并在同海军大臣进行协商的基础上上奏天皇请求裁可。”至此，兵力方案的起草权被正式划归到了军令部总长的名下[39]，这可以说是海军内部制度的一个重大变化。

根据时任内大臣秘书官长木户幸一编纂的《军令部条例修订的相关问题》[40]记载，昭和天皇也对海军内部各种急遽的制度变化倍感疑虑。9 月 25 日下午，大角海相曾拜谒天皇，就《军令部条例》和《海军省军令部业务互涉规程》的修订事宜进行上奏，并拜请天皇予以批准。昭和天皇向大角海相提出了三个问题，并要求海军日后以书面形式对其中第一个问题进行回答。天皇提出的第一个问题是，既然本次制度修订后，由军令部总长一人负责“传达用兵之事”，那此后海军在向海外派兵之时，是否还会慎重讨论并上奏请求批准？而在第二个问题中，天皇表示本次制度修订大幅变更了海军大臣的职权范围[41]，对此海军是否有必要征求首相的同意？

针对第一个问题，海军方面表示，海外派兵事涉外交和经费问题，因此无论在何种情况下，军令部总长在决定派兵之前都会和海相协商，并在二人达成一致的基础上上奏天皇请求批准，请天皇放心。至于第二个问题，海军方面则表示，本次修订的对象是海军内部业务手续的相关制度，与政府和海军之间的关系无关，因此没有必要报内阁进行审议。从上述答复可以看出，当时海军方面在制度修订问题上也没有过多考虑作为统帅权主体的天皇的意向。

热河作战

1933年1月、2月，在《关于兵力决定问题》这一陆海军内部文件制定的同时，《国际联盟盟约》第十二、第十六条与陆军发起的热河战役之间的关系问题在日本国内引发了一系列政治风波。当时日本作出的政治决断，对于日后也可谓是影响深远。关东军宣称在前一年3月伪满洲国建立之后，以张学良麾下的东北军为首的中方正规军屡次针对伪满洲国进行军事挑衅。为了镇压这些挑衅行为，有必要出兵占领热河。但在中国和国联理事会看来，该行为无异是在国联审议对日仲裁案之际，日军趁机发动的一场新的战争。《国际联盟盟约》第十二条规定："联盟会员国约定，非俟仲裁员裁决或法庭判决或行政院报告后三个月届满以前，不得从事战争。"如有违反第十二条规定强行发动战争者，按照《国联盟约》第十六条之规定，可将其行为"视为针对联盟所有其他会员国的战争行为"。这意味着在国联仲裁期间，发起新战争的国家不仅可能会受到各国的经济制裁，还有可能被国联除名。

换言之，当时日军进军热河意味着日本要冒着被国联除名，受到各国经济制裁，陷入千夫所指境地的危险。然而1933年1月16日，尚未认识到上述风险的昭和天皇对参谋总长闲院宫载仁亲王表示："万幸满洲问题迄今为止进展顺利。近来听闻热河方面有不稳动向，望陆军方面慎重处理，勿要功亏一篑。"[42]之后牧野伸显内大臣意识到了热河战役背后的重大风险，他在日记中写道："前天从侍从长处听闻陛下与参谋总长谈话的内容。此事虽属统帅权事务，但其产生的影响牵涉不少内阁职权内的问题。因此本日我向陛下表示，热河作战一事有必要知会首相，取得内阁方面的同意。”[43]

之后斋藤实首相也意识到了热河战役的重大影响。2 月 8 日，斋藤首相谒见天皇，对进攻热河的军事行动明确表示了反对。得知热河战役可能造成的严重后果后，昭和天皇深感震惊，立刻对奈良侍从武官长表示：“前几日我曾向参谋总长表示进军热河乃是形势所迫，批准了陆军方面的热河作战计划。现在我宣布这一批准正式作废，你立即去把我的意思传达给闲院宫。”[44]2 月 11 日，斋藤首相再度对天皇表示：“一旦进军热河，依照《国际联盟盟约》第十二条，日本恐会被国联除名。如今内阁方面也在设法让陆军中止热河作战计划，然而军部那边强硬地主张进军热河已然获得了陛下的批准，说什么也不肯停止进军。”昭和天皇至此再度认识到了热河战役可能造成的严重后果。根据奈良侍从武官长的日记，天皇当天甚至“略显激动”地询问他：“当下如果立即颁布统帅最高命令，能不能让陆军中止热河战役呢?”面对这一局势，牧野伸显主张召开重臣会议，以此来设法阻止陆军的军事行动。然而西园寺公望对召开重臣会议持消极态度。2 月 14 日西园寺表示：“即便召开重臣会议，想必也无法阻止陆军进军热河。”[45]

最终陆军还是在 2 月 23 日展开了热河战役。在日军侵入热河后，中国军队迅速败退，日军可以说在热河战役中取得了势如破竹般的胜利。时任北京大学教授胡适在目睹 31 万中国军队“如枯叶之遇劲风，朽木之遇利斧”般败给仅仅两个师团的日本军队之后，在其主编的《独立评论》杂志中刊文说：“我们今天的最大教训是要认清我们的地位，要学到‘能弱’，要承认我们今日不中用，要打倒一切虚骄夸大的狂妄心理，要养成虚怀愿学的雅量，要准备使这个民族低头苦志做三十年的小学生。”①[46]当时以汪精卫为首的一派反对过度依赖国际联盟，在没有充足的国家实力为后盾的情况下无谋地推行对日强硬方针。在这一派的主导下，5月31日，中日两国签订了《塘沽停战协定》。日本则主动选择退出了国际联盟，最终既在形式上免受被联盟除名的“羞辱”，亦避免了被国联各加盟国经济制裁。同时，随着《塘沽停战协定》的签订，在结果上日本似乎也获得了破解中日关系僵局的新契机。在此背景下，热河战役过程中政府和军部的所作所为在此后都被树立成了一种“成功经验”。而这种“成功经验”最终进一步将军部的方针引向强硬化的路线。

(3) 军部大臣现役武官制的复活[47]

军的政治介入

在政军关系研究领域，亨廷顿所提出的“专业主义理论”与“二重政府论”，以及费纳从“军的政治介入”出发的研究理论都为学者所熟知。然而不少学者很早便指出，将这些理论套用在20世纪30—40年代的日本政治史研究中时，经常会发现其局限性[48]。例如，学者们指出，费纳的结论，即“如果军人没有发动政变建立军事政权，那么就意味着军对政治的介入尚处于‘间接支配’的阶段”，并不适用于近代日本。毕竟在近代日本，与在国内发动军事政变相比，军方大多时候都更倾向于在海外挑起战端，并借

① 引自胡适《全国震惊以后》，原载1933年3月12日《独立评论》第41号。

此来实现对国家体制的变革。对于日本的这种情况，应该具体问题具体分析，而不是盲目套用欧美学者的理论。例如，永井和便对军人逐步蚕食文官大臣的职权范围的过程进行了分析，并在此基础上指出，从宇垣内阁流产至林铣十郎组阁为止，从米内内阁至第二次近卫内阁成立为止，以及从第三次近卫内阁至东条内阁成立为止的三段时期，均不是费纳理论所定义的军对政治的“间接支配”时期，而应将其视为一个“交替时期”（即在军部的压力下内阁不断轮替的时期）[49]。接下来，笔者希望在上述研究的基础上，对这一时期日本国内最大规模的政变——“二二六”事件进行分析。

“二二六”事件

丸山真男曾将1936年的“二二六”事件定义为划分“法西斯运动”成熟期与完成期的标志性历史事件[50]。山口定也着眼于1936年5月广田弘毅内阁时期主宰内阁存亡的军部大臣现役武官制的复活，认为“二二六”事件后广田的组阁标志着日本近代法西斯政权的正式建立[51]。

此前针对“二二六”事件后的政治过程的研究大多指出，陆军中坚层在事件爆发前便已预想到右翼和青年军官可能会发动政变，并事先对政变发生后的应对方案进行了研讨，制定了《政治上之非常事变爆发之际之对策纲要》（1934年1月5日，片仓衷研究会制定）。按照这部文件设定的流程，陆军中坚层原本计划在事件发生后立即发动二次政变，借此推动肃军和政治改革。然而想要发动二次政变，首先必须在事件发生后立即颁布戒严令，果断对叛军进行镇压。陆军中坚层认为，只有以凌厉果决的行动来镇压政变，借此获取国民和政府的信赖，才能够让军方在事件后获得推行政策革新的正当性。但“二二六”事件发生之后，戒严令迟迟未能颁布，陆军大臣对于事件的态度也显得暧昧不清。在此情况下，“获得大众信赖，以军为主体推行政策革新”的二次政变计划便沦为了空想。此后陆军中坚层认为想要实现先前的目标，不仅要处理政变的发动者，还有必要剪除妨碍军方发动二次政变的势力。为此，他们开始计划在陆军内部推行一系列旨在强化陆军大臣权限的改革。在 1936 年 3 月 2 日召开的陆军局长科长会议上，与会人员一致决定，“应将当前之军队视为业已分崩离析之组织，并在此认识的基础上对军队进行推倒重建”。3 月 12 日，石原莞尔进一步就构想中未来的陆军形态提出了看法：

> 当下，军队组织完全陷入了合议制软弱主义之陷阱。为了改变此现状，军部应秉持强力主义。并在此主义引导之下以强大之行动力大刀阔斧对军组织进行改革。

成为桎梏的协定事项

山本权兵卫内阁在 1913 年删除了“军部大臣现役武官制”中的“现役”二字。作为反制措施，1913 年 7 月 10 日，陆军在旧版《陆军省参谋本部相关业务分担规定》的基础上，新制定了《陆军省参谋本部教育总监部相关业务分担规定》。新规进一步缩小了陆军大臣的权限，将之前隶属于陆军大臣的部分权限划归到了参谋总长和教育总监名下。例如关于人事权，新版规定这样写道：“军官及其他官员之任免、升迁、调动，以及升职候补者选定的相关事务，由陆军大臣在与其余二长官协商的基础上裁定。”新版规定中还罗列了三长官就人事权问题进行协商的各种细则。上述这些内容都是旧版规定中所没有的。原本陆军的人事权毫无争议地属于陆军大臣，但新规出台后，陆军大臣却要在与参谋总长、教育总监协商的基础上才能行使该权限。自此，召开三长官会议[52]来处理人事事务便成了陆军的惯例。

正如前文所述，“二二六”事件发生后，标榜“庶政革新”的陆军中坚层认为，1913 年军部大臣现役武官制修订后，种种限制陆军大臣权限的制度是“合议制软弱主义”的体现。正是对陆军大臣的人事权的过度限制，才催生了本无存在意义的三长官会议。而 1935 年 7 月，围绕三长官会议的解释纠纷又引发了真崎甚三郎教育总监罢免问题①。一个月后，认为罢免真崎的人事决定侵犯了统帅权的相泽三郎刺杀了永田铁山军务局长。相泽事件此后引发了一系列通向“二二六”事件的连锁反应。“二二六”事件发生后，陆军开始在内部推行旨在恢复大臣权限的制度改革。1936 年 4 月 24 日的枢密院审查报告针对陆军改革的理由做了如下阐述：1913 年的官制改革之后，陆军省、参谋本部以及教育总监部三者间的业务分担手续发生了重大变化。这一变化在陆军内部造成了

① 1935 年 7 月 15 日，林铣十郎陆相在参谋总长闲院宫载仁亲王等陆军中枢，以及以永田铁山、东条英机为代表的陆军统制派的支持下，强行罢免真崎甚三郎教育总监的事件。真崎是当时陆军皇道派的核心人物之一，其罢免给陆军皇道派造成了巨大打击。这一人事安排激化了陆军内部的派阀对立，在之后引发了永田铁山暗杀事件等一系列后续问题。

叠床架屋、冗员滋生的问题，严重影响了事务处理的效率。鉴于“二二六”事件之教训，应尽快重新确立陆军大臣的领导权威，以此来肃正紊乱的军纪。

对此，时任陆相寺内寿一也表示：“在现行官制下，非现役的将官也能够出任大臣一职。考虑到这一点，陆军便认为不能只靠陆军省来管辖和统帅权密切相关的编制、动员、人事等问题。这样一来难免就在事务处理过程中造成不少重复冗余的问题。”最终，1936 年 5 月 18 日，陆海军省官制再度被修订，大臣任命资格中的“现役规定”得以复活[53]。青年军官们之所以认定罢免真崎教育总监的人事决定干犯了统帅权，正是因为此前人事制度中存在的合议制规定。而 1936 年 5 月官制改革的首要目的，正是建立一个排除合议制的新体制。

当时各大报纸基本都是将陆军大臣人事权改革和三长官会议联系起来进行报道的。1936 年 5 月 18 日的《东京朝日新闻》和《东京日日新闻》关于该问题的报道可谓如出一辙，由此可见当时陆军完全控制并主导了关于该问题的报道口径。以下是上述两大报纸当天的报道内容：

陆军三长官会议/今后恐取消/陆相在内阁中的地位变化

（前略）此前依照惯例召开的三长官会议，今后恐将不再召开。按照本次出台的新官制规定，陆军大臣今后将专注于履行其原有的各种职权，如管理陆军军政、统督陆军军人军属、监督所辖各部等。

当天的《读卖新闻》对陆军上述改革的解读则更加深入一些：

> 过往的一些将官人事变动，让有些人忘记了三长官会议的原本意义所在，甚至还产生了三长官在人事问题上拥有同等权限的误解。本次制度改正后，人事行政权重归陆军大臣管辖之下。这无疑是一个妥当的修正。

《读卖新闻》所说的“误解”，自然指的就是真崎教育总监拒绝林陆相的人事提案一事。

经济构想

当时社会上流传的众多经济改革构想中，1934 年 10 月 1 日陆军发行的宣传册《国防之本义及其强化之提倡》十分出名。苏联间谍佐尔格简明扼要地对这本宣传册的内容作了概括：“对于陆军来说，核心问题在于如何提高国民的物质生活水平。（中略）在这一过程中必须导入集体经济的思维。（中略）新成立的经济机构必须立足于帝国之根本思想，以增进全民福利为目标。”[54]从宣传册的内容可以看出，当时陆军希望从根本上对资本主义经济体制进行改造。

然而，随着这一时期苏联军事实力的快速增强，疲于应对苏联威胁的陆军不得不放弃上述经济构想，转而优先寻求在现有体制下提高经济活动的效率。为了达成这一目标，陆军甚至不惜与各大财阀积极开展合作[55]。陆军方针的转变在日满财政经济研究会编纂的《紧急实施国策大纲》（1936 年 8 月 17 日石原立案）中也得到了充分体现。该大纲的核心目的是建立一个“将全体资本主义机关及其运营者置于国家统制管理下的总动员体制”。在金融业领域，该大纲主张扩张日本银行的职能，扩大劝业银行和兴业银行的组织结构。与此相比，先前陆军提出的大银行国有化，以及由国营托拉斯来控制国内重要产业的经济构想，在这份大纲中消失得无影无踪。

当时社会大众党敏锐地觉察到了陆军主张的变化。此后该党一面刻意与军方保持距离，一面针对陆军开展批评：“陆军的构想会加剧金融资本对产业的垄断控制。陆军为了尽快达成狭义上的国防目的，选择维持资本的平均利润率，根本不惜蹂躏国民大众的生活。”当时社会大众党还将陆军以及拥戴陆军的亲军新党（陆军中坚层、财界大陆派、政友会中岛派和民政党永井派）批判为“法西斯”[56]。

这一时期，由于在经济构想上存在分歧，陆军失去了社会大众党的支持。这是陆军的一大损失。此前近卫文麿便一直担心在“二二六”事件后，荒木贞夫和真崎甚三郎等皇道派成员会在肃军审判中受到严厉处罚，因此一直对陆军中坚层抱着批判态度。在得知社会大众党宣布不加入亲军新党后，近卫文麿也就逐渐丧失了加入新党的兴趣。失去了近卫的支持，陆军中坚层想要实现其构想的庶政革新方案便可谓困难重重了。

3. 未宣战的战争

政治与军事两者在内在层面时常相互依存和统一，而在外在层面又经常相互分裂和独立，可以说这是近代国家体制中一个不可避免的矛盾。在统帅权的概念范围不断扩大，且统帅权体系严密运作的情况下，国家是不可能指挥领导一场总体战时代的战争的。如此一来政府和军部都会按照各自的逻辑，摸索制定各类机构改革方案，以求实现政战两略一致的目的[57]。近卫文麿担任首相期间，曾希望通过改革内阁制度来强化首相的权限，以此来实现对军部的制衡。中日全面战争时期日本政军关系的结构，便主要体现为近卫主导的政治改革与被迫应对该改革的军部之间的，既共鸣又相互对立的关系。

(1) 编号委员会与企画院

中立法

1937年7月7日卢沟桥事变爆发，此后战火逐渐在中国各地蔓延开来。然而事变爆发后，陆军内部对于中日战争的本质认识却存在着分歧。陆军中央部门认为，应该控制战争的范围，尽早将中国华北地区从国民政府手中分裂出去，并在该地区实施占领区行政。“北支方面军”却认为应当速战速决，尽快攻陷南京、武汉等战略要地。陆军内部之所以会存在上述分歧，主要还是因为美国《中立法》的存在[58]。一旦总统认定某国处于战争状态，美国政府便可以依照《中立法》，停止向该国出口武器弹药等军需物资。而面向交战国的一般物资和原材料出口，也必须采取“现金、自运”的原则。此外，美国政府还会依照《中立法》限制与交战国之间的金融往来。对于当时在金融清算领域完全依赖英美两国的日本来说，《中立法》的威胁无疑是巨大的。为了在中日战争问题上迅速汇总政府各省厅的意见，尽快决定政府的方针，也为了应对战争中可能出现的来自英美的经济制裁，1937 年 10 月，内阁秘密设立了第一至第四 4 个编号委员会[59]。

第四委员会

在 4 个编号委员会中，第一委员会负责研究事变发生后军需物资的获取供给，以及维持国际收支平衡的相关问题；第二委员会负责研究事变发生后，其他国家有可能采取的对日经济制裁措施，并在此基础上有针对性地制定应对措施；第三委员会负责审议中国经济中与战争相关的重要问题；第四委员会则主要负责讨论对中正式宣战所带来的各种利害关系，该委员会由企画院次长以及外务、大藏、陆军、海军、商工各省次官组成。在就对中宣战的利害关系进行研讨之后，第四委员会认为，对中宣战的有利之处在于可以在宣战后对中进行战时封锁，如此一来可以大幅削减中方的战斗力，还可以行使战时国际法规定的包括军事占领在内的各类交战权。不利之处则在于一方面会受到美国《中立法》的负面影响，另一方面会丧失此前在中国通过条约获得的治外法权等各类利权。

最终第四委员会决定暂不向中国正式宣战。值得注意的是，在第四委员会的研讨过程中，军部、企画院以及政府相关省厅全都参与了对中宣战问题的决策过程。其他3个编号委员会的决策过程也可谓大同小异。从内阁制度改革的视角来看，我们可以认为第四委员会是一种实质上的次官会议。当时日本政府一直在策划推行分割国务大臣与行政长官职权的改革，在这一过程中，将各省的实权交给大臣级别的次官的做法，可以说是一种常套手段[60]。此外，为了尽量避免美国对中日之间未宣战的战争适用《中立法》，同时避免他国指责日本违反《九国公约》，陆军省最终决定放弃在中国实施直接的军事占领与军政，转而选择在占领区建立傀儡政权（如华北的临时政府与华中的维新政府），依靠傀儡政权来施行占领地行政。中日战争全面爆发之后，日方之所以在战争初期便急于在中国培植各类傀儡政权，就是基于上述考虑。

企画院

1927年5月，正值政党和军部合作建立国家总动员体制的时期，田中义一内阁建立了资源局。该局主要负责对资源状况进行开发调研，制订有关资源管制和运用的国家总动员计划，可谓是国家总动员体制的中央统筹机构[61]。虽然资源局是一个文官主导的政府机关，但其中亦有不少以“特命事务官”名义出任专任职员的陆海军现役武官。资源局的人事构成可谓当时军人大量进入官场的典型模式。

1935 年 5 月，冈田启介内阁在内阁审议会之下设立了一个名为“内阁调查局”的综合政策立案机构。该机构主要负责对重要政策进行调研，或是依照首相的命令对重要政策进行审议[62]。1937 年 5 月，林铣十郎内阁扩大了该局的规模，并将其更名为“企画厅”。此后该厅主要负责各类重要政策的起草、审议、调研工作。和调查局相比，企画厅带有浓重的首相智库色彩，对于阁议的影响力也较调查局更强。

1937 年 8 月，中日全面战争的战火扩大到了华中地区。面对战局的扩大，内阁认为尽快制订总动员计划乃是当务之急。10 月 25 日，资源局和企画厅正式合并成立企画院[63]。企画院官制第一、第二条分别规定：“企画院负责在平时及战时起草各类旨在开发、提高综合国力之方案，并将上述方案连同立案理由上报首相。”企画院还“负责对各省大臣在阁议上提出的有关开发、提高综合国力的重要议案之大纲进行审议，出具审议意见，并经首相将上述意见上报至内阁”。

政策的统合

在企画院官制第二条的起草过程中，陆海军之间发生了激烈的对立。关于在对各省议案大纲进行审议后，企画院究竟应将审议意见向谁上报这一点，1937 年 10 月 1 日的企画院官制草案第二条写的还是“首相”而非“内阁”。这其实有非常重要的意义。当时陆军希望将国家总动员事务的管辖权全部委任给首相，之后再由首相就具体事务对各省大臣进行指挥。换言之，陆军希望通过企画院官制实质上赋予首相指挥各国务大臣的权力。在企画院成立的十天前，内阁参议制度正式出台。而企画院成立一个月之后，大本营也宣告成立。从这一系列制度改革的日程来思考，我们可以认为企画院成立之际，陆军中坚层或是近卫首相侧近正在计划对各种政策实施统合，并企图在此基础上建立政战两略一致的新体制[64]。

虽然陆军的构想最终因为海军的反对而未能实现，不过此后近卫首相及其智囊团又多次尝试对内阁制度进行改革。这些改革的核心思想都是赋予首相对各国务大臣的指挥权，这点和企画院官制草案第二条的目的其实大同小异。由于《大日本帝国宪法》第五十五条第一项中已然明确规定："国务各大臣辅弼天皇，并各自对天皇负责。"因此在帝国宪法体制下，想要强化首相的权限只有两种方法：一是直接在首相麾下建立一个幕僚性质的政府机构，二是强化首相对其他阁僚的统制力。制度上将国务大臣和行政长官分离的做法，其实就是第二种方法的具体手段之一。虽然在帝国宪法体制下，想要通过修订内阁官制的形式来强化作为国务大臣之一的首相的权限和地位会面对重重阻力，但作为行政大臣的首相和各省长官之间的关系，却是直属于行政法体系的事项，并不直接受到帝国宪法的约束。因此在行政事务领域将首相的地位置于各省大臣之上，在法理上是没有任何问题的[65]。

此外对于军部来说，企画院还是军人进入官场之后最主要的任职机关。企画院设立后，进入官场的军人数量大幅增加。当时军人进入官场主要有两个途径：第一个是所谓的"总动员体系"途径，即进入资源局、内阁调查局、企画院、总体战研究所等机构，参与国家总动员体制相关的调研、计划、立案工作；第二个则是所谓的“占领区、殖民地体系”途径，即进入对满事务局、兴亚院、兴亚院联络部等机构，负责处理各种占领区和殖民地事务[66]。

（2）大本营[67]

近卫的大本营设置论

中日战争全面爆发后不久，参谋本部第三科就已经开始就大本营编制问题进行研究。战火蔓延到上海后，1937 年 8 月 16 日，海军军令部考虑到对中国实施海上封锁的必要性，也开始与参谋本部共同商讨设立大本营的问题。但这一时期陆军省和海军省担心一旦设立大本营，难免会大幅增强军令机关的发言权，因此陆海军省经协商于 9 月 12 日表示，当下由于没有正式对中国宣战，因此不宜设立大本营，阻止了军令机关设立大本营的企图[68]。

但与此同时，近卫首相和风见章内阁书记官长等人对国务与统帅机关之间各自为政的现状倍感震惊和不满。为了改善这一现状，近卫、风见等人开始讨论建立一个囊括首相在内的大本营体制[69]。

其实想要从根本上解决国务和统帅部门各自为政的问题，最好的方法自然是修改《大日本帝国宪法》，废除统帅权独立的相关条文。但从现实考虑，当时修宪是近乎不可能的事情。所以作为备选方案，建立一个囊括首相在内的大本营体制也不失为解决问题的好办法。除内阁之外，当时宫中势力也切身感受到了各自为政的问题。1937 年 9 月 12 日，内大臣汤浅仓平阐述了设立大本营的必要性[70]：

> 陛下时常指示说："刚刚陆军大臣说的事情，也要告知首相才好。"此外，有时候军令部总长宫和参谋本部之间商量的事情，由于石原少将的阻挠，首相和参谋总长宫到最后都被蒙在鼓里。如此下去必然会引发各种问题。今天如果成立了大本营，各个机关的信息都能在大本营中得到汇总和沟通。这对于解决问题颇有益处。鉴于这点，我认为如今有必要尽快设立大本营。

在政界亦有不少类似的声音。例如 1937 年 9 月 3 日召开的第 72 届议会中，东方会的中野正刚和第一议员俱乐部的秋田清等人便主张，如果军方坚持以没有正式对中宣战为由拒绝设立大本营的话，那么政府不妨模仿日俄战争时桂太郎内阁的先例，阁僚先全体辞职，之后再由天皇下达重新组阁之大命。如此一来，政府可借此机会实现战时改组，强化自身权限。对于中野等人的上述提议，近卫首相在议会答辩中也表明了支持的态度。

内阁参议制

议会闭幕后，自 1937 年 9 月中旬起，政府开始讨论强化内阁权限的具体方案，并在 10 月 15 日正式制定了临时内阁参议制度。所谓内阁参议，是一个为了指导并处理中日战争相关的政务而设立的享受国务大臣待遇的职位。枢密院在审查内阁参议官制时曾在审查报告中表示：参议会议的实际职权如果与阁议相同，那么在制度本质层面，内阁参议制与责任内阁制恐有相互冲突之嫌。因此在运用内阁参议制时必须慎之又慎。

内阁参议制建立之后，宇垣一成、荒木贞夫、安保清种、末次信正、町田忠治、前田米藏、秋田清、乡诚之助、池田成彬、松冈洋右10人被任命为内阁参议。当时内阁参议主要负责处理中日战争相关的重要政务，甚至还参与了通过德国驻华大使陶德曼进行的中日和谈[①]。

近卫的智囊之一、昭和研究会的成员佐佐弘雄认为，内阁参议制的制定乃是“内阁机构全面改革之先驱”，对其意义给予了高度评价。他还将内阁参议制度与构想中的大本营设立问题联系在一起，主张此后有必要进一步对内阁制度进行全盘改革。此外，当时各大报刊也都将内阁参议制宣传成旨在将国务大臣和行政长官分离开来的先驱性尝试。

而陆军方面由于担忧内阁参议的职权会对军方形成牵制，因此对该制度始终抱着警惕的态度。随着内阁参议开始参与对中和谈工作，陆军的担忧很快成为现实。此后陆海军上层终于达成一致，决定在10月下旬设立大本营。此前一直反对设立大本营的陆军省，态度为何出现了转变呢？为了解决这个疑问，我们有必要先了解一下这一时期陆军省内部，特别是以军务局为核心的各部门中酝酿产生的全新大本营观念。

① 1937年11月至次年1月间，以德国驻华大使陶德曼为中介，日本和中华民国政府间进行的和谈工作。陶德曼和平工作起初获得了一定进展，但随着南京的陷落，日本自认为已经获得了军事上决定性的胜利，因此变本加厉提出了极为严苛的和谈条件，最终导致该和谈工作失败。

新的大本营观念

当时陆军省军务局中负责起草大本营编制方案的，是在永田铁山时代的整备局中有过5年任职经验的佐藤贤了军务科国内班长，以及稻田正纯军事科高级科员。佐藤认为：“统帅权独立的理念已然是第一次世界大战前武力战万能时代的老古董了。在当今时代，必须实现政战两略的完全一致。”[71]因此在起草大本营编制案时他便主张：“当下设立的大本营不应再是一个单纯的统帅机关，而应当将首相及主要阁僚都网罗进大本营，以此谋求政战两略的一致。”[72]

1937年11月2日佐藤等人编纂的《陆军省军务局关于大本营设置问题之方案》，规定大本营的具体特征如下：“设立大本营之际不应只图作战上的便利，而应力求实现省部、陆海、军部内外国务机关之间的协调合作与一体化。”为了让大本营与政府之间的联络更加密切，佐藤等人还主张设立大本营会报等机构，这一构想可以说是日后大本营政府联络会议制度的原型。此外，方案还明确，大本营不应是单纯的统帅机关，“而必须是一个能够在国家经营管理层的强化统一过程中提供强大推进力的机构”。关于具体的建构方式，方案中也明确，在设立大本营时，不能仅仅将规定和平时期省部关系的《业务担任规定》切换到作战本位模式就草草了事。

在方案的“政务实施之要领”一节中，还规定了大本营召开会报的具体制度细节。大本营会报由首相、陆相、海相、外相、藏相、内相、参谋次长、军令部次长构成，并由内阁书记官长、企画院次长以及陆海军省两军务局长出任干事。在讨论政战两略中特别重大或紧急的政务时，大本营可奏请召开首相、陆相、海相、外相、藏相、内相、参谋总长、军令部总长以及枢密院议长出席的御前会议。

陆军省军务局制定的上述方案，还对此前在大本营中存在感较弱的陆军大臣的地位及其随员的角色做了明确的规定。“事务执行要领”一节中规定，战时领导、一般军事纲要、人事纲要、宣传策略以及政战两略相关事务，必须经陆军省部科长以上级别干部共同协商后方可作出决定。看到陆军省军务局制定的这一方案后，海军领导层却十分不以为然，甚至将其贬低为“异想天开的方案”，称其“充分暴露了陆军省想要对政治加以利用的野心”。

《陆军省军务局关于大本营设置问题之方案》制定的当天，各大报纸打出了“大本营设立一事有所进展/首相、枢府议长、陆海两大臣列席其中/明确区分国务大臣与行政长官”的大标题，对该方案进行了大篇幅的报道。当时各大报普遍预测，大本营设立后，首相、枢密院议长和陆海两相会作为正式幕僚加入大本营。如此一来，各国务大臣在大本营中便会充当起各省行政长官的角色。

为何在大本营设立后国务大臣会担任起各省行政长官的角色？如果只看上述方案，想必各位读者还难以理解。让我们再来看一看陆军省军务局军务科在10月22日制定的《关于设立大本营过程中政治工作纲要之意见》[73]。在该文件中，陆军方面表示，像内阁制度改革这种阻力极大的变革，只有在战时的重压之下才有可能付诸实施。然而在战局正酣之际贸然推动改革，必然会动摇国内人心，因此必须事先秘密做好改革准备，“待事变接近结束之际再一举推行改革，以此为事变后的经营活动打好制度基础”。换言之，军务科之所以主张设立大本营，并非因为设立大本营是解决事变的必要条件。明治大正国家在自觉认识到军事机关和政治机关对等并立的二元主义结构带来的种种弊害后，曾经尝试设立大本营、防务会议、临时外交调查会等机构，以此来谋求政战两略之一致。而上述内阁制度改革案亦是建立在明治大正时代以来的机构改革构想的延长线上的[74]。

具体来看，陆军方面制定的内阁机构改革案的主要内容包括：首先将国务大臣与行政长官在身份层面进行分离。将国务大臣的范围限制为首相、企画大臣（企画院、法制局、情报部长官）、国防大臣（陆军、海军两省长官）、外政大臣（外务、拓务两省长官）、经济大臣（大藏、商工、农林三省长官）、交通大臣（递信、铁道两省长官）、内政大臣（内务、司法、文部、保健社会四省长官）7 人，分别负责监督指挥名下各省厅。其次在对内阁制度进行改革的同时设立大本营。大本营成立后，7 名国务大臣可作为各自监管的省厅机关的代表加入大本营。

联络会议

1937 年 11 月 20 日，陆海军的战时最高统帅机关大本营，自日俄战争之后首次在宫中宣告成立。大本营成立后，上述带有浓厚政治色彩的陆军改革案具体又是如何在大本营的运作过程中体现的呢？首先，“事务执行要领”对陆海军大臣的地位进行了确认，明确规定战时领导大纲、一般军事纲要、人事纲要、宣传策略必须经省部协商之后方可制定。与上文提及的陆军省军务局制定的方案相比，“政战两略相关事务”并没有被列入省部协商的范围。陆军省军务局构想的大本营会报，最终也以大本营政府联络会议的形式登场。此外，军务局方案中的御前会议构想也得以实现。当然，大本营会报和大本营政府联络会议还是有一些区别的。例如，在军务局的构想中，会报是由作为大本营成员的首相、陆相、海相、外相、藏相、内相、参谋次长、军令部次长构成的；而实际上成立的大本营政府联络会议，则是大本营和政府之间以协商合作形式召开的一对一会议。近卫曾对协商会议制度抱有极大的期待。11 月 12 日，近卫在面见小川平吉时说：“当前有计划要设立一个统帅部和内阁之间的协商会性质的组织”，“我已然下定决心，为了让这一协商会构想成为现实，不惜赌上内阁的前途命运”。[75]

11 月 19 日，政府通过了《大本营设立后关于政战联络的阁议共识》，至此近卫所说的统帅部和内阁之间的协商会构想正式成型。该文件的主要内容包括：第一，大本营与政府之间的联络采取“随时协商会谈的形式”。不过文件并没有规定会谈的正式名称和具体官制。第二，该会谈由参谋次长、军令部次长、陆海军大臣、首相及其他相关阁僚构成。第三，会谈中涉及的重要事项需奏请御前会议审议。御前会议的参加成员除参谋总长、军令部总长、陆海军大臣之外，首相亦可依特旨列席，必要时其他阁僚也有资格出席。

该制度确立后，第一次近卫内阁在 11 月 24 日就是否继续通过德国驻华大使陶德曼与中国国民政府进行和谈召开了大本营政府联络会议。至 1938 年 2 月 4 日，针对该问题的联络会议共召开了

7次[76]。根据记录，出席联络会议的有近卫文麿首相、广田弘毅外相、杉山元陆相、米内光政海相、末次信正内相（1937年12月14日就任）、多田骏参谋次长以及古贺峰一军令部次长，风见章内阁书记官长、町尻量基陆军军务局长、井上成美海军军务局长也作为干事列席会议。个别时候闲院宫参谋总长以及伏见宫军令部总长也会出席。

1938年1月11日，御前会议召开，这是该会议自1914年8月15日决定参加第一次世界大战之后时隔20余年再度召开。当时大本营方面出席御前会议的有闲院宫参谋总长、伏见宫军令部总长、多田参谋次长、古贺军令部次长，政府方面的出席者为近卫首相、广田外相、杉山陆相、米内海相、末次内相、贺屋兴宣藏相，平沼骐一郎也依天皇特旨列席了会议。本次御前会议上，经讨论制定了《支那事变处理根本方针》。需要注意的是，这类以制定国策为目的的御前会议，与同样被通称为“御前会议”的、天皇出席的大本营会议性质有所区别。到日本战败为止，这类以制定国策为目的的御前会议共召开了15次。

此后，在1月15日召开的大本营政府联络会议上，政府和统帅部在中日和谈问题上发生了激烈的冲突。政府方面认为蒋介石的回复毫无诚意，主张立即中止与国民政府的谈判；而统帅部方面则认为，从蒋介石的回复来看，和谈并非毫无希望，主张继续进行谈判[77]。

根据参谋本部的记录[78]，闲院宫参谋总长在会上就中日和谈问题向政府方面表示：“将我方提出的十一条要求详细罗列出来直接交给中方如何？”广田外相对此表示：“我方已然就和谈条件进行了详细说明，相信中方完全明白我方的诉求。”米内海相对统帅部的继续和谈方针表示了强烈不满，表示：“如今连专门承担外交事务辅弼责任的外相都已然表示继续与国民政府和谈乃是对牛弹琴，我不明白统帅部的各位凭什么还顽固坚持说和谈还有希望。”接着伏见宫军令部总长询问首相：“如若今后三四个月内，中方表示愿意全盘接受我方提出的和谈条件，我方也决定不再予以理会吗？”对此，首相给出了肯定的答复，并且明确表示与国民政府之间的和谈已然没有任何妥协的余地。井上军令部次长则表示，中日一旦陷入持久战，日军的战力战备必然会日渐衰竭，甚至会丧失经营大陆利权的能力。对此末次内相威胁说：“军方如此说是想质疑陛下裁可的持久战方针的可行性吗？”

政府一方的首相、内相、外相、陆相、海相等人在和谈问题上的发言，无论内容还是态度都极为强硬。当时在末次内相的提案下，内阁参议也参与了联络会议的议题审议[79]。此外，联络会议的决议案经阁议审议通过后，还会交付内阁参议会进行咨询。在经过内阁参议们的最终审核后，才会成为确定方案。

是否继续以国民政府为对象进行和谈，无疑是中日战争全面爆发后极为重要的议题。最终主张停止和谈的政府一方的意见占据了上风，该意见经御前会议审议后成为决定案。在这一过程中，被称为“内阁机构全面改革之先驱”的内阁参议们，本应在“中日问题相关的重要国务”上扮演内阁辅助者的角色，但此时他们却实质上参与到了联络会议的审议过程中。这一点有非常重要的意义。

(3) 兴亚院

政治与统帅的混淆

由于中日全面战争是一场未宣战的战争，因此当时北支方面军无法在占领区施行军政，只能选择在当地扶植傀儡政权，表面上依靠傀儡政权来接收海关、银行等机关。不过实际上掌握占领区经济“开发”实权的无疑还是军方。因此中日战争全面爆发后不久，日本国内便开始有人批评军方的占领区行政混淆了政治与统帅之别。而政府方面也意识到了该问题，于是要求北支方面军特务部停止主导占领区的经济开发，改由内阁第三委员会来负责该工作。当时第三委员会由企画院次长出任委员长，委员包括企画院调查官和对满事务次长、外务省东亚局长、大藏省理财局长、陆海军省军务局长等。实质上拥有审议决定权的干事会成员则包括外务省东亚局第一科长村上伸一、大藏省理财局外事科长、陆军省军务局军务科长柴山兼四郎、海军省军务局第一科长冈敬纯、对满事务局庶务科长，以及企画院书记官和事务官等。

另一方面，陆军中央也预见到了国内会出现类似的批判声音，并且预先制定了应对方案。当时梅津美治郎陆军次官和柴山兼四郎军务科长前往中日战场视察了北支方面军司令部和作战前线，并在视察过程中就政府否认国民政府之后的华北政策问题与北支方面军进行了磋商。在磋商会议文件中，有一份 1938 年 1 月 6 日陆军省军务科起草的《陆军次官与北支方面军关于政务领导问题的联络事项》文件[80]。其中“关于帝国对北支（对支）长期政务领导机关的问题”一节写道：

> 吾等认为在作战期间应由北支方面军负责帝国对北支（对支）的政务领导事务。而在作战任务告一段落后，则有必要设立一个适当的内政事务领导机关。该机关应采取文官制度，并由中央政府直辖。如此一来便可实现占领区政务和军事的严格区分。

由上述内容可知，为了实现占领区政务和军事的分离，陆军方面主张新设一个政府直辖的文官机关。事实上，在1938年3月19日帝国议会针对《北支那开发股份有限公司法案》进行审议时，政友会的村松谦三便指出，“自古未闻能于马上治天下者，此可谓历史之铁则”，为了不让驻外军队干涉“北支那开发股份有限公司”的业务，应设立一个直属内阁的机关来统管当地的政治事务。对此杉山元陆相也表示：“军方亦认为应由正当之机关来对当地事务实施管理。”[81]

在贵族院审议过程中，塚本清治更是明确指出，驻外军队干涉占领地政治经济事务会在统帅权层面引发问题。塚本曾在第一次加藤高明内阁出任法制局长官，并亲自编订了加藤内阁对于统帅权和编制权的官方解释。1938年3月24日，在审议《北支那开发股份有限公司法案》的贵族院特别委员会上，塚本质疑道[82]：

> 此前派遣军司令官时常直接或间接地干涉北支、中支地区的经济开发事务。而经济开发事务无疑是一种政治行为。（中略）军司令官则是统帅权的辅弼与执行机关。（中略）不

知政府方面对军司令官的上述行为作何解释。希望政府能从宪法的角度出发给出说明。

此前和梅津陆军次官一同到前线对北支方面军进行劝说的柴山军务科长，当时还在内阁第三委员会中兼任陆军干事。1938 年 1 月 19 日，似乎是为了回应各方面针对统帅与政治混淆问题的质疑，第三委员会干事会就直属内阁的占领地政务机关的设立问题达成了一致。这一机关便是于同年 12 月 16 日正式成立的兴亚院。兴亚院一直以来被定位为陆军从外务省手中夺取对中外交权之后，为了实现对中政策一元化而设立的机关[83]。实际上，设立兴亚院的最主要目的是回避国内针对陆军“混淆政治统帅”的批判。而这一批判本质上是中日之间这场未经宣战的战争行为必然会产生的问题。

废除特务部

由于外务省的强烈反对，设立兴亚院的问题前后争论了一年多时间。其间，作为兴亚院正式成立前的临时应对措施，陆军在 1938 年 4 月 2 日修订了《支那驻屯军编制》，规定北支方面军司令官在政务上接受陆军大臣的指示，并由直属北支方面军司令官的特务部长来对占领区政务进行管辖[84]。

内阁（第一次近卫内阁）方面，以风见书记官长和内阁参议为核心的群体一直在大力推动兴亚院的设立。1938 年 5 月 7 日，风见对时任内阁事务嘱托①的武部六藏（当时在乡诚之助和池田成

① 一种临时任命的职务。在政府部门应对各类需要高层次专业知识的事务时，经常会临时聘用一些相关专业人士，即嘱托。

彬两名内阁参议之下负责指挥“北支那开发”和“中支那振兴”两个股份有限公司的设立工作）说道[85]：

清除对支中央机关问题之病根乃是当下的首要任务。如今我们已对部分阁僚开展了相关工作，并且就此事和内阁参议们通过气。目前此事还需严格保密。当下必须下定决心解决这一问题，哪怕内阁因此倒台也在所不惜。要有同归于尽、玉石俱焚之觉悟。

风见所说的“对支中央机关问题之病根”，指的便是方面军特务部对傀儡政权的政治经济事务进行领导的现象。为了根绝这一病根，1938 年 10 月 1 日阁议决定新设一个“对支中央机关”，同时在各占领区设立该中央机关的分支机构，通过这些分支机构对当地的政治、经济、文化事务进行全盘管辖。阁议还决定，“在该机关成立后，特务部等原有机关应将此前所管辖的相关事务全部移交给新机关”[86]。

就废除特务部一事，武部在 1938 年 10 月 1 日的日记中写道：“‘对支院’成立后，陆军特务部会将占领区一切政治经济权限转让给该院在当地的分支机构。上述方针的确立是乃是近期最大的收获。”[87]

其实，兴亚院在人事方面和特务部有一定的重叠性，例如，北支方面军特务部长喜多诚一在兴亚院成立后便立即转任兴亚院华北联络部长。由于这一点，一直以来对于兴亚院设立的意义，学界的评价普遍不高。然而从管辖权方面来看，原先特务部负责的事务，如上海的城市规划、针对“临时”和“维新”两政府货币金融行政的内部指导、币制和海关领域的内部指导、中国教育机构的内部指导、在华纺织工厂的重建以及航空和海运相关事务的管辖权，确实都划归到了新成立的兴亚院名下。中支派遣军司令官畑俊六亦在10月14日接到参谋次长的指令，宣布“由于机构变更，自今起废除特务部”。[88]

兴亚院在中国的华北、华中、蒙疆、厦门设有联络部，位于这些地区的陆军特务部被全数废除。但事实上，此后省级以下的地方行政事务仍主要由军方负责。即便如此，兴亚院成立后，军方在处理上述地方行政事务时大多也会参考兴亚院出具的内部协商意见。对此，当时派遣军内部也存在一些不满的声音。例如1939年9月1日，北支方面军参谋长山下奉文便写信向陆军次官表示：“自兴亚院成立以来，综观各类事务的处理状况，颇觉有中央集权主义之嫌。”[89]

在兴亚院任职的自然不只有军人。以位于上海的兴亚院华中联络部为例，该联络部共设有政治局、文化局和经济第一局、第二局、第三局5个附属部门。上述五局的局长分别由出身于陆军、外务、陆军、海军、大藏各省者担任，总体来看其官员出身母体的分布还是相对平衡的。此外，政治局还下设负责政策立案、政策全盘统制调整以及指挥中国傀儡政权等事务的部署。各部署成员由陆海军出身者各2名，外务、大藏、内务、司法诸省出身者各1名构成。军人的占比正好是一半。此外必须注意的是，当时军队体系中设有专门负责作战谋略活动的特务机关。这一特务机关和前文提及的特务部是两个完全不同的部门。兴亚院成立后虽然废除了特务部，但特务机关依然存在。

关于兴亚院，迄今为止的研究形成了如下一种印象：在兴亚院成立后，陆军和兴亚院从外务省夺走了对中外交以及与第三方国家就中国问题进行交涉的权限。然而正如上文所述，这一印象并不完全符合事实。兴亚院实际上是一个适应总体战时代侵略战争需求的，以各省厅总动员的模式组成的合议制机构。而该机构设立的主要原因在于中日两国之间并未宣战，导致陆军方面无法在占领区施行军政。

4. 走向对美、英、荷的战争

(1) 近卫新体制

政策决定机构的复活

1940年7月12日，阁议经讨论决定设立第五委员会，负责“审议南方经济政策问题，并就上述问题与各有关部门进行事务联络与调整”。第五委员会的成立标志着第一次近卫内阁时期编号委员会制度的复活。时值德国发动的闪电战取得大捷，法荷两国军队节节败退。在许多人眼中，1940年的春夏之际可谓是“世界历史的转折点”。目睹欧洲形势的迅速变化，日本盯上了法荷两国位于亚洲的殖民地，开始匆忙制定各种政策，希望将上述殖民地收入囊中。在此背景下，为了协调各省厅的意见，尽快针对南方问题达成一致，第五委员会成立了。准确来说1940年7月12日第五委员会成立时，还是米内光政内阁末期，第二次近卫内阁尚未成立。1940年5月，陆军省军务科内政班长牧达夫等人开始筹划创建亲军新党，期望通过该党实现国防国家建设、外交整顿以及政治新体制树立等目标。5月26日，近卫文麿、木户幸一、有马赖宁商议制定了新党创立备忘录[90]。6月24日，近卫公开表明了推行新体制运动的决心，并辞去了枢密院议长一职。7 月 4 日，陆军首脑部正式劝告畑俊六陆相辞职，运用军部大臣现役武官制进行倒阁。从 1940 年 5—7 月的局势变化可以看出，编号委员会制度的复活可以说是因应第二次近卫内阁成立后的政局变化所进行的提前部署。

近卫于 1940 年 7 月 22 日第二次组阁，并正式开展新体制运动。27 日，经大本营政府联络会议审议，《因应世界情势演变之时局处理纲要》被正式确定为日本的国策。该纲要规定，今后日本可根据日法谈判的进展出兵法属印度支那北部。在此基础上，在满足德军登陆英国本土、中日实现停战两个条件的前提下，日本可出兵攻打远东的英属殖民地和海外领土。

这一武力南进方案原本是由陆军省部的中坚幕僚制定的。由上述两个条件可以看出，在陆军中坚幕僚的计划中，武力南进方案和中日停战问题有着密不可分的关系。在陆军中坚幕僚的构想中，中日停战的核心方案由以下两点构成：对经由法属印度支那的援蒋线路进行封锁；通过与重庆国民党政府的直接谈判来实现停战[91]。

1940 年 11 月 26 日以后，大本营政府联络会议更名为联络恳谈会（1941 年 7 月 21 日再度改称联络会议）。此前联络会议本是不定期召开的，但在塚田攻参谋次长的提案下，更名后的恳谈会变成了每周四在首相官邸定期召开的政府与统帅部之间的“简易”会谈。会谈的出席者包括首相、平沼国务大臣（之后转任内务大臣）、陆海外三相、陆海两次长。有时根据具体议题，参谋总长和参谋本部第一部长也会出席。虽说恳谈会在性质上是“简易”会谈，但会谈的决议却被定位为“帝国在战争领导层面的核心国策”。统帅部还赋予了恳谈会决议“超越阁议决议的效力”，并要求各机关予以坚决贯彻[92]。在统帅部的构想下，恳谈会和原先的联络会议相比，不仅召开频率更高，且其决议还拥有超越阁议决议的效力。

新体制

1940年6月24日，近卫决心推行新体制运动之际，陆军方面推进的“桐工作”也在如火如荼地进行。所谓“桐工作”，指的是日本企图通过宋子良与重庆国民政府进行和谈的对外工作。6月下旬，正是日方对“桐工作”寄予厚望的时候。6月20日，日方甚至和宋达成协议，策划让蒋介石、汪精卫和“支那派遣军”总参谋长板垣征四郎三人会面，共同商议中日停战问题。近卫对于“桐工作”也抱有很大期待，心想如此一来中日停战终于有可能实现了。正是在这一背景下，近卫开始在国内积极推进新体制运动，企图在国内建立“强力体制”，以此抑制陆军的影响力。5月26日，近卫、木户幸一、有马赖宁制定的新党创立备忘录中写道：拜受组阁大命之后，应考虑解散既有政党，在此基础上“由陆海军两总长、首相、陆海军大臣组成最高国防会议”，同时“仅由首相和陆海军大臣组阁，其他阁僚职位皆为兼任”[93]。与第一次组阁时类似，第二次组阁后近卫也在计划地对战时领导机关和内阁制度进行联动性改革。

8月30日，近卫将其智囊、东京帝国大学法学部教授矢部贞治执笔的意见书上呈天皇，明确表达了建立新体制的意图。意见书的内容主要由宪法运用、与德意两国建立紧密合作关系以及确立统制经济体制三部分构成。值得注意的是，有关宪法运用的部分虽未提出要对宪法进行修改，却提到今后有对宪法第八条（紧急敕令）、第十四条（戒严令）、第三十一条（战时针对国民权利义务的限制）以及第七十条（紧急情况下依照敕令对财产进行处置）进行灵活运用的必要，企图通过这一方式来修正明治宪法中分立主义、均衡主义的弊端，以首相为核心建立天皇辅弼者的一元性结构，借此实现国家事务执行权力的集中化。

矢部于8月15日起草的《新体制声明草案》中有以下一段内容：为了构建高度国防国家而进行的国民组织动员运动，在性质上并非狭义层面的精神运动，而是一种"官民协同的国家事业"，其目的是"发扬政治理念与政治意识"。此外，关于运动中成立的国民组织的性质问题，声明草案认定，"从国家整体立场来看，这一国民组织与政府应是表里一体的。因此该组织不应受到《政治结社法》之限制。其首脑由内阁总理大臣亲自出任。虽然阁僚、军人、中央和地方的议员亦可成为该组织成员"，但该组织并非一国一党性质的机关。[94]

然而，出席新体制准备会的东条英机陆相的态度给近卫泼了一盆冷水。在9月3日召开的新体制准备会第二次会议上，东条表示："我不认为军方适合在新体制中扮演核心角色。"在第五次会议上，东条进一步表示："新体制以万民辅翼、建立高度国防国家体制为目标，本人举双手表示赞成。""然而由于新体制的中核必须拥有强大的政治影响力，因此我认为现役军人不宜直接参与新体制的核心运作。"经过多番谈判，最终陆军方面仍坚持反对在乡军人会以组织名义参加新体制运动，仅同意在乡军人以个人名义参加。[95]

到了9月，日方开始怀疑自称“宋子良”的人物身份的真伪。10月8日，陆军正式下令终止对中停战谈判工作。“桐工作”的失败，意味着近卫失去了新体制运动的前提条件。当时新体制运动一方面要防御来自右翼势力“幕府论”式的批判，另一方面陆军省军务局长武藤章等人也不赞成推行类似国民精神总动员式的官制运动。近卫及其周围的“权威主义的民主主义派”[96]原本希望赋予国民运动的中核组织政治属性，然而在新体制准备委员会就国民组织的性质进行讨论的过程中，中日停战的谈判渠道却被迫宣告关闭。这对于新体制运动来说，无疑是一个巨大的打击。10月12日，近卫在大政翼赞会的成立仪式上发表演讲，称翼赞会乃是一个履行“臣道实践”的组织。这一描述也预示着日后大政翼赞会被赋予公事结社而非近卫等人构想的政治中核体的性质。有学者敏锐地指出，近卫在中日和谈有望实现之时，曾一度企图推行一场以建立高度国防国家体制为目标的国民动员（即政治性动员）运动。但随着中日和谈工作的破产，近卫不得不退而求其次，转而推行一场旧式的国民动员（即公性质的动员）运动[97]。如此一来，在旧式国民动员运动下建立的核心领导组织，也就注定无法如近卫当初预想般实现对军方的领导与掌控了。

在近卫和“权威主义的民主主义派”的构想中，大政翼赞会是一个带有政治属性的组织。这一政治属性之所以会被否定，一方面是受到“桐工作”失败等外部情势的影响，另一方面当时海军高层担心大政翼赞会成立后会产生一国一党化问题，进而增强陆军的政治影响力。1940 年 8 月 9 日，不久前卸任临时海军调查科长、转任海军大学教官的高木惣吉被召回海军中央任职。这正是为了应对大政翼赞会问题进行的人事安排。从 10 月中旬开始，高木一方面着手组织反对经济新体制的财界势力，另一方面则想方设法挑起精神右翼的运动，希望以此来阻止翼赞会构想中的一国一党化的实现。10 月 26 日，在海相官邸举办的财界元老恳谈会上，结城丰太郎表示所谓经济新体制已经开始带有“红色”性质。“据我所知，近来一些自称是中野、桥本等人下属的青年队成员在全国各地大肆宣传所谓的新体制，甚至不惜向民众鼓吹财产奉还论。”[98]随着精神右翼运动的活跃化，1940 年 12 月第二次近卫内阁进行了改组。改组后，平沼骐一郎出任内相，皇道派的柳川平助出任法相。

大本营改革案

“桐工作”失败后，1940 年 11 月 13 日召开的御前会议审议通过了《日华基本条约》和《支那事变处理纲要》，决定于 11 月 30 日与汪精卫主持的南京政府签订条约。纲要还决定，如果到 1940 年末仍无法与重庆政府实现停战，无论局势如何都必须放弃当下的路线，转而建立持久战的战略。与“支那派遣军”总参谋长板垣征四郎往来密切的片仓衷（参谋本部职员）曾于 11 月 30 日起草过一份题为《战时领导中枢机构改革强化方案》的文件，并将其作为建议案提交给了陆军大臣、次官以及参谋总长、次长。片仓表示“当前持久消耗战模式的总体战态势日渐深化”，面对这一局势变化，日方必须采取任何可能的手段对战时领导中枢机构进行强化与改革，即便是采取只求效率不重质量的方式亦无不可[99]。在具体方针层面，片仓提出以大本营为统帅机关，并赋予大本营四项职能：确立国防纲要，对陆海两军的国防统御事务进行根本性协调，确定战时领导大纲，根据战时领导大纲制定各类国策。在行使第三、第四项职能时，根据需要可以允许首相、企画院总裁、外相、藏相等依敕旨出席大本营御前会议“参与筹划”相关事务。大本营作出决议后，内阁应将其确立为政府的战时国策，并尽辅弼之责。此外，在该文件的原本中，上述内容的上部还留有“军与政府　目标所在”（軍ト政府　狙所）的批注。

翼赞会的改组与东亚联盟运动

1941 年 4 月，大政翼赞会进行了内部改组，废除了翼赞会中的企画、政策、议会三局，改组之后，各府县知事开始在翼赞会各地方支部中兼任支部长一职。翼赞会的政治性出现了明显的下降。此外值得注意的是，原先隶属翼赞会政策局的东亚部升格成了东亚局，东亚部长亀井贯一郎、副部长杉原正巳（杉原曾被称为武藤章陆军省军务局长之怀刀）卸任，永井柳太郎出任新成立的东亚局长。亀井贯一郎本是“权威主义的民主主义派”的代表人物之一，然而他在本次改组过程中也正式退出了大正翼赞会。以上一系列变化的背后其实有着以下原因。

要弄明白整个事情的经过，我们首先要回溯到 1940 年 11 月 13 日御前会议通过《日华基本条约》之时。原本板垣“支那派遣军”总参谋长一直坚持所谓“东亚联盟论”的立场，希望通过与重庆政府之间的妥协，即“桐工作”来解决中日战争问题。

"桐工作"胎死腹中之后，坚持"东亚联盟论"的板垣将目光投向汪精卫政权，并向东京方面提议建立一个以日汪合作为基础的持久战方略。而汪精卫为了和国民党对抗，也对设立东亚联盟中国总会展现出浓厚的兴趣。此外，当时"支那总军"方面还认为，应当在日本国内也建立一个与中国总会平级的东亚联盟分支组织。

1940 年 11 月 30 日《日满华共同宣言》发布之后，汪精卫曾组建东亚联盟中国同志会。该组织在 1941 年 2 月 1 日改组扩大为东亚联盟中国总会。由于中国方面的东亚联盟运动是建立在政府与政党的政治实力基础上的，因此日本的兴亚运动当时没有指挥中方运动的能力[100]。

12 月 2 日，陆军省就如何对待东亚联盟的问题进行了讨论研究，并于 17 日作出决定："关于兴亚诸团体统合一事，总长业已作出指示，决定不承认东亚联盟，仅将其视为一个思想团体而非政治团体。"[101]换言之，陆军中央对于石原主导、板垣亦表示支持的东亚联盟运动明确表示了否定。东条英机陆相当时正准备出访中国，在出发前他曾将东亚联盟干部木村武雄和亀井贯一郎叫到官邸，向二人传达了陆军中央对于东亚联盟运动的态度。根据海军方面的记载，东条对木村、亀井表示："东亚联盟必须通过大政翼赞会来开展各类运动，如若不然陆军方面会出动宪兵对其运动予以坚决镇压。"[102]

在日方与国民政府的和谈计划陷入僵局时，亀井原本希望在翼赞会内部对各类围绕中国问题的民间运动进行组织化，借此促进翼赞会运动的活跃化。然而，此时与石原、板垣相对立的陆军中央却对东亚联盟运动表示了否定，这让亀井一时之间不知如何应对。12 月 27 日，外务、陆军、海军、兴亚院的联络委员会干事会制定了题为《关于统一兴亚诸团体之指导理念的相关问题》的文件，明确表示："必须坚决取缔一切违反肇国精神，模糊皇国国家主权的行为。彻底扑灭一些宣扬国家联合理论，并企图基于该理论催生新的国家联合形态的运动。"取缔扑灭的对象，正是鼓吹所谓日、满、华"三国"国防联合化、经济一体化、政治独立化，计划在未来将上述"三国"打造成国家联合体的东亚联盟运动。1941 年 1 月 14 日的阁议也对该文件予以了追认。

不过，该文件的"备考"一项中也有不少带妥协色彩的内容。例如其中规定，如若东亚联盟中国同志会开展的运动不违反《日满华共同宣言》之精神（即善邻友好、共同防共、经济合作），便可不必对其进行强制取缔。政府亦不必过分干涉相关运动，而应汇集自下而上形成的民族凝聚力，在正确的兴亚理念引导下，于生产领域开展宣传尽职奉公的政治运动。

翼赞会方面在其制定的《大政翼赞会东亚部针对东亚联盟运动的见解》[103]文件中，也针对东亚联盟运动进行了批判。特别是针对该运动所提出的构建国家联合体的构想，文件明确表示："时至今日决不允许个别组织将国家作为人类活动的基本单位。"但 1940 年 3 月 1 日石原在关西东亚联盟协会主办的演讲会上表示："东亚联盟基于王道精神，以日满华三国合作为原则，树立了国防联合化、经济一体化、政治独立化三大方针。而所谓近卫声明，其实正是依照上述方针制定的。"[104]此外，在 1941 年 1 月 14 日的阁议之前，在制定《大东亚共荣圈建设运动联盟宣言案》的过程中，起草者们也曾考虑在宣言案中加入这样一段纲领性文字：“大东亚联盟运动依照日满华三国共同宣言之精神，将国防联合化、经济一体化、政治独立化以及弘扬富含创造性的文化作为东亚民族共荣的指标。”[105]

当时，任谁都不明白中日战争的最终目的究竟何在。在这种情况下，石原的“东亚联盟论”虽说完全是一套自说自话的理论，却对中日战争的目的做了明确的阐述，这在当时是非常罕见的。也正因此，石原的理论口号才备受各地方青年人群的支持。而汪精卫之所以也选择建立东亚联盟中国总会，乃是因为他打算依靠东亚联盟的这套口号来与重庆国民政府秉持的三民主义相对抗。对于掌控大政翼赞会东亚部的亀井来说，东亚联盟论也可谓充满了吸引力，一方面是因为该理论明确阐述了中日战争的目的所在，另一方面日方可以依靠该理论在国民组织领域与汪精卫政权遥相呼应。然而随着亀井退出翼赞会，上述政治构想最终沦为了一种空想。

天皇的战争领导问题

如果说 1933 年昭和天皇针对热河作战问题的应对方式还略显幼稚，那么到了 20 世纪 40 年代，从天皇对战争问题的处理方式中再也看不到过去那种不成熟的影子了。在近卫的政治构想四处碰壁，日本也因为南进政策与英美两国无可避免地陷入对立之际，昭和天皇正在积极地尝试通过“下问”或“发言”的方式来实现对统帅部的领导与指挥[106]。在这一过程中，天皇作为政军两个领域的中枢，其存在感和影响力日渐增强。面对天皇对战争领导事务的积极参与，对于军部来说，如何在作战问题上说服作为大元帅、统帅权总揽者的天皇，便成了一个非常重要的课题。在此背景下，1941 年之后的政军关系便主要体现为天皇和军部之间的关系。

这段时期不乏天皇直接干预战争领导问题的事例。比如 1941 年 1 月 23—25 日，围绕《日泰军事协定》和南部法属印度支那问题进行的讨论中，天皇发表了一系列言论。1 月 19 日的联络恳谈会上，政府和大本营已然决定签订《日泰军事协定》。1 月 23 日，陆海军两总长将联络恳谈会的决定上奏天皇。但即便大本营和政府已就该问题达成了一致，天皇在两总长上奏后仍然询问："外务大臣有没有反对意见?"翌日更是明确表示："细细想来，泰国国内有不少亲英派，因此签订军事协定一事还需慎重考虑。（中略）你们要和政府方面充分协商，确保万无一失。"1 月 25 日，天皇又针对战争局势询问："如今随着战局日渐扩大，国力必然产生损耗。此前关于支那事变①处理方案问题，总长虽向我报告过所谓的对支作战计划，但时至今日该计划仍未能实现。不知道你们现在有没有更好的解决方案?"[107]根据参谋总长杉山元的记录，上奏当天，天皇"心情似乎十分不佳"，甚至两总长向天皇敬礼时，天皇都没有转过脸来直视二人。在天皇表态之后，主管作战问题的参谋本部第一部将《日泰军事协定》的相关问题移交给了直属参谋次长的战时领导班子处理。直到 2 月 1 日近卫首相和陆海军两总长联袂上奏之后，《日泰军事协定》问题才得到解决。

---

① 即卢沟桥事变至 1941 年 12 月中日正式相互宣战为止的中日之间的战争。

9月6日的御前会议

1941年7月16日，丰田贞次郎取代松冈洋右就任外相一职，第三次近卫内阁宣告成立。这一时期在军令部（大本营海军部）主张“渐贫论”的势力日渐壮大。31日，永野修身军令部总长劝说天皇早下决心对美开战，表示：“如今已不可能通过外交手段与美国达成妥协。（中略）如此下去国内的石油储量仅够支持两年，一旦开战更是只够维持一年半。因此不如尽快开战。”毕竟时间拖得越久，日本的燃料储备便会越来越少，而美军的战备反而会日渐充足。不过当被问及是否有取胜的把握时，永野也不得不向天皇表示：“对于能否取胜，自己也没有把握。”[108] 9月6日御前会议正式审议通过了《帝国国策遂行要领》，决定如果在10月上旬仍无法通过外交渠道与美方达成妥协，便要在10月下旬做好对美开战的准备。而昭和天皇的不安情绪也在前一天，也就是9月5日达到了顶点。当天，天皇向近卫首相和陆海军两总长表示，不应一边进行外交谈判一边为开战做准备，而应完全以外交为优先选项。天皇还反复询问近卫等人：“你们真觉得南方作战的进展会像预想中的那么顺利吗？”“登陆作战会那么轻而易举成功吗？”“你们真觉得开战后的实际情况都会如计划的一样吗？”由此可见昭和天皇心中之不安。[109]

这一时期，在对美开战问题上持慎重态度的天皇逐渐开始积极地干预战争决策。对于主张尽早对美开战的一派来说，如何说服天皇便成了一个难题。除军令部之外，当时参谋本部第二科（作战科）也主张尽早对美开战。从10月开始，为了让天皇相信即便同时对英美开战，日本也是有胜算的，参谋本部第二科着手编纂了一系列资料。10月16日，由于东条陆相反对从中国撤兵，近卫内阁被迫宣布总辞职。10月18日，东条受命组阁。东条内阁成立之后，参谋本部第二科也完成了上述资料的编纂工作。

（2）翼赞政治体制

开战

1941年10月19日，参谋本部第二科编纂了题为《对英美荷战争初期及之后数年中作战相关问题之见解》（対英米蘭戦争ニ於ケル初期及数年ニ亘ル作戦的見地ニ就テ）的材料，针对未来与英美等国的持久战前景进行了分析。该材料在列举具体数据的基础上分析认为，战争初期日本会在航空战和破交战中蒙受一定程度的损失，但之后事态会逐渐好转，最终日本能够建立起一个以战养战的战争体系。当时海军方面也就联合舰队司令部制订的包括袭击珍珠港在内的一系列作战计划进行了兵棋推演。11月15日，军令部向天皇汇报了兵棋推演的具体情况，称珍珠港奇袭计划之精妙“堪比桶狭间之战”。军令部还表示，在奇袭作战之后的日美海军主力决战中，日本海军也有很大的胜算。即便日美战争演变成持久战，海军也有信心保护日本海上交通线的安全。这一时期陆海军统帅部为了说服天皇，可说是使出了浑身解数，甚至不惜用粉饰夸大的手段编造出一系列能够让天皇安心的数据。由于天皇乃是政治与军事两个领域交集的体现，对于希望尽早与英美开战的统帅部而言，如果能够去除天皇心中的不安情绪，便等于扫除了开战道路上最大的障碍[110]。当时东条还命令陆军省军务局军务科高级科员石井秋穗和海军省军务局第二科首席局员藤井茂起草了《有关推动对美英荷蒋之战争尽早结束之腹案》。11 月 15 日，经大本营政府联络会议上审议通过，该腹案被正式确立为国策。该腹案一方面强调德、意、日三国应当通力协作，另一方面主张日本应尽力调停德苏战争，以便让德国将战力集中于西线，促使英国尽早投降。因为英国一旦投降，便能大幅挫败美国的继战意志。陆海军的这套说辞对天皇还是有一定说服力的。此外，时任企画院总裁的铃木贞一也表示，如果能将民用船舶保有量维持在 300 万吨的水平，日本便有能力将战争维持下去。至此，是否有助于日本维持乃至增强国力，成了判断对美开战有利与否的标准。陆海军的上述说辞，加上铃木在"物质国力"方面的判断，成为推动天皇逐渐倒向开战的重要力量。最终陆海军成功说服了天皇，扫清了开战道路上的最后障碍。

权力的集中

同一时期在不抵触明治宪法的前提下，首相的权限也在不断扩大。对英美开战初期，日军虽然连战连捷，然而好景不长，特别是 1943 年 2 月日军自瓜达尔卡纳尔岛撤退之后，日美战局日渐严峻。为此东条首相开始急于建立一个新体制，加强首相对于各省大臣的指挥权，以此来应对每况愈下的日美航空战。同年 3 月，东条内阁新设了两个职位：一是内阁顾问（在设立内阁顾问的同时，废除了内阁参议制度），其职能是"在处理有关重要军需物资的产能扩大以及其他战时经济问题时，辅助首相并参与重要政务之执行程序”。二是具有首相智囊团性质的内阁调查官，这是为了行使各种首相战时行政特权。首相战时行政特权，指的是在战时军需品增产问题上，首相拥有指挥其他大臣的权力。正如前文所述，第一次近卫内阁时，近卫之侧近以及陆军省军务局都曾考虑通过分离国务大臣与行政长官的方式来赋予首相对各省大臣的指挥权。从这个角度来看，东条内阁通过新设上述两个职位，在军需物资生产领域实现了近卫内阁时期的构想。同年 11 月，企画院被废除，此后内阁调查官也被改称内阁参事官。

1943 年末，日美两国的战力差距进一步拉大。如何将本已捉襟见肘的原材料转化为武器？又如何进一步将这些武器活用到作战中？随着战局的恶化，解决这两个问题的重要性和难度也在与日俱增。围绕着这两个问题，主管军需生产和物资动员的陆海军省与主管作战的统帅部之间的矛盾也日渐激化。例如，在飞机制造所需的铝资源的分配问题上，陆军省和军令部便陷入了对立，造成了政军关系的紧张。这可以说是该时期诞生的一种新的政军关系模式。此外，围绕着航空兵力的统一问题，以及究竟应将有限的航空兵力部署在哪里这一战略思想问题，主张尽早在远离本土的前线地区与美国进行决战的军令部，和主张在接近本土的后方展开持久战的参谋本部也陷入了对立[111]。当时对前线战况一清二楚的统帅部也明白，这些无谓的对立只会进一步让战局恶化。1943 年夏天，大本营陆海军部进行了联合作战研究。结果显示，对美作战已经完全没有胜算。得知这一结果后，参谋本部的濑岛龙三和军令部的源田实等人开始以陆海军作战课为中心，制定大本营改革方案。为了统一作战思想，实现对航空兵力的统合运用，改革方案主张废除参谋本部和军令部，设立统一的大本营幕僚部取而代之。然而海军方面由于担心大本营的一元化会造成陆军的暴走，因此一方面对上述改革方案持消极的态度，另一方面主张将陆军的航空兵力全数编入海军，实现海军的空军化，以此解决航空兵力的统合问题[112]。

兼任统帅部长

1944 年初，陆海军在飞机分配问题上的对立达到了顶峰。由于担心陆海军的对立诱发政变导致内阁倒台，进而在对外层面造成负面影响，昭和天皇直接出面指示陆海军两总长控制局势。最终海军方面表示愿意妥协，陆海军之间达成协议，维持陆海军铝资源对等分配的大原则，再由陆军每年向海军转让 3500 吨铝。双方在铝资源分配问题上的矛盾才终于逐渐消退。同年 2 月 21 日，为了对军需生产和战略思想进行统一，东条陆相和嶋田繁太郎海相决定分别兼任参谋总长和军令部总长。时值特鲁克环礁在美国机动部队空袭下宣告沦陷，而随着特鲁克的失守，1943 年 9 月 30 日设定的绝对国防圈被打开了一个大缺口。至此，杉山元、永野修身两总长完全失去了昭和天皇的信任[113]。在增强首相的权限之后，东条打算借此机会将自身的权力伸进统帅权这堵高墙的内侧。1940 年 9 月，陆军省部之间就曾围绕进驻法属印度支那北部问题发生过矛盾，担任陆相的东条一度展现出强硬的姿态，成功压制了来自参谋本部的反对声浪。事后昭和天皇便对东条信赖有加，因此 1943 年当东条表态希望兼任参谋总长时，天皇立即予以了首肯。但杉山参谋总长对东条一人身兼首相、陆相、参谋总长三职表示了反对。在内奏时，他对天皇说道[114]：

> 本次首相兼陆相东条大臣希望兼任参谋总长一事，实乃严重违背帝国传统制度路线之举，其危害范围之大难以估量。管辖国内百般行政事务之首相，不仅手握军队编制、兵力决定之权，甚至还要在战时身兼军队统帅运用之辅弼权。此实乃复辟幕府时代的倒行逆施之举，还望陛下对此予以否决。

为何政府和军部长年来谋求的政战两略一致路线始终难以实现？“复辟幕府时代的倒行逆施之举”的评价可说是直指问题的核心。至少在杉山元心中，以兵政二权对等分立为基础的统帅权独立制度，才是自明治开国以来支撑近代日本发展的制度背景。

在就任参谋总长时的训示讲话中，东条表示要“进一步采取措施”对统帅部制度进行改革[115]。3 月 7 日，陆军省军务局向东条提交了大本营幕僚总长的制度草案，草案规定在参谋本部和军令部之外单独设立大本营幕僚部，该部由幕僚总长以及军务局长、作战部长出任的“总参谋”构成。而出任幕僚总长一职的非东条莫属。草案还规定，幕僚总长要负责参画“统帅及军政百般事务”。由此可见，该草案实际上是希望援引修正版的《大本营令》，借此回避可能会出现的类似杉山“幕府论”式的批判声音。对于海军方面来说，如果由海军军人来出任幕僚总长，倒也不一定会表示反对。不过最终由于嶋田繁太郎本人的强烈反对，这一方案未能实现[116]。

反东条的运动

时任海军省教育局长的高木惣吉很早便自觉认识到，日美战争会是一场在海洋上进行的航空战。基于这一认识，高木一直以来都对海军高层支持东条的态度心怀不满，因而主张罢免嶋田，改由米内光政出任海相、末次信正出任军令部总长，力求在这一阵容的领导下取得一场“乾坤一掷式的大决战”的胜利，之后再乘胜通过苏联的斡旋实现日美停战。这便是日后所谓的“一击和平论”[117]。高木在就任调查科长期间，建立起了与冈田启介、近卫文麿、原田熊雄等政界名流或重臣之间的沟通渠道。此后，他利用该人际关系网开展了一系列的反东条运动和终战运动。此后，海军内部以要求罢免嶋田的一派为核心，逐渐形成了一股反对军部大臣兼任统帅部长的论调。

然而即便在此时，东条在陆军内部还是拥有非常强大的控制力与发言权的，因此昭和天皇、伏见宫以及高松宫都对东条抱有深厚的信赖。1944 年 3 月，内大臣木户幸一曾表示：“当下没有任何理由劝深受陛下信赖的东条主动辞职。”[118] 6 月 8 日高松宫也表示：“当前陆军那边必须靠东条来控制。”[119]可以说当时宫中高层一致认为，即便让东条辞职也不可能找出在事务处理能力方面比他更胜一筹的人来接班。

然而战局的进一步恶化最终给了东条内阁致命一击。1944 年 6 月，美军在绝对国防圈内的塞班岛登陆，日本海军在马里亚纳海战中一败涂地，共有 3 艘航母被击沉。面对日渐恶化的战局，加上目睹陆军整日打着本土决战的大旗，木户内大臣开始担心以陆军为主体支持力量的东条政权在未来会给国体带来危机。此时东久迩宫、朝香宫等皇族也日渐倾向于所谓的“一击和平论”[120]。特别是东久迩宫在这一时期屡屡向天皇进言，称有必要重新确立统帅的独立，对东条、嶋田二人兼任统帅部长的行为进行了批判。至此，天皇才终于下定更迭首相的决心。7 月 13 日，天皇对东条表示：“如果当下不确立统帅的独立，有些大人物似乎就要开始有所行动了。你好好考虑一下吧。”[121]由于失去了天皇的支持，东条内阁的倒台终于提上了日程。

议会势力

虽然陆军省军务局长武藤章曾将东条内阁称为“陆军政权”，但比起军部独裁政权，东条内阁其实更像一个建立在军部和宫中势力共享权力结构上的政权[122]。此外，从内阁与议会势力的关系角度出发，我们还可以看到东条内阁的另一面。在战时内政体制方面，东条内阁走了一条和近卫新体制不同的路线。1942 年 4 月翼赞选举①的实行、5 月翼赞政治会（简称翼政）的成立，是东条内政体制路线的代表性事件。关于东条内阁时期的议会政治状况，迄今为止大家主要关注的是翼赞选举中的推荐与非推荐问题。实际上，当时陆军主流派为了团结议会势力，也在想方设法利用在议会内占多数席位的既有政党势力。这一点似乎至今都没能受到学者的足够重视。在日美开战初期，东条以及陆军为了相对平稳

① 即帝国议会众议院议员第 21 次总选举。东条内阁在本次众议院总选举中导入了候选人推荐制度。由内务省和警察势力出面，在各地遴选推荐候选人。对推荐候选人给予选举资金上的支持，同时对非推荐候选人的竞选活动横加干涉。

地推行各类战时政策，在国内政治革新方面一直都表现得相对稳重和保守[123]。不过在地方，由于东条和陆军并不需要依赖议会势力来推行行政事务，因此当翼政表示希望在地方设立支部，并尽可能与翼赞会实现一体化时，东条和陆军都明确表示了反对。

（3）迈向战争的终结

小矶内阁

在马里亚纳海战中一败涂地后，军方可说是威信扫地，军部的政治影响力也因此迅速降低。1944 年 7 月 20 日小矶国昭内阁成立后，陆军省内部进行了大幅的人事调整，柴山兼四郎取代富永恭次出任陆军次官，真田穰一郎则取代佐藤贤了出任军务局长。这一时期陆军还批准了翼政希望在地方设立支部的申请。不过，翼政实际在地方设立支部已是铃木贯太郎内阁时期的事情了。

小矶在受命组阁时向统帅部提出了三点要求，希望统帅部任选其一予以配合：修改《大本营令》，将首相列为大本营正式成员；至少在本次大战的过程中，将首相列为大本营正式成员；建立一个使“首相可以强有力地参与战时领导决策”的新组织。

近卫和东条都曾尝试在战时追求政战两略的一致，近卫是以新体制运动和国民组织的模式，东条则是以兼任统帅部总长的方式，但他们二人的尝试都未能取得成功。对于小矶来说，实现政战两略的一致，无疑是一个近乎不可能完成的任务。最终统帅部方面选择了小矶提出的第三种方案，并于 1944 年 8 月 4 日，将大本营政府联络会议改组为最高战争指导会议[124]。

最高战争指导会议

小矶内阁时期共召开了约50次最高战争指导会议。小矶首相和重光葵外相曾在战后回忆说，这50次最高战争指导会议实际上没有作出什么重要决策，其职能不过是“程序性地批准军部提出的各项要求”[125]。然而实际情况并非如此，例如在8月16日的会议上，参谋本部曾以战局恶化为由，要求此后由派遣军司令官来兼任驻外大使。对此，重光外相和米内海相表示了强烈的反对，最终参谋本部不得不撤回这一要求。此外，当时日本的各项重要国策都是在天皇出席的情况下由最高战争指导会议审议决定的。例如，关于与重庆国民政府之间的和谈问题，最高战争指导会议曾审议决定，“有关重庆方面的政治工作，今后首相应遵照本会议之决议，在与外相协商的基础上与国民政府取得联系。并以国民政府方面自发的形式来实施各项政治工作”（8月30日决议）。

对重庆的工作

关于中日和谈的主导权问题，陆军方面梅津美治郎参谋总长、秦彦三郎次长、杉山陆相、次官以及各局长最终协商决定，由内阁负责指挥对重庆方面的政治工作，大本营将不直接参与相关事务。然而统帅部中的个别部门，如战争指导班，对这一决定十分不满。战争指导班成员在其事务日志中写道：“当前有必要通过次长让政府清醒地认识到，中日停战交涉完完全全是隶属于统帅权范畴的事务。”[126]

另一方面，当时不少人担心最高战争指导会议的成立是不是意味着此后首相便拥有了指挥各省大臣的权限。例如，在7月31日召开的第一次最高战争指导会议中，米内海相便询问小矶首相，是否有意树立“无视各省大臣权限的强制执行权”。对此小矶表示，受命组阁之际天皇曾叮嘱自己，“严格遵守宪法，以宪法为基础处理国务”。因此自己必将遵照宪法行事，无意将自身权限凌驾于各省大臣之上[127]。

综合计画局

东条内阁废除企画院之后，取而代之设立的内阁参事官最终也未能发挥预想的机能。此后小矶内阁开始摸索建立一个综合国策机关，以此作为最高战争指导会议的附属事务部门。值得注意的是，根据记载小矶内阁最初希望建立的是一个“以实现政战两略协调统一为目的”的机关。然而1944年9月29日，阁议就该问题进行讨论之后，将该机关的定位修改成了“在内阁总理大臣领导下对重要国策进行综合企画与协调的机构”。依照该定位，11月1日小矶内阁宣布废除东条内阁时期设立的内阁参事官制度，取而代之设立了综合计画局。

小矶内阁倒台后，小矶曾回忆说，自己曾表态希望兼任陆相一职，但被陆军三长官会议否决了，而这一决定是小矶内阁倒台的根本原因。但根据重光葵遗留的最高战争指导会议记录以及《大本营陆军部战争指导班机密战争日志》的记载，小矶推动的缪斌工作①的失败才是其内阁倒台的真正原因。当时尽管外相、海相、陆相都表态反对，但小矶仍一意孤行地推进缪斌工作，这一态度最终导致小矶丧失了昭和天皇的信任。

这一时期，近卫、冈田等重臣集团成员以及重光外相、米内海相、木户内大臣等都清楚，日本的战败只是时间问题，也都相继开始就战败的具体方式进行摸索。1945 年 4 月 7 日，铃木贯太郎内阁宣告成立，此后铃木内阁在第 87 届议会上扩大了众议院议员的兼职范围，允许众议员议员兼任情报局总裁、综合计画局长官以及技术院总裁等职位。该改革的目的在于放眼战败后的政治局势，希望通过这一改革，在战后促进议会势力在政治领域的活性化。

新成立的综合计画局除了最高战争指导会议的立案和运营工作外，还积极地参与制定了《战时紧急措施法》，以及设立地方统监府和国民义勇队相关的种种事务。由此可见当时政府方面在努力拉近并强化综合国策机关与最高战争指导会议之间的关系[128]。虽然在制度上综合计画局是内阁的附属机构，但在实际运营中，该局更像一个最高战争指导会议的事务机构。

根据高木惣吉的记载，在听闻希特勒和墨索里尼等盟国领导人的死讯，以及冲绳战役的惨状后，1945 年 5 月昭和天皇终于下定决心“终战”[129]。

---

①　小矶国昭内阁在二战末期推行的和谈工作。当时在小矶首相和绪方竹虎情报局总裁的主导下，通过《朝日新闻》记者田村真作联系上了秘密访日中的时任汪伪政权考试院副院长缪斌，希望通过缪与重庆国民政府交涉和谈问题。正如下文所说，因内阁当中部分成员坚持反对，该和谈工作未能取得进展。

战争结束之前，在就是否接受《波茨坦公告》进行讨论的御前会议中，国务与统帅相互分裂的现象可谓展现得淋漓尽致。当时主张以维持国体为接受该公告之唯一条件的东乡茂德外相，与坚持自主撤兵，由日本自主处理战争责任人，不对日本实施保障占领等四项条件的阿南惟几陆相、梅津美治郎总长、丰田副武总长相对立。军部主张的自主撤兵等四项条件，也正是此前昭和天皇踌躇是否“终战”的原因所在。最终依靠昭和天皇在 8 月 9—10 日以及 8 月 14 日御前会议上的“圣断”，战争宣告结束。大本营也于 9 月 13 日被正式废除[130]。

结语

日本对中国发起的不宣而战的战争形态，导致在占领区支配方式层面出现了各省割据的合议制模式。无论对于推进近卫新体制的一方，还是对于军部一方来说，这一合议制模式都在战时的领导决策层面造成了严重的混乱，这一混乱的严重程度甚至超过了克服兵政二权分离原则过程中产生的种种问题。这也解释了为什么在追求政战两略一致的过程中，政府和军部构想的改革方案中都包含改革内阁制度，特别是强化首相权限的内容。在诸多大本营改革方案、内阁制度改革方案中，政府和军部都一直在思考如何实现国务与统帅的协作，而在这一过程中，两者之间也不断地在发生着共鸣与对立。这种共鸣与对立并存的关系，便是这一时期政军关系的主要体现。

或许令不少人感到意外的是，这一时期统帅部一直希望首相能够扮演起政府内部各方面意见汇总者的角色。例如，1940 年 12

月 1 日参谋本部起草的《基于武力战观点的支那事变最高统帅之研究》[131]中，提出了以下改革方案：将陆海军统帅部合并为综合参谋本部，并将陆海军省合并为国防省；在此基础上推进政治的一元化，“仅保留首相一名国务大臣，其余各省大臣均为行政长官”；此后在决定最高国策方针时，由军方和政府各派一名代表在天皇面前进行讨论，由“圣断”来作出最后的决定。联想到终战的实际过程，上述在实现政治一元化与统帅一元化的基础上，最终由“圣断”来作出决定的决策模式，无疑是非常具有象征意义的。

第六章

从大政翼赞会的成立到对英美开战

本章以中日关系为横轴，德意日三国同盟、大政翼赞会、日美谈判三大主题为纵轴，对陆海军主导下的对外政策决定过程进行了探讨。在开战前的日美谈判中，松冈洋右外相曾经派外务省美洲局长寺崎太郎前往中国视察，并召集日本驻中国各地的总领事会谈。本章开篇笔者便聚焦这一事件，对日美谈判背后的中日关系问题进行探讨。近年发现的新史料（高桥胜浩编《本多熊太郎関係文書》，国書刊行会，2018年）显示，在外政机构和驻外军队关系问题上，当时外务省一直主张要将统帅系统和行政系统的责任范围明确化。这一新史料为本章内容作了重要的补充。此外，本章牵涉的内容在研究史上仍留有不少空白，仍有巨大的研究空间。

序　言

本章探讨的是自1940年9月德意日三国同盟签订、10月大政翼赞会成立至1941年12月对英美开战为止的时期。其间，三国同盟、翼赞会、日美谈判是日本政府推进的三大政策方针。三大方针的背后，其实隐含着日本长期以来面对的最大课题，即如何结束中日之间的战争。近年来随着新史料的发现，中日关系史的研究[1]取得了令人瞩目的进展。本章中，笔者便以中日关系为横轴，以上述三大政策方针为纵轴，对两者之间的联系进行分析探讨。同时基于森山优[2]和波多野澄雄[3]的研究成果，对从1940年7月27日大本营政府联络会议制定《因应世界情势演变之时局处理纲要》，至翌年11月5日御前会议制定《帝国国策遂行要领》为止的这一时期，日本国策的变化过程进行分析。

首先，如果从中日关系视角出发来考察三国同盟问题会有什么新发现呢？波多野澄雄指出，在1940年秋季前后，陆军特别是参谋本部中产生了从国际局势出发解决中日间战争问题的构想[4]，即不通过中日间的直接外交谈判，而是依赖三国同盟的力量将英荷两国的影响力逐出远东，同时在南方建立一个自给自足的经济圈。此外，德国史学家田嶋信雄指出，20世纪20年代后期至1940年间，日、德、中、苏四国之间暗中存在一个以德国为核心建立欧亚大陆国家集团的构想。在德意日三国同盟建立之后，随着中德两国内部支持欧亚大陆国家集团构想的势力日益活跃化，以该势力为核心的中日停战计划也逐渐浮出水面[5]。

其次，如果将中日关系和大政翼赞会联系起来思考又会有什么新发现呢？研究日本战时议会状况的戈登·伯格（Gordon Berger）很早便指出[6]，大政翼赞会成立之时是一个带有对外性质的组织，日方也一直期待大政翼赞会在中日停战计划中能够发挥积极作用。在近卫文麿首相及其周边革新官僚们的最初构想中，大政翼赞会也是一个能够集结全国各股政治势力，进而实现中日停战的中核体组织。然而在此后的大政翼赞会相关领域研究中，伯格的这一视角未能被后人继承。

最后，如果将中日关系和日美谈判问题联系起来思考又会有何发现呢？迄今为止关于日美谈判问题的研究大多认为，在开战前美国已经破解了日本的通信密码，掌握了日本内部的实际动态。而美国之所以耗费时间和日本进行外交谈判，一方面是为了在日本发起进攻前尽可能地在菲律宾等地做好防卫准备，另一方面也是为了争取更多的时间来支援抵抗德国进攻的英苏两国[7]。笔者亦认为，美国在开战前推进对日谈判的目的之一确实是获取支援英苏两国的时间和空间，但单纯从这这一角度出发思考很容易忽视中国问题在日美谈判中的重要意义。自1931年9月“九一八”事变爆发以来，中国问题一直是横亘在日美两国间的重要课题。1941年1月，松冈洋右外相召集驻中国的各总领事举行会议，共同就对美外交方案进行商讨。此外，在日美谈判开始前，松冈还派遣外务省美洲局长寺崎太郎前往中国考察[8]。1941 年 2 月出任驻美大使的野村吉三郎，在同年 1 月赴美前的备忘录《对美临时案》中也表示，中日问题乃是日美两国矛盾的核心所在，当前必须想方设法缓解班乃号事件①以来美方所积蓄的对日不满情绪[9]。在研究日美谈判问题的过程中，不少学者会将视线集中于松冈和野村的对立关系上。但值得注意的是，当时为了让中国坐到停战谈判桌前，松冈和野村都不约而同地提出了利用美国进行斡旋的构想。

1939 年 9 月 1 日，德国入侵波兰。9 月 3 日，英法对德宣战。然而战争在德苏两国瓜分波兰之后，陷入了长达半年的沉寂状态。此后，1940 年 4 月德国侵占丹麦、挪威，并于 5 月闪击荷、比、法三国。以上可以说是第二次世界大战的第一阶段。1941 年 6 月 22 日苏德战争的爆发，以及 12 月 8 日太平洋战争的爆发，则标志着二战进入了第二阶段，德、意、日等轴心国集团和英、美、苏、中等同盟国集团的对峙格局至此完全形成。接下来，笔者便着眼于上述两个阶段之间的时期，对日本的内政与外交状况进行探讨。

---

① 1937 年 12 月 12 日，搭载自南京出逃的美国民众的美海军炮舰“班乃号”被日本海军军机击沉的事件。该事件造成了日美两国间的外交纠纷，最终以日本政府道歉赔偿收场。

1. 欧洲局势的剧变与近卫新体制的形成

研究德国军事史的桑德-长岛（Berthold J. Sander-Nagashima）指出，1939 年 9 月爆发的第二次世界大战（包括 1941 年 12 月爆发的太平洋战争）的胜败实际取决于两大交战阵营在海洋上的战斗[10]。中苏两国拥有广阔的腹地与战略纵深，导致进攻中苏的日德两国陆军陷入战争的泥沼无法脱身。至此，轴心国集团能否有效切断英美向中苏提供物资援助的海上补给线便成了左右战争结果的重要因素。从上述观点来看，对于英美两大海洋国家来说，1937 年 7 月中日战争全面爆发后，在大陆不断牵制日本的中国是极为重要的战略存在。日美开战外交史研究的奠基人乔纳森·阿特利（Jonathan G. Utley）指出，对美国罗斯福政权来说，“中国在某种程度上是一种担保。中国以付出巨大人员牺牲的代价阻碍了日本进军东南亚战略要地的脚步”。“当时对于美国来说，最重要的事情就是支持中国继续战斗下去。”[11]在此基础上，针对美国对中援助的评价问题，福田茂夫在从道义、经济的视角分析的同时，更从国际秩序的观点出发指出，美国的对中援助很大程度上是为了维持当时美国眼中理想的国际秩序（华盛顿体系）[12]。然而在讨论这一问题时，我们也必须考虑到当时美国不得不在太平洋和大西洋正面轴心国势力这一战略环境所带来的影响。

实际上，将第二次世界大战视为陆权与海权的战争这种看法，在战时就已经在日本国内盛行。例如1940年秋天，革新官僚毛里英於菟[13]在回顾日本近代历史的基础上指出，日本迄今为止的发展一直都依赖太平洋一侧的自由贸易经济体制。但自1932年伪满洲国成立之日起，日本的国家战略开始逐渐倒向大陆一侧的，包含计划经济成分在内的新经济体制[14]。驻英大使重光葵在1941年1月10日就曾断言："我不认为德国有能力战胜作为海权国家的英国。"[15]此外，对于1940年9月27日签订的《德意日三国同盟条约》，重光也批评说："签订这种同盟无异于拆桥坐守孤城。"[16]当时两大阵营为了争夺国际秩序主导权不惜堵上国运，身处时代洪流中的毛里和重光二人，虽然对日本国家战略的看法不尽相同，却不约而同地将两大阵营的冲突视为陆权与海权之间的战争[17]。

值得注意的是，当时德日两国的关系也有类似中美关系以及英美与苏联之间关系的一面。在欧洲西线单独抵抗德国的英国，必须依赖美苏两国的援助。对于德国而言，日本也拥有一个非常特殊的地缘政治优势，即日本能在西、南两个方向同时对美苏形成牵制。1940年7月31日英国拒绝德国开出的和谈条件后，众所周知希特勒曾对国防军首脑说："英国的希望在于美苏两国。而苏联一侧的希望一旦破灭，美国也必定坚持不了多久。因为一旦苏联脱离同盟国集团，日本在远东的战略地位必将获得飞跃性提升。"[18]正是在此背景下，1939年8月《苏德互不侵犯条约》签订后，曾经一度迅速恶化的德日关系出现了转机。

1940年6月24日，近卫文麿辞去枢密院议长一职，转而投身新体制运动[19]。近卫之所以在此时选择开展新体制运动，一方面是由于欧洲局势的变化，另一方面也是受到中日停战问题的影响。正如本章序言中所介绍的，伯格的研究曾指出近卫及其支持者“对于中日停战问题的认识非常乐观，（中略）他们似乎都将眼前的中日战争抛诸脑后，认为日本应当进一步向南方进军，依靠南进摆脱对美国的资源依赖，再以此为基础加强北方的防御力量”[20]。此外在1938—1941年间，近卫在制定新党方案以及着手改组大政翼赞会的过程中显得格外迷茫。对于近卫陷入迷茫的原因，伯格给出的解释是，近卫原本计划在中日和谈进展顺利的情况下推进彻底的国民动员（建立国民组织、开展新党运动）。而在中日和谈陷入僵局后，近卫只能退而求其次，转而开展内务省型的国民动员（建立公事结社性质的大政翼赞会）[21]。当战争进入第三年后，日本的财政状况日渐恶化，日本与在中国拥有利权的第三国，特别是美国之间的关系也逐渐跌至冰点。从当时日本所处的国内外环境来看，我们可以认为中日全面战争是制约日本各个领域的核心因素。

当时“支那派遣军”正在政府的许可下尝试与重庆国民政府进行和谈（桐工作）[22]。日方设想的停战条件主要有四点[23]：以善邻友好、协同防共、经济合作三原则作为中日外交改善的基础；承认伪满洲国；放弃容共抗日政策；允许日本以防共为目的在中国驻军。然而日方最终认为重庆国民政府的使者，自称宋美龄之弟宋子良的实际上是个冒牌货，重庆政府之所以开展对日和谈，不是另有所图[24]就是单纯为了刺探日方的反应[25]。但根据近年公开的蒋介石日记手稿，1940 年 7 月 6 日蒋介石曾亲自命令《大公报》主笔张季鸾将国民政府的和谈条件传达给日方。根据 8 月 4 日蒋介石的日记记载，当时蒋介石认为应趁日本南下之心正盛之际，以较为有利之条件与日本讲和。因此蒋再度命令张季鸾与日方进行谈判[26]。当时昭和天皇也掌握了中日和谈工作的进展情况。7 月 13 日，天皇对木户幸一表示："本月 10 日重庆和谈工作有所进展，蒋介石本人传来了答复。此后蒋似要与板垣（征四郎）在长沙会面，共商停战相关事宜。"[27]根据新近公开的《昭和天皇实录》，8 月 5 日和 8 月 21 日，天皇曾经派遣侍从武官长莲沼蕃前往参谋本部听取中日和谈进展状况的汇报[28]。《昭和天皇实录》的记载和蒋介石一方的动向可谓完全吻合。蒋介石愿与日本议和主要有以下考虑：第一，随着欧洲战局的恶化，英法两国开始对日让步（关闭援蒋交通线）。第二，正如 1940 年 9 月 5 日国民政府军令部长徐永昌所说，抗日战争长期化必将使中共从中渔利[29]，蒋介石也担忧共产党的力量会在这期间日渐增强。第三，1940 年 5—6 月，中日两军展开了枣宜会战。宜昌等地是运往重庆方面的各类物资的集散地，拥有极高的战略价值。当时不仅日本陆军在向宜昌等地步步进逼，海军航空队也对该地区进行了战略轰炸。此役中方遭受了严重损失，重庆的局势可谓日渐危急。

东京帝国大学法学部教授矢部贞治[30]曾说，近卫之所以开展新体制运动，是为了"担负起支那事变扩大化的责任。（中略）以国民舆论为后盾来抑制军部的势力"[31]。近卫也曾表示，开展新体制运动是为了"建立举国一致之体制，以此应对事变与欧洲大战影响下瞬息万变的世界局势"[32]。受海军军务局长的指示，负责收集新体制运动相关情报的高木惣吉在 1940 年 6 月 17 日亦分析说："近卫公爵一派认为依照现状发展下去，以陆军为核心的军政府恐会长期做大。如果建立起举国一党的政治体制，不仅能应对当下世界局势，还能预防陆军权势的进一步扩张。"[33]综上所述，近卫开展新体制运动的背景主要包括德国在欧洲战场的胜利、中日和谈的进展以及日本国内陆军势力的做大等。在此背景下，1940 年 7 月 22 日第二次近卫内阁宣告成立。

第二次近卫内阁推行的各项政策主要有两个特征。一是展现出了与既有政党对决的姿态。组阁之前的 5 月 26 日，近卫与木户、有马赖宁（后曾任大政翼赞会初代事务总长）举行会谈，共同决定了三点方针：①在受命组阁之前，静待各政党自发地开展创立新党的运动。②在受命组阁后，首先就国防、外交、财政等问题征询陆海军的意见。在此基础上设立由陆海军两总长、首相、陆海相构成的最高国防会议，同时发表设立新政党的方针，要求各既有政党自行解散。③成立新党后，选拔党内人才出任全部阁僚。[34]

由上述方针可以看出，组阁之前近卫就已经在考虑解散全部既有政党，在国内推行一国一党化。在组阁的第二天，即 7 月 23 日，近卫通过广播发表了题为《本次拜受大命》[35]的演讲，对既有政党作了批判："各既有政党针对立宪之主旨的态度各不相同，有的秉持自由主义，有的秉持民主主义或是社会主义。然而这些主义在根本上是难以和我国国体相容的。"为近卫起草这篇演讲稿的乃是东京帝国大学文学部教授平泉澄。讲稿中原有这样一段内容："我所希望建立的新体制，绝非单纯地在合并改组既有党派的基础上创建一个新的政党，我所追求的是一种无党的体制。”[36]但近卫在演讲中有意跳过了这一段[37]。尽管非自由主义派的既有政党势力、陆军以及企画院的革新官僚都对近卫的方针持欢迎态度，但观念右翼认为一国一党乃是复辟幕府体制的行为，对近卫的方针表示了反对。矢部贞治[38]等人也表示应尽量避免新体制与明治宪法发生抵触。因而近卫在7月底决定放弃建立新党的方案[39]。然而在此期间，中野正刚领导的东方会、社会大众党、政友会久原派、政友会中岛派、民政党先后于6月19日、7月6日、7月16日、7月30日、8月15日宣布解散，至此，既有的政治团体至少在名义上已全部不复存在。

近卫内阁政策的第二个特征是，对军方展现出了强烈的统制意愿。在第一次组阁时，近卫就着手推行过一系列大刀阔斧的改革，如强化首相在内阁中的领导力与发言权、设立战时大本营、导入内阁参议制度[40]等。基于第一次组阁时的改革经验，近卫会在1940年7月23日的新闻发布会上，就政治与统帅之间的关系问题表态说，“此乃当下最为紧要之问题，甚至某种意义上比政党的问题还要重要”[41]，也就一点也不令人感到意外了。然而从结果来看，近卫的意图最终并没有得到贯彻。内阁官房总务科长稻田周一曾经评价道：“在基本国策层面，近卫公爵虽然为统一思想创造了契机，然最终他在组阁之际还是全盘接受了陆军方面的要求。”[42]实际上，近卫构想中的陆军抑制政策能否起效，很大程度上取决于组阁后拟就任外相的松冈洋右对陆军的态度是否“强硬”。7月19日，近卫召集拟在新内阁就任外相、陆相、海相的松冈洋右、东条英机、吉田善吾三人在私邸荻外庄举行会谈。四人就新内阁的政策大纲达成了四点决议：①确立战时经济体制。②对外政策方面，为建设东亚新秩序，在强化德意日三国同盟的同时，与苏联签订“日满蒙”互不侵犯条约。之后将英、法、荷的远东殖民地纳入日本势力圈。在这一过程中尽量避免与美国发生不必要的冲突，但若美国对东亚新秩序的建设事业横加干涉，要坚决予以排除。③处理中日战争问题。④在国内体制方面，建立全新的政治组织，设立直属首相的政治决策机构[43]。

上述决议案是松冈洋右起草的[44]。值得注意的是，松冈草案的核心目的在于限制军方在占领区统治行政方面的发言权，同时放宽对中和谈的条件，以此来实现对军部的统制。松冈草案的制定，表明自1938年12月兴亚院成立后政府再次企图加强中央对占领区行政的统御力度[45]。在确立战时经济体制方面，松冈草案当中原本写道：“虽然在前线作战地区，作战部队出于生存目的有必要掌控当地的经济活动。但在后方占领区，则理应由政府全权负责当地的经济事务。”但四相会谈后的决定案中，删除了“前线作战地区”几个字，表述修改为“作战部队出于生存目的，确有必要对经济活动进行处理与指挥。除此之外（即与作战部队生存无关）的经济活动可由政府实行管理”。经此修改，松冈构想的将军方对经济活动的干预范围控制在作战地域内的计划最终还是落空了。和松冈草案相比，决议案中政府对军的统制力无疑有所减弱。此外，关于处理中日战争问题，松冈草案原本针对中日和谈工作设定了三点条件，即“实现东亚共同防卫，确立东亚经济圈，保证中日不再战”。然而经四相会议讨论之后的决议案在上述三点条件之外，还添加了“抵制共产主义，取缔反日活动”。不过值得注意的是，四相会议的决议案并未写入承认伪满洲国和防共驻军两项条件。由此可见在 1940 年 7 月，松冈提出的对中和谈条件还是有其“稳健”一面的。

2. 国策制定的新模式与非决定之内情

第二次近卫内阁成立后不久便作出了两个左右日本未来走向的重大决定。1940 年 7 月 26 日阁议审议制定了《基本决定纲要》[46]（以下简称《纲要》），次日的大本营政府联络会议也通过了《因应世界情势演变之时局处理纲要》[47]（以下简称《处理纲要》）。

首先让我们通过分析《纲要》的制定过程，来对第二次近卫内阁政策制定流程的特征进行总结。《纲要》的原案是一份题为《综合国策十年计划》[48]（以下简称《计划》）的文件。该文件是在陆军省军务局长武藤章的指示下，由军事科长岩畔豪雄担任常任干事，汇集革新官僚和民间人士联合制定的[49]。该文件共分基本国策、外交国防、内政、“日满支关系”四部分，与内政相关的部分又是其重中之重，其中罗列了经济机构、农林、财政金融、贸易、交通、人口、社会保障、文化教育等各个领域的待解决事项。以《计划》为基础制定的《纲要》在标榜建设“大东亚新秩序”、革新国内体制的同时，将《计划》中罗列的待解决事项具体分配到各个省厅，命令各省厅迅速制定出相应的解决方案。此后 8 月 1 日的阁议还进一步制定了《基于基本国策纲要的具体问题处理纲要》[50]。该文件共罗列了20多项待解决事项，其中建立全新的国民组织、确立舆论指导方针、建立重要战略物资的统一管制机构等9项问题，被定位为应立即设法解决的紧要问题。

高度分权的明治宪法体制下的近代日本，需要一个能够决定政策的优先顺序，并对政策进行有机统合的历史装置。在很长一段时期内，元老和政党扮演了这一角色[51]。而在习惯性的两大政党体制崩溃后，取而代之成立的斋藤实内阁与平沼骐一郎内阁为了解决农村问题和外交问题，开始活用五相（首相、藏相、陆相、海相、外相）会议充当政策的有机统合装置。如果比较一下五相会议模式和第二次近卫内阁在制定《纲要》过程中采用的决策模式，我们便会发现《纲要》的制定是以革新官僚和民间智库起草的《计划》为原案的，而且在《纲要》的制定过程中，阁议只起到了形式上的作用。总的来看，第二次近卫内阁时期的这种决策模式，仿佛是在各省厅之上建立一个政策立案决策机构，各个省厅也会遵照该机构的决定施行各种政策。由于明治宪法体制决定了首相无法大幅强化自身的权限，企画院也无法演化为统制省（这一问题将在后文进行论述），第二次近卫内阁才不得不采用上述这种迂回战术。在这一点上，以《纲要》制定过程为代表的政策制定模式的建立，可谓有着划时代的意义。

同年7月27日，大本营政府联络会议时隔1年零8个月再度召开。本次联络会议正式审议通过了《处理纲要》。依靠联络会议来制定决策是第一次近卫内阁的一大特征。与《纲要》的制定过程类似，《处理纲要》的草案也是在参谋本部谋略科长臼井茂树的指示下，由作战科战争指导班起草[52]，又经海军方面修订而成的。该草案的主要内容有：第一，强调解决中日战争和推进南方政策的必要性。第二，列举了解决南方问题的具体方法（强化与德意两国的政治合作，协调日苏关系，回避对美冲突，尽可能武力进驻法属印度支那，通过外交手段获得荷属东印度的资源）。第三，罗列了武力南进的具体时机和条件。第四，列举了建设国防国家过程中内政领域面对的重点问题。

与五相会议这种各省高层和首相汇聚一堂的决策模式相比，联络会议模式、天皇本人与枢密院议长列席的御前会议模式则带有较为浓厚的形式主义色彩。很多时候在联络会议和御前会议上，与会各大臣或统帅部代表的发言只是照本宣读下属编写的草案。但由于统帅部的代表也会出席联络会议和御前会议，因此和五相会议相比，联络会议和御前会议的出席者中军人的比例会高一些。以1941年9月6日审议《帝国国策遂行要领》的御前会议[53]为例，参加者除首相、外相、藏相、内相、陆相、海相6名大臣之外，还有参谋总长和次长、军令部总长和次长、枢密院议长、内阁书记官长、陆海军军务局长、企画院总裁等人。与会总人数达到了15人，其中军方代表有8人（军人总数为10人）。此外，由于实际负责会议原案起草工作的都是没有资格出席会议的各机关下属人员，因此很多时候在立案过程中，陆海军省以及参谋本部、军令部之间的意见和组织利害关系并没有得到很好的调整。

例如，《处理纲要》第四条中关于内政改革问题的规定，便引发了陆海两军的意见对立。联络会议上审议通过的《处理纲要》第四条中仅仅列举了内政改革的大纲，而各条大纲的具体施行方式则必须参照陆军方面制定的《关于第四条国内指导问题的具体要点》[54]的规定。在该文件中，陆军列举了三点内政改革措施：①强化首相的权限（在各省发生意见对立时，赋予首相最终裁决权）。②破除各省割据主义（赋予企画院实施计划的职能，使企画院逐渐演化为统制省）。③建立新的国民组织（在全国范围内建立覆盖各阶层各职业的国民总动员体制）[55]。对于这一陆军提案，海军从宪法的角度提出了异议和修改意见[56]，针对首相权限的强化问题，海军方面表示这违背了宪法与国体的精神。对于将企画院逐步改组为统制省的计划，海军亦反对称："造就一个立于各省之上的新省厅，无异于是在天皇之下树立一个独裁政府。"在海军的反对下，原本标榜推进内政改革、建立国防国家的《处理纲要》第四条中的①②两条大纲宣告流产，而建立新的国民组织的构想最终也仅仅是以 1940 年 11 月建立大日本产业报国会这一职能国民组织的形式[57]草草收场。

此外，围绕《处理纲要》第二、第三条中关于武力南进问题的规定，陆海军之间也爆发了意见对立。此前的研究都将《处理纲要》视为一个计划在德国登陆英国本土后，出兵占领英荷远东海外领土的"趁火打劫"式的计划文件[58]。然而在对海军史料进行分析之后，森山优指出，当时陆海军之间并未就武力南进方案与中日战争处理之间的关系问题达成一致[59]。昭和天皇是唯一有能力知晓政府、陆军、海军三方面意见的人。1940 年 7 月 30 日，昭和天皇曾针对上述问题对木户说道："政府、陆军、海军三者似乎就该方案的实施抱有完全不同的想法。"[60]可见昭和天皇的眼光还是非常敏锐的。

为了理解这一时期陆海军在武力南进问题上的对立情况，我们有必要先了解一下此前一直主张北进的陆军为何在此时会转而支持南进。正如笔者在序言中所提及的，波多野澄雄[61]指出，这一时期日方开始考虑通过武力南进来解决中日战争问题。陆军在起草《处理纲要》之后，曾经派遣臼井谋略科长向海军方面解释说明《纲要》的具体内容[62]。而臼井正是陆军内部主张通过武力南进来解决中日战争问题的代表人物。臼井说：如今德意两国正积极在欧洲和非洲建立经济势力圈。英国也在美国的协助下，以印度和澳大利亚为主轴在南太平洋建设后方战线。那么数年之后在南方必然会形成一个牢固的英美战略经济势力圈。一旦这一势力圈形成，不论日本是否情愿，一直以来依存于英美两国的日本经济必将难以为继。既然如此，日本不如先下手为强，主动出击在南方建立一个自给自足的经济圈。而作为南进的前提，日本必须先在北方从苏联方面获得安全保障，同时尽快结束中日战争，并与德意两国在政治领域建立起紧密的团结与协作。为了达成上述目标，可以不惜对英国远东领土与荷属东印度行使武力。

针对陆军的南进论调，海军方面基于英美不可分论，认为对英国远东领土的攻击必将招致日美开战。因此海军起初只同意对荷属东印度使用武力[63]。直到《处理纲要》审议通过的一个月之后，8月29日，海军才在开出下列苛刻条件的前提下，勉强同意了陆军的武力南进计划[64]。当时海军方面设想了两种情况，即情况A：即便中日战争仍在进行，帝国面临生死存亡的巨大威胁时。情况B：世界局势的演变给武力南进带来良机之时。在情况A下，海军同意当①美国宣布全面对日禁运，且有第三国呼应美国采取相同措施时，或②英美两国单独或共同对日施压，致使太平洋局势现状发生改变，日本面临关乎生死存亡的威胁时，可以出兵南进。而在情况B下，海军则同意当①美国在欧洲战场正式参战，因此没有余力应对远东局势时，或②英国在战争中逐渐陷入劣势，无力在远东与日本交战，美国也因此不太可能公然援助英国时，日本可以选择武力南进。

这里值得注意的是，在情况B下，海军对所谓的“良机”作了极为苛刻的限定，这使得日军在情况B下实行武力南进的可能性大大降低。然而在情况A下，海军却同意一旦美国和第三国实施对日全面禁运，日本就可以诉诸武力。虽然这里所谓的诉诸武力的对象仅限于荷属东印度，但我们不难发现当时海军开出的武力南进条件有一个重要特征，即海军一方面将主动武力南进的条件设定得极为苛刻，另一方面却降低了被动武力南进的门槛。此后，随着英美两国针对荷属东印度的安全保障战略的变化，海军上述决定的影响也日渐凸显出来。

我们再来看看当时美国的对日态度。美国在1939年7月26日通告日本，宣布将于半年后废除1911年签订的《日美通商航海条约》。1940年7月26日，美国宣布将石油和铁屑列入对日出口商品管制清单，并于7月31日进一步宣布禁止对日出口航空汽油和润滑油。美国之所以决定实施对日禁运，其背后确实有在法荷两国败北后牵制日本南进法属印度支那及荷属东印度的动机（9月22日，日本为了占领当地机场、确保军事通行权，宣布进驻法属印度支那北部）。然而在对日牵制的具体方式问题上，美国内部也分裂为了软硬两派。乔纳森·阿特利的研究指出，最初罗斯福总统只打算对日实施航空动力燃料的禁运，但财政部长小摩根索

(Henry Morgenthau，Jr.）认为在经济方面对日施加强大压力是阻止日本南进的有效手段。小摩根索主张实施大范围的，包括所有石油制品、钢铁、铁屑在内的对日禁运。与此相对，美国国务院却在对日禁运问题上抱着较为消极的态度，认为一旦对日实施大范围的物资禁运，只会“在远东给日本提供将自身行为合理化的借口”[65]。7 月 31 日美国宣布的对日物资禁运清单，实际上是财政部和国务院相互妥协的结果。并且在航空汽油禁运问题上，当时日本从美国进口的航空汽油的辛烷值为 86，而在国务院的主张下，美国将对日航空汽油的禁运范围限制在了辛烷值 87 以上。在国务院的妥协方针下，美国的对日航空汽油禁运给日本的打击极为有限。如果我们比较一下美国宣布对日禁运前后 5 个月的对日出口额便会发现，宣布禁运后美国对日出口额反而较禁运前增长了 6.5 倍[66]。

翌年，陆海军在南进问题上再度爆发冲突。1941 年 7 月 2 日的御前会议制定了《因应世界情势演变之时局处理纲要》，正式决定抱着“与英美一战之觉悟”进驻法属印度支那南部。但海军实际上并没有下定与英美开战的决心。此时海军之所以同意武力南进，一方面是为了牵制松冈外相和参谋本部推进的早期攻苏论(旨在配合 6 月 22 日爆发的苏德战争)，另一方面也是为了争取预算、创造增强装备实力的理由[67]。对此，参谋本部战争指导班的科员曾经讽刺地说：“陆海军整日只知相互内耗，玩些无聊的文字游戏。这简直都成了日本的国家特色了。”[68]

3. 革新派的逻辑与大政翼赞会的成立

在 1940 年 8 月 28 日成立的“新体制设立准备会”中，负责具体事务的都是当时刚刚进入企画院审议室的革新官僚，例如美浓部洋次（商工省）、奥村喜和男（递信省）、迫水久常（大藏省）、毛里英於菟（兴亚院）等。在此笔者首先想探讨一下这些革新派眼中的中日战争观[69]。1938 年 10 月，毛里[70]曾经表示，中日战争是一场旨在打破“国际资本主义、共产主义的对中支配，以及蒋政权对上述主义的服从”的战争。在同年 11 月的论文中，毛里进一步赋予了中日战争“国际资本主义和共产主义支配之下的东亚革命”的意义。在此基础上，毛里认为只有建立一个东亚协同体，这一革命才能够取得成功。为此，日本必须率先抛弃自由主义和资本主义的体制，建立一个以一君万民的全体主义体制为基础的国民组织。只有如此中日之间的战争才有可能得到彻底的解决[71]。此后毛里便开始在国内推进建立国民组织和经济统制体制。此外，日后就任大政翼赞会东亚部副部长的杉原正巳当时在武藤章陆军军务局长的资金援助下创立了《解剖时代》杂志。该杂志先后刊登了不少革新派成员的文章。在思想理论层面，杉原和毛里也有不少相似之处。杉原曾将资本主义和共产主义比作“诞生于近代的双胞胎”[72]，宣称“支那事变是东亚针对（国际资本主义与国际共产主义支配下的）全世界的一场革命”[73]。在此认识的基础上，杉原认为“所谓东亚协同体，是一个取代19世纪的旧国际金融资本秩序以及国际共产主义秩序下的支配、被支配关系的第三秩序”[74]。总而言之，当时革新派一方面在表面上批判在中国拥有较大影响力的英苏两国，另一方面在国内问题上营造出一种恐慌忧虑的气氛，意图利用对外的危急意识在国内推行改革运动。革新派的这种论调套路可以说是继承自北一辉的传统模式[75]。

德意日三国同盟缔结的次日，即1940年9月28日，近卫首相通过广播作了题为《直面重大时局》[76]的演讲。近卫演讲的核心逻辑和革新派如出一辙。“现今日支间的纷争乃是在世界旧体制的重压下爆发的东亚地区变态的内乱。只有对世界旧秩序的根本矛盾进行大刀阔斧的改革，才有可能解决这一纷争。”从内容上看，近卫本人或是近卫演讲稿的起草者的思想与革新派之间有不少共鸣之处。而近卫之所以采用“变态的内乱”这一新奇的表述，很可能是为了避免在演讲中使用“革命”一词。8月27日，近卫向天皇递交了矢部贞治起草的题为《关于宪法的运用问题》的意见书（除宪法问题外，近卫当时还向天皇递交了关于外交方针和经济财政政策的意见书）[77]。在意见书中，近卫表示《大日本帝国宪法》虽被尊为“不磨之大典”，但由于宪法起草过程深受欧洲各国政体（自由主义的立宪政体）的影响，因此帝国宪法“在政体法的组织与运用”方面过度地偏重“分立主义和均衡主义”。在意见书的最后，近卫得出结论，为了集中国家权力、强化首相的执行权，必须根据实际情况对宪法第八条（紧急敕令）、第十四条（戒严令）、第三十一条（战时针对国民权利义务的限制）以及第七十条（紧急情况下依照敕令对财产进行处置）进行灵活运用。收到近卫的意见书之后，昭和天皇对木户内大臣表示："如果有修宪之必要，大可通过正规手续对宪法条文进行修改，对此我没有任何异议。不过近卫本人似乎不怎么重视议会的作用。"在此基础上，天皇援引苏我、物部以及源、平对立的历史典故，表示日本历史中时常存在两大势力相互冲突对立的情况，如若日本难以将国内相互对立的两种意见进行协调统一，那么"将议会作为容纳上述冲突对立之场所亦不失为良策"[78]。从这段话中，我们可以看出昭和天皇对于议会存在价值的认识可谓独具慧眼。

正如上文所说，革新派赋予了当时正在进行中的中日全面战争较为积极的意义。而在此之前，1940 年 2 月 2 日斋藤隆夫（民政党）在帝国议会上发表了所谓的"反军演说"①。此后以讨论是否要将斋藤从议会中除名为契机，对于近卫新党的期待论调开始在帝国议会中扩散开来。而实际上斋藤演说的核心内容与其说是"反军"，不如说是针对第一次近卫声明（1938 年 1 月 16 日）中蕴含的革新派的战争观的批判[79]。在演说中，斋藤表示一味宣传不宣战、不割地赔款、不独占经济开发等口号是无法结束战争的，一旦发动战争最终就只能靠武力来解决问题。这等于是给革新派当头泼了一盆冷水。此后，敌视斋藤的革新派与其他亲军势力开始

① 1940 年 2 月 2 日，立宪民政党议员斋藤隆夫在众议院上发表的对近卫声明以及扶植汪伪政权等对中政策进行批判的演讲。对演讲内容极为不满的陆军，认定演讲内容乃是对"圣战"的亵渎，要求将斋藤从众议院除名。

在议会内形成一个统一的，主张在政治层面组织国民，在经济层面实现资本与经营分离，同时限制利润分红（1940 年 10 月《公司经理统制令》）[80]的新势力。

然而在 1940 年 8 月 28 日至 9 月 17 日于首相官邸召开[81]的新体制设立准备会上，出现了与革新派相敌对的势力。该准备会由贵众两院 13 名议员、4 名言论界代表、4 名国家主义团体成员、2 名财界代表、1 名学界代表、1 名外交界代表、1 名自治团体代表，共计 26 名委员和 8 名常任干事（内阁书记官长、法制局长官、陆海军军务局长、企画院次长、内务次官以及后藤隆之助和松本重治[82]两位民间人士）组成。社会大众党党首麻生久曾批评新体制声明案“没有充分发掘青年阶层的力量”。对此精神右翼人士井田磐男略带讽刺地回应说：“麻生这是坐着火车不知不觉之间跑到苏联去了。”此外，当时革新派原本希望在乡军人会能够担负起国民组织核心的角色，但东条陆相对此表示了反对，这让革新派大失所望。

此后新体制运动屡屡被批“违宪”，最终矢部不得不改变路线，放弃了当初成立近卫新党的方针，转向国民再组织的新路线。矢部认为新体制运动中的矛盾核心是革新右翼与精神右翼之间的对立[83]。以麻生为代表的革新右翼在外交方面既支持德意日三国，又支持与苏联合作；而在经济方面，主张实施利润管制，将资本与经营相分离。与此相对，以井田为代表的精神右翼则在根本上坚持“排除共产主义，警惕苏联威胁”，同时强调南进的风险，主张“尽快处理支那事变，不可与英美开战”。在此背景下，想要对政党势力、工会以及农民合作社等既有组织进行重组，在此基础上建立一个能让企画院审议室的革新官僚和精神右翼双方都满意的新国民组织，可谓难比登天。

当时警察的舆论调查显示，受调查者中有 90％表示不信任既有政党[84]。基于这一调查结果，矢部对新体制运动的形式作了如下展望[85]：如果开展纯粹民间性质的政治运动，则必然会受制于《治安警察法》（1900 年施行）。例如，《治安警察法》第五条明确禁止现役军人、征召中的预备役后备役军人、警察、神官神职等宗教人士、在校学生、女性、未成年人，以及学校、公共团体、在乡军人会、产业联合会等组织加入政治结社。而如果赋予运动“官方性质”，便可以回避这一限制，对上述人群和团体进行政治动员[86]。然而，如果以官方运动的名义对国民进行再组织，一直以来对近卫新党寄予厚望的政党人士和革新右翼必然会大失所望。此外，当时革新官僚主导制定的《公司经理统制令》也在财界引发了波澜[87]。不少财界人士认为该法令带有明显的共产主义特征，动摇了资本主义制度的根本，因此对该法令表示了强烈的反对。自 1940 年秋天起，财界开始打出新体制“红色论”的旗号，以非常直白的方式针对新体制运动展开了反击。另一方面当时内务省也开始对新体制运动施压，要求由各府县知事来充当新成立的国民组织的地方支部长，同时将町内会、部落会纳入新国民组织体系，充当新组织的末端机构。

在此状况下，精神右翼、财界人士等反革新派的势力开始想方设法拉帮结派，扩大势力。而财界之所以会如此积极地参与政治活动，其实离不开海军的煽动。在海军军务局长指挥下负责新体制运动相关情报搜集任务的高木惣吉的记录显示，高木在 1940

年 10 月 5 日和经济联盟会长、内阁参议乡诚之助取得了联系[88]。此后高木又联系上了三井合名的前任常务理事、内阁参议池田成彬以及日银总裁结城丰太郎[89]。10 月 26 日，海军首脑和关东财界代表召开了座谈会[90]。在座谈会席上，池田成彬表达了其心中的危机感："如今政府出台的统制措施的适用范围会不会无限扩大化下去，对于这一点大家心中都没有数。这也在社会上造成了国民的恐慌。大家都开始担心如此下去有一天政府会像当年北一辉主张的那样对私人财产进行没收和统一管制。"中支那振兴股份有限公司总裁儿玉谦次更是针对革新派明确批判道："新体制运动那一套理论根本就是红色思想，按照奥村（喜和男，企画院书记官）的说法，我等的生命财产根本就是暂时寄存在自己手中的，任何时候都要做好思想准备，什么时候上面有需要了，就要把自己的生命财产全部奉还回去。所谓新体制云云不过是打着陛下的旗号公然宣传红色思想而已。"最终，在财界、海军和精神右翼的联合反对下，近卫一派开始出现动摇。10 月 12 日，以近卫首相为总裁的大政翼赞会正式举行了成立仪式。《新体制运动规约》第一条规定："本运动由全体国民共同参与，其正式名称为大政翼赞运动。"第二条又规定："本运动之目的在于创建万民翼赞、一亿一心、恪尽职守的国民组织，并在此基础上对该组织加以灵活运用，以期建立臣道实践体制。"从上述规约条文不难看出，当时新体制运动的各个推进主体的意见并未达成一致。我们可以从首任事务总长有马赖宁的日记窥见当时大政翼赞会的迷茫状态。有马在 11 月 17 日的日记中写道："近卫总裁似乎对右翼的非难十分在意，这着实令人不快。"[91] 12 月 4 日，有马又写道："近卫首相竟然要让（精神右翼的一员）平沼（骐一郎）男爵出任无任所相，真不知道他是怎么想的。”[92]三天后有马再次写道：“今日，经济新体制正式对外发布。如此一来，不知今后右翼和资本家们的势力一旦恢复会带来什么样的后果。”[93]当时翼赞会内部的种种对立，一方面是围绕着新体制运动是否带有共产主义性质问题产生的，另一方面是关于《众议院议员选举法》修订问题产生的意见分歧[94]。1940年11月，大政翼赞会议会局曾提议在各选举区内建立以100名以上有选举权者推荐为条件的候选人推荐制度。对此内务省方面表示反对，并针锋相对地提出利用部落会、町内会、市町村、郡府县的上下结构构建推荐制度。此外，当时以平沼为代表的精神右翼也主张导入一个违背普选制度潮流的户主选举制。但最终反对派的上述主张都未能实现。1941年2月，大政翼赞会正式被认定为禁止从事政治活动的公事结社。而有马赖宁也在同年4月的翼赞会改组中辞去了事务总长的职务。

1940年秋对中和谈工作（桐工作）失败后，近卫对于翼赞会的热情也逐渐消退。1941年4月翼赞会改组之后，大批革新派成员退出，翼赞会中的企画、政策、议会三局也被废除。值得注意的是，在本次改组过程中，翼赞会东亚部是唯一一个从部升格为局的机构。而东亚部的升格背后有这样一段背景，陆军省军务局的武藤章等人原本计划与革新派合作，企图通过建立新党和国民再组织的模式来实现政治力的集结，然而武藤等人的计划还是落空了。此后武藤等人将目光转向了石原莞尔和宫崎正义等在中国占领区开展的“东亚联盟运动”[95]，希望通过该运动实现日本国内组织与中国占领区组织的联合。

相关史料表明，当时武藤等人希望将石原莞尔排挤出“东亚联盟运动”（石原于1941年3月被编入预备役），并在此基础上将在日本国内外广泛开展的“东亚联盟运动”的成果纳入翼赞会体系，以此作为政治体制变革的核心。中国方面，东亚联盟中国同志会和东亚联盟中国总会先后于1940年11月和1941年2月宣告成立。当时对占领区的中国学生和劳动者有着巨大影响力的袁殊开展了所谓的“兴亚建国运动”，此后参与该运动的一派人也加入了东亚联盟中国总会[96]。当时高木惣吉专程向海军中央汇报说：“近来东亚联盟势力日盛，贵、众两院议员中共有170人加入了相关组织。”[97]最终1940年12月17日，陆、海、外、兴亚院联络委员会干事会制定方针，决定将日本国内外的各种运动全盘纳入大政翼赞会体系。1941年1月14日，该方针经阁议审议后正式确定，规定由翼赞会来推行“帝国内关于大东亚新秩序建设的思想启蒙运动”，同时“面向其他国家相关团体的启蒙运动”也必须接受翼赞会的领导[98]。但由于“东亚联盟运动”带有强烈的政治属性，因此在翼赞会吸收该运动的过程中，就军方是否应对其加以干预的问题，陆军内部出现了积极派的武藤和消极派的东条陆相之间的意见对立。在此背景下，内阁在阁议决议案的文字表达层面也做了妥协。当时通过的决议案中只是简单地表示日本国内外的“东亚联盟运动”应相互呼应，避免出现失控暴走的情况。笔者希望各位读者能够记住，当时主张将“东亚联盟运动”吸收进大政翼赞会并借此促进翼赞会的活性化的势力，一是陆军内日后对日美谈判问题十分热心的武藤章，二是翼赞会内部的东亚部。

4.《德意日三国同盟条约》的签订与参战自主决定权的确保

1940 年 7 月 26 日制定的《纲要》在开头对时代背景作了如下概括："如今正值世界历史一大变革之际。以数个国家群组的成立和发展为基础，孕育产生了全新的政治经济文化。当此变革之际，皇国亦面临着有史以来的一大试炼。"当时所谓的"历史一大变革"到底指的是什么？对于这一问题河西晃祐[99]指出，同年 7 月，日本外务省预测德意两国最终会取得战争的胜利，甚至还在这一预测的基础上设立了"战时对策及和平对策委员会"，开始展望战后和谈会议的相关问题[100]。当时外务省担心德国取得欧洲战争胜利后，会作为战胜国占领法属印度支那和荷属东印度。而陆军内部当时也存在类似的想法。1940 年 7 月 12—16 日，陆军省、海军省、外务省联合召开中层干部会议。外务省欧亚局第一科长安东义良警告说："德国现今表态有意让日本领有荷属东印度东部，这也就意味着德国将来会占领荷属东印度西部的爪哇和苏门答腊等岛屿。"[101]对此陆军省军务局军务科外交班长高山彦一也呼应说："当前德国有意在政治上并吞法属印度支那和荷属东印度，日本必须清醒认识到这一点并提前制定好相应对策。”[102]当时日本之所以在外交上接近德国，其主要目的就是防止战争前景一片大好的德国的势力进入东南亚地区[103]。此前义井博、细谷千博、井上寿一、森茂树等人的研究[104]都指出，“将德国势力封锁在欧洲”，是日本签订德意日三国同盟的目的之一。在上述研究的基础上，河西晃祐提出了一个有趣的视角。他认为，这一时期日本频繁使用的“大东亚共荣圈”口号，实际上是“为了防止德国在击败法、荷两宗主国后染指两国位于东南亚的殖民地所提出的”[105]。迄今为止关于德意日三国同盟的研究，大多是在参照时任外务省顾问、曾亲自参与同盟谈判的斋藤良卫撰写的《德意日同盟条约缔结要录》[106]的基础上，来对当时日德两国外交的折中过程进行分析的。而笔者主要着眼于三国同盟条约内容面的特质，特别是日本有权自主判断是否参战这一点，在此基础上对当时御前会议中军部和枢密顾问官提出的三国同盟反对论进行详细叙述。

开战初期德国对日本的态度非常冷淡。但在 1940 年 7 月 19 日英国表态拒绝希特勒开出的和谈条件后，德国的对日态度开始急剧转变，立即决定派遣施泰默尔（Heinrich Georg Stahmer）访日。而日本方面，松冈外相亲自对陆、海、外三省事务当局制定的原案进行了修改，以此为基础制定了《关于轴心强化的基本纲要案》[107]，并在 9 月 6 日将该纲要案列入四相会议制定的《德意日轴心强化的相关问题》[108]文件中。在这一过程中，松冈外相并未事先和陆海军大臣协商。对于陆海军大臣而言，松冈的行动无异于一场突袭。此外，除外务次官大桥忠一和德国驻日大使奥特（Eugen Ott），松冈禁止其他任何人参与日方与施泰默尔之间的谈判。

松冈主张在条约对外公布时，只需要公开表明德意日三国就建立世界新秩序达成了一致即可。同时争取在不背负参战义务的前提下，让德意两国接受日本陆、海、外三省事务官僚提出的四点协定条项（大多为秘密条项）：①“政治协定条项”，②“关于相互支持合作的协定条项”，③“实现合作强化的基础要点”，④“谈判方针要领”。在看到这四点协定条项的具体内容后，施泰默尔感叹说，这些条项只是在“单方面地罗列日方的要求”[109]。

在上述各秘密条项中，日方主要提出了如下具体要求：相互承认生存圈范围，在生存圈内进行物资融通和技术交流。斡旋调停对苏关系。对美牵制以及在对美开战之际的援助与合作（以上为条项①的内容）。日本的生存圈以所谓“日满中三国”为主体，除此之还包括国联委任统治的原德属南洋诸岛、法属印度支那、法属太平洋岛屿、泰国、英属马来、英属婆罗洲、荷属东印度和缅甸。日本愿以承认日本在当地的优势地位为条件维持荷属东印度和法属印度支那的独立。同时，明确规定日本有权自主决定未来是否对英美两国开战（以上为条项③之内容）。值得注意的是，在秘密条项中，日方针对向英美开战的具体条件作了非常苛刻的限定[110]。例如，日本将结束中日全面战争作为对英美行使武力的大前提，还规定只有在“内外诸般情势对日本特别有利”的情况下，或是“国际形势之变化导致箭在弦上不得不发之时”，才会对英美开战。所谓“内外诸般情势”，主要指的是中日全面战争与日苏关系的状况、美国的对日态度以及日本的战备状态。不知各位读者是否对这一重层结构的开战条件有似曾相识之感。回顾一下就会发现，这里列举的开战条件和上文提及的 7 月 27 日大本营政府联络会议制定的《处理纲要》第二、第三条中，海军开出的武力南进的附加条件可谓如出一辙。总结来说，当时日本方面提出的三国同盟条约原案的核心精神主要有三点：排除德国在东南亚的影响力；在技术合作与对中、对苏关系调整领域寻求德国的援助；在对美开战问题上维持日本的自主决定权。

在9月9日开始的日德谈判中，施泰默尔表示德方希望日本能够对美国形成牵制，阻止美国在欧洲参战[111]，并要求在同盟条约第三条中加入以下核心内容："如果缔约国一方受到目前未参与欧洲战争或中日冲突的国家的攻击，其他缔约国应以一切政治、经济、军事手段给予援助。"[112]9月14日，德方进一步就"受到攻击"的具体范围作了扩大解释，将其定义为"包括公然或隐秘（有的史料中写作'阴密'）形式在内"的各种模式的攻击。德方希望以此来提高日本参战的可能性，以达到对美牵制的效果。然而德方在条约草案中罗列的"隐秘形式的攻击"的具体案例，给日本当局造成了巨大的震撼。例如德方主张，美国一旦依照与英国的协定占据太平洋上的重要岛屿，或是美国舰队一旦进驻新加坡，都可以视为上文所述的"隐秘形式的攻击"。对此，松冈明确表态拒绝，并主张将来由德意日三国共同对"攻击"的具体定义进行商定[113]。最终经过德日双方的妥协，松冈接受了德方提出的对美军事同盟案。而日方提出的秘密协议条项也以松冈和奥特之间换文的形式得以保留[114]。该换文的主要内容有以下四点：①德国承诺在日英发生武力冲突时援助日本。②将旧德属殖民地以有偿或无偿的形式让与日本。③条约之细节由第四条所规定之混合专门委员会商讨决定。该决定需得到缔约国政府之承认。④条约第三条中关于“攻击”之具体定义，应由缔约三国共同协议决定。

这里我们会发现日方提出的协定条项和换文的具体内容存在一定的差异。与详细列举开战条件的协定条项不同，换文只是规定同盟条约中关于参战条件的具体规定将由混合专门委员会讨论决定，且混合专门委员会作出的决定最终还是必须获得各国政府的承认才能够生效。换言之，日本政府最终还是保留了在参战问题上的自主决定权。总体来看，《德意日三国同盟条约》的正文措辞强硬，然而各缔约国又暗中通过换文的形式对条约正文的规定加以了限制，“外强中干”可谓是该同盟条约的一大特征。

9 月 16 日的阁议审议通过了三国同盟条约案。阁议中，藏相河田烈以及企画院总裁星野直树对三国同盟表示了消极的赞同。“在经济资源储备每况愈下之际，我国完全没有余地来改善如今的国际环境。（中略）近期美国对我国之轻侮似乎有所改善，但我们不能将希望寄托在美国身上。眼下似乎也只有与德意结盟这一条出路了。”[115]针对河田和星野的意见，松冈极为乐观地表示：“日本可以通过三国同盟无偿获得旧德属国联委任统治地，此外还可以有偿获得旧德领南洋诸岛。”[116]之后日本可以从苏联和罗马尼亚进口石油，德国方面也会帮日本向苏联方面斡旋，让苏联将北桦太（北库页岛）的石油出口到日本。然而仅仅两个月之后，松冈的美梦即告落空。11 月 13 日，德国外相里宾特洛甫向苏联外交人民委员莫洛托夫表示，希望苏联也加入德意日三国同盟，并向其提交了包含苏联在内的四国协商案。但当时苏联开出的条件远远超出了德国的接受程度，其中甚至还包含要求日本放弃在北桦太的煤炭石油利权的相关条款[117]。对此希特勒震怒不已，德意日苏四国协商案至此宣告流产。

在日本国内，9 月 19 日召开的御前会议亦是波澜不断。此前一直被排除出三国同盟谈判的军部，在会上听取了松冈关于同盟条约的说明之后对其展开了猛烈的攻击。根据军令部次长近藤信竹的记录[118]，当时松冈在御前会议上表示，近来美国同加拿大建立了共同防御机制，同时开始进驻大西洋上的英军基地，这些都标志着美国的对日包围网开始逐渐成形。在此局势下，日美关系“已无法依靠礼让妥协和亲善外交的态度来寻求改善”[119]。针对松冈的发言，军令部总长伏见宫提出了两个问题：三国同盟是否有助于日苏关系改善，以及一旦日美陷入长期战争是否有把握获得石油补给。虽然松冈、星野企画院总裁、近卫首相三人都进行了答辩，但伏见宫对于三人的回答并不满意，他进一步追问：“听了政府方面的答辩后，我是不是可以认为政府没有百分百的把握在对美开战后获得石油补给？”“荷属东印度的石油资源完全被英美资本所掌握，如今荷兰政府也已流亡英国。即便德国占领了荷兰本土，是不是也无法控制荷属东印度的石油资源？”

伏见宫还就美国对德宣战后日本的参战义务问题进行了质疑。对此松冈回答说，参战义务问题将来会交由混合专门委员会来协商决定，且该决定必须得到各缔约国政府的承认，因此实际上日本可以自主决定是否参战。此外，在天皇授意之下枢密院议长原嘉道提问说，此前取代英国成为东亚警察的美国之所以在东亚问题上保持着较为慎重的态度，正是因为日本一直以来在国际上坚守着中立的立场。日本一旦与德意两国结盟，美国会不会“使用各种手段来对日施压，同时极力援助蒋介石，以此来牵制日本，妨碍日本实施既定的战争计划。此外，当下即便和德国联手，想要获得荷属东印度的石油资源是不是也希望渺茫？”

在御前会议上，海军最终还是选择了妥协。不过从会议录可以看出，当时军令部总长和枢密院议长对三国同盟条约案极为不满。此外在参战义务问题上，施泰默尔在谈判时确实曾允诺日本可以自主判断是否参战。但施泰默尔在作出这一允诺时，到底有没有获得德国政府的批示与认可？这一点至今仍然存在不少疑问[120]。

三国同盟条约在9月26日召开的枢密院审查委员会[121]上也引发了巨大的争议。政府和枢密院双方针对该问题，一直从上午11点20分讨论到晚上7点30分。当时出任三国同盟条约审查委员长的是枢密院副议长铃木贯太郎。会议召开后，外交界的元老石井菊次郎首先就第三条的参战义务条款进行了询问。对此松冈作出了和御前会议上相同的回答，称日本有权自主决定是否参战。此后，长年就任枢密院书记官长的二上兵治提出了一个根本性的问题，即本次枢密院会议的审查对象，到底是只限于三国同盟条约的正文，还是换文等条约附属文件也包含在内。二上还专门向政府方面确认了三国同盟条约正文使用的语言。松冈回答说：本次向枢密院咨询的对象仅限于条约正文，不包含换文等附属文件。现阶段条约用语暂定为英文。

正如前文所述，三国同盟条约的结构较为特殊，虽然正文措辞强硬，但附属的换文却在一定程度上限制并削弱了正文的效力。因此当时枢密院的审议对象是否包括附属换文在内，无疑是一个极为重要的问题。二上对松冈的答辩极为不满，他强硬地表示：

“从咨询的手续制度来看，绝难允许仅就条约正文进行咨询这种事情出现。”“换文亦是国际协定的一种形式，理应将换文也纳入咨询的范围。”在条约用语问题上，审查委员会表示政府可以先在英文版条约上签字，日后默许政府再将其替换为德、意、日等语言的版本[122]。由于以上原因，如今我们在枢密院文书档案中完全看不到有关三国条约的任何咨询记录。

此后在天皇出席的枢密院大会上，审查委员会成员之一的石井菊次郎对三国同盟条约的签订表示了赞成，他说，虽然“德国是最糟糕的同盟国，历史上和德国结盟的国家最终都没有好下场”，与此相比意大利是马基雅维利的祖国，亦是“不输德国的强国”。鉴于今日德意日三国有着极为广泛的共同利益，从国策角度来看，缔结三国同盟乃是正确的选择。不过石井在发言最后仍不忘强调：“切记在条约运用过程中要格外小心。”三国同盟条约的签订问题在经过御前会议和枢密院会议审议的波澜后终于落下帷幕。其实一开始近卫首相和松冈外相就预想三国同盟条约会在审议过程中引发波澜，因此原本打算援引日英同盟和日韩合并时的先例，跳过枢密院咨询审议这道程序。然而 9 月 19 日昭和天皇却表示：“如今有‘二二六’事件时颁布戒严令的先例，因此必须将三国同盟条约问题送交枢密院进行咨询。即便是通宵达旦地审议亦无不可。”天皇甚至还对内阁方面表示：“如果枢密院予以否决，你们再来上奏表示反对枢密院的结论就是了。”[123]正是在昭和天皇的坚持下，9 月 26 日枢密院才针对三国同盟条约召开了审查会议。

9 月 27 日，美国驻日大使格鲁（Joseph Clark Grew）得到了《德意日三国同盟条约》正式签订的消息。格鲁的反应却十分冷静，他认为："三国同盟与其说是为了发动战争的条约，不如说是一个政治性质的盟约。日本的目的在于通过该条约获得对美的威慑力。此外虽然条约中存在自动参战条款，但想必日本在参战时间和方式问题上还是握有自主决定权的。"[124]格鲁认为，三国同盟的真正目的在于政治层面而非军事层面。这一看法无疑是正确的。事实上，德意日三国秘密军事协定要等到太平洋战争爆发后的1942年1月19日才正式签订[125]。这也在侧面印证了格鲁的看法。

9月27日三国同盟条约签订后，内务省警保局向同盟通信社等7家报社口头传达了针对同盟条约签订进行报道时的取缔管理纲要。在当时制定的《关于德意日三国条约的报道取缔问题》[126]这一文件中，政府将以下五类言论列为重点取缔对象：①只有德意两国能从三国同盟条约中获利，②政府已经把中日停战问题抛诸脑后了，③政府内部在三国同盟问题上存在意见对立，④改善日苏关系乃是转向者的阴谋，⑤三国同盟条约对经济领域有着重大影响。由此我们可以了解，在签订三国同盟条约之时，日本政府究竟担心舆论当中出现什么样的论调。

从②④两点不难看出，当时政府也自觉意识到在中日停战和改善日苏关系方面存在不少问题。三国同盟条约签订后，日德两国也就这两个问题开展了一系列行动[127]。例如，同年10月7日松冈请求德方从中斡旋，争取让蒋介石同意与日方直接进行谈判。11月11日，里宾特洛甫向中国驻德大使陈介施压，暗示德国有可能承认汪精卫政权，以此威胁怂恿蒋介石尽快向日方妥协。希特勒也在11月12日、13日对苏联外交人民委员莫洛托夫表示："改善中日关系乃是苏德两国的使命"，并向苏联提议让中国也加入德意日苏四国构成的欧亚大陆势力圈。

其实，欧亚大陆势力圈构想也并非德方的一厢情愿。鹿锡俊的研究[128]指出，当时中国也在认真考虑加入该势力圈。11月15日蒋介石曾在日记中表示，当时中国的外交政策可分为英美路线、德日路线、苏联路线三种。[129]为了探寻走德日外交路线的可能性，蒋介石曾命张季鸾前往香港，配合当时日本外务省东亚局开展的钱永铭（浙江省财阀重镇）① 工作。蒋介石针对中日和谈开出了两个条件：一是日本撤军，二是暂缓承认汪精卫政权。对此日方表示接受。日方之所以愿意撤兵，主要是预想撤兵之后可以通过外交途径与中国签订《中日攻守同盟条约》，之后便可以依照该条约获取在中国的驻兵权[130]。在11月27日的日记中，蒋介石一方面抱着怀疑警觉的态度，认为日本绝不会拱手放弃此前积累下的侵略战果；另一方面又抱着一线希望，认为此前归还山东，如今又对苏联让步的日本亦有可能在自觉战争难以持续下去之时选择妥协[131]。11月4日，中共方面，毛泽东在发给共产国际总书记季米特洛夫（Georgi Dimitrov）的急电中也曾表示，中共担心蒋介石近期可能要向日本投降[132]。这也印证了蒋介石当时是在认真考虑与日本和谈。然而蒋介石以走德日外交路线推进对日和谈的希望，最终还是被日方无情打破了。11月28日，在大本营政府联络会议上，松冈宣布中断一切对蒋和谈工作，立即承认汪精卫政权。

---

① 第二次近卫内阁时期，松冈洋右外相推进的对中和谈工作，旨在通过浙江财阀重镇钱永铭和周作民与重庆国民政府取得联系，促成中日和谈。正如下文所说，蒋介石通过张季鸾向日方开出的和谈条件最终未被日本政府接受。1940年11月30日，日本政府选择承认汪精卫政权，至此该工作彻底宣告失败。

这一时期德意日三国为了“在英国破产后瓜分其资产”，建立起了一个在全球范围内划分势力圈的具体构想。10 月 3 日日本外务省制定的《日苏外交改善纲要案》也明确了上述构想。然而德国邀请苏联加入三国同盟，建立欧亚大陆势力圈的计划最终却宣告流产。11 月 26 日，面对德方的邀请，莫洛托夫开出了以下三个条件：德军撤出芬兰；保证苏联势力在保加利亚、博斯普鲁斯海峡、达达尼尔海峡的安全；日本放弃在北桦太的煤炭石油利权。看到苏联方面开出的三个条件后，愤怒不已的希特勒于 12 月 18 日下达了对苏战备命令。至此，由德意日苏四国构成的欧亚大陆势力圈构想彻底破灭。

5. 国际关系中的日美谈判

1941年4月16日，美国国务卿赫尔将此前日美两国官方及民间人士共同协商制定的《日美谅解案》交给了日本驻美大使野村吉三郎。太平洋战争爆发前的日美谈判自此开始。两国间的谈判前后共持续了7个多月，直到11月26日赫尔向野村提交所谓的《赫尔备忘录》才正式宣告结束。关于日美谈判及太平洋战争爆发的全过程，已积累了丰厚的研究成果。例如，20世纪60年代的《通往太平洋战争之路》[133]，20世纪70年代的《日美关系史》[134]和《战史丛书》[135]，20世纪90年代的《第二次世界大战（二）》[136]与《太平洋战争》[137]。这些研究如今仍有一定的参考价值。在个人研究的领域，20世纪80年代盐崎弘明将目光投向了发起日美谈判的产业合作社中央金库理事井川忠雄与德劳特神父（James M. Drought），对两人在日美谈判过程中扮演的角色进行了分析[138]。须藤真志则对陆军省军事课长岩畔豪雄以及美国国务院政治顾问亨培克（Stanley Kuhl Hornbeck）等人在其中所扮演的角色进行了剖析，他指出，日美两国间信息传达与认知领域的误解和分歧，是日美谈判决裂的重要原因[139]。而在通史研究领域，近年森茂树的日美外交史著作可说是一个重大研究成果[140]。此外，众所周知日美谈判过程中美方能够解读日本的通信密码，近年随着情报、谍报相关领域研究[141]的迅猛发展，不少学者指出，“其实日方也在尽可能地解读美国的外交电报。相关学者应当以此为前提，对相关研究史进行再架构”[142]。

首先，让我们来回顾一下 1941 年 4 月日美展开外交谈判的历史背景。1941 年 3 月《租借法案》制定后，美国开始对英国进行武器援助。为了保护英美之间的海上交通线，美国必须在这一时期将海军主力从太平洋调往大西洋。在此背景下，美国政府认为有必要在太平洋一侧先对日本采取一定的抑制手段。此外，6 月 22 日苏德战争爆发后，为了间接援助苏联，美国也有必要对日本对外扩张的方向和速度进行慎重的调控。而日本方面，在 1940 年末钱永铭工作宣告失败后，开始期待美国能够在中日之间扮演调停者的角色。当时日本国内，不仅对革新派持批判态度的财界、海军高层和精神右翼等集团要求改善日美关系，甚至连近卫首相和陆军军务局也对日美谈判抱着积极态度。当时美方也认定，“只要日本军部没有完全放弃外交渠道的对美谈判，便不会对美采取进一步的行动”[143]。因此罗斯福总统和美国国务院选择一方面迷惑日本，让日方搞不清美方对外交谈判的真正态度；另一方面采用大棒政策，通过对日石油禁运、冻结日本在美资产等经济手段来施压，让日本被动地痛切认识到改善日美关系的必要性。

此前关于日美谈判的诸多研究，在探讨美方的对日政策时，往往会以史料存量丰富的美国国务院为分析对象。而在讨论日方对日美谈判的态度时，则经常会以御前会议的决策过程为对象，来对当时日本陆海军中坚层在日美谈判问题上的谈判过程进行描绘[144]。正如上文所述，1941 年 7 月 2 日御前会议审议通过的《因应世界情势演变之时局处理纲要》决定武装进驻法属印度支那南部，甚至为此不惜与英美一战，还决定同时在南北两个方向提高战备等级。通过陆军制定的《机密战争日志》这一史料，我们可以大致了解当时陆军中坚层的立场与想法。陆军省之所以表态支持海军提出的武力南进论，主要是为了联合海军来对抗松冈外相和参谋本部推进的北进策略。当时松冈外相主张立即对苏开战，对此战争指导班中的陆军中坚层在《机密战争日志》中写道："海军方面对松冈外相的主张表示坚决反对。陆军虽然对外相的主张表示理解，但也表明现实上难以在短期内做好对苏动武的准备。"[145]在日本进驻南部法属印度支那后（7 月 23 日日法两国签订协定，日军接管了法属印度支那的机场和海军基地，并获得了在当地的驻军权），美国先后于 7 月 25 日和 8 月 1 日宣布冻结日本在美资产、对日全面石油禁运。此后英国和荷兰也响应美国，开始对日石油禁运。这意味着过去海军开出的开战条件中，所谓威胁日本"自存自卫"的外部条件已经形成。在此背景下，海军于 8 月 16 日制定了新的国策方案。9 月 6 日的御前会议又进一步以该国策方案为基础制定了《帝国国策遂行要领》。

当时军部并未料到在进驻法属印度支那南部后，美国会立刻祭出对日全面石油禁运这一武器。战争指导班在 7 月 26 日的日志中写道："相信如果只是进驻法属印度支那，美国还不至于对日禁运。罗斯福总统恐怕是将日本的国内动员误认为是即将武力南进的前兆了。"[146]在翌日的日志中，战争指导班再次写道："我等判断美国应当不会对日开展全面禁运。”然而在这段日志的上方，还有如下一段日后用红字写成的注记：“关于本问题，第二十班作出了错误的判断。当时参谋本部和陆军省亦是如此。”[147]可见日后陆军也坦白承认了当年对美国采取石油禁运手段可能性存在误判。而美国国内在对日全面石油禁运问题上也存在着反对的声音，例如赫尔国务卿就担心对日实施石油禁运会给日本国内的鹰派提供非难美国的借口。斯塔克（Harold Rainsford Stark）海军作战部长也对石油禁运政策表示了反对：“对日石油禁运只会逼日本提早进军马来亚和荷属东印度，进而将美国卷入太平洋一侧的战争。美国即便要在太平洋方面参战，也应该等到日本对苏开战之后。”[148]然而为何即便有如此多反对的声音，美国还是毅然实施了对日石油禁运呢？对此，格鲁的传记作者海因里希从对苏援助的紧急性角度出发进行了分析，认为当时美国是想通过在南线牵制日本，来减轻日本在北方对苏联造成的压力[149]。1941 年 7 月 26 日，罗斯福总统派特使前往苏联，宣布对苏进行经济援助。10 月 1 日，美英两国进一步决定向苏联租借武器。海因里希指出，“当时苏联的抗战为保障美国的国家安全作出了极大贡献，苏联也以此为代价获得了美国的援助”[150]。然而事实上，参谋本部在 8 月 9 日便放弃了在年内进攻苏联的计划，并在 9 月 6 日的御前会议上制定了《帝国国策遂行要领》，将对美外交谈判的最后期限定在了 10 月上旬，一旦外交工作失败，日本将在 10 月下旬做好对英、美、荷三国的战备工作，并在 11 月初正式对三国开战。然而 10 月 16 日第三次近卫内阁宣布总辞职，新成立的东条英机内阁就开战问题再度进行了讨论，这导致上述日程实际上比预计的晚了一个多月。

此前关于日美谈判的研究，大多将目光投向美国国务院以及日本陆海军中坚层。学者们之所以重视陆海军中坚层在其中扮演的角色，有史料遗留方面的原因，也有当时日本国策制定模式的特征原因。近年又有不少学者开始关注日美谈判过程中松冈外相和野村驻美大使之间的矛盾。学界形成了一股霞关外交的研究潮流，在此过程中，出现了不少对外务省的官僚和组织结构进行深入分析的研究成果。高桥胜浩指出，当时外务省内存在40多名所谓的革新派成员，这些人对德意两国抱有好感，日美谈判时的外务省美洲局第一科长藤村信雄正是革新派的代表人物[151]。在藤村眼中“日美两国在东亚政策问题上的对立，乃是源于一方向另一方的屈服”。此外，藤村一直以来对野村在担任外相时期，为了改善日美关系提出的长江开放计划持反对的态度[152]。1938年8月，外务省设立了局长级别官员构成的对美政策审议委员会。户部良一指出，该委员会的附属干事会成员中有不少革新派[153]。1940年12月外务省美洲局第一科的文件针对日美关系总结道：“日美两国的对立源于两国世界政策方向上的交叉。”虽然两国都不希望开战，“但由于美国对于帝国的国力以及国策方向没有作出正确的认识，如今日美关系中存在着爆发武力冲突的危险因素”[154]。在对日美谈判进行思考分析时，我们必须认识到当时负责制定对美政策的核心部门，即外务省美洲局内部是存在大量对美强硬派的。佐藤元英也指出，进入1941年后，革新派在外务省中的影响力甚至扩展到了负责国际法问题的条约局，以及与陆海军中的南进论者关系密切的南洋局。外务省南洋局认为武力南进不仅可以切断援蒋路线，还能从南方获得必需的战略物资。为了尽可能在开战初期扩大马来西亚和菲律宾方面的战果，南洋局甚至还和条约局针对不宣而战的可行性问题进行了研究[155]。本应承担日美谈判任务的外务省美洲局、条约局、南洋局等机关，却被主张对英美开战的强硬派所控制。这一研究无疑有着非常重要的意义。

正如前文所说，海军高层是日美谈判的一个重要推动主体。松冈外相为了邀请野村①就任驻美大使，从1940年8月起就苦口婆心地劝说了野村三个月之久，野村却一直表示拒绝。最终在及川古志郎海相和丰田贞次郎海军次官两人的劝说下，野村才答应出任驻美大使[156]。1941年5月9日海军次官和军令部次长在发给野村的亲展电报中，就三国同盟与日美关系表达了如下看法：即便美国对德开战，依照《三国同盟条约》日本也可以自主选择是否参战。然而“一旦美国宣布全面对日禁运，则日美战争将无可避免。从这个角度来看，（中略）日本是否废弃三国同盟，并非是日美和战的决定性因素”[157]。事实上，在1941年9月3日的大本营政府联络会议后，日方在重申对于三国同盟规定的参战义务拥有自主决定权的基础上，开始向美方积极地表明《三国同盟条约》实质上不过是一纸空文。9月5日，丰田外相也在发给野村大使的训令中自信地表示：“9月3日之决定乃是一个重大的承诺。通过这一承诺，帝国也向美方展现了最大限度迎合其要求的诚意。”[158]针对海军方面的举动，主张尽快对英美开战的战争指导班在日志中记录道：“近卫回电获得通过。如今各派势力中以丰田的主张最为反轴心，其次是海军，特别是海军省首脑。这里面或许有‘圣

① 野村吉三郎原本出身海军，1933年被授予大将军衔，1937年退出现役。

上’的原因。”[159]综上可见，在日美谈判期间，海军方面担心因三国同盟而背上对英美开战的责任，一直企图将三国同盟逐渐无害化。

在日美谈判期间，两国主要围绕以下三点进行了讨论：太平洋地区（包括中国在内）的通商自由化问题，《三国同盟条约》的解释及履行问题，日本从中国和法属印度支那撤军问题。谈判过程中，围绕前两个问题，日美两国的分歧虽然有减少的趋势，但关于第三个问题的谈判却一直僵持不下。在此，对日美谈判中涉及中国问题的具体谈判过程进行简单总结。1941 年 4—7 月，松冈作为外相主导霞关外交之际，曾不顾赫尔四原则（尊重各国主权与领土完整，互不干涉内政，在商业领域推行机会均沾和平等原则，维持太平洋地区的现状）的存在，企图让美国出面劝说蒋介石与日本和谈。松冈认为只要美方表态停止一切对中援助，中国自然就会乖乖地走上谈判桌[160]。6 月 21 日，美国在向日方送交的答复中就中日问题表示，如果日方声明接受以下核心条件，美国可以劝说中国政府与日本进行和谈。美方开出的核心条件有：日本从中国撤军，不割地不赔款，“就‘满洲国’问题进行友好谈判”。有关防共驻军问题则可在和约签订后另行谈判[161]。然而随着 6 月 22 日苏德战争爆发，7 月 16 日松冈外相离职以及 8 月 27 日近卫建议案的发出，日美之间关于中日问题的谈判暂时中断。之后由于美方不断催促日本尽早对上述提案进行答复，日方在 9 月 6 日的御前会议上审议通过的《帝国国策遂行要领》中制定了题为《对美英谈判过程中帝国应达成目标之底线》的附属文件。关于中日之间战争问题的底线为：“不允许美英干涉妨碍支那事变的处理问题。”之后还附有陆军省军务科员石井秋穗的一段注释：“这里并非是指N工作（指野村大使主导的日美谈判工作）的推行过程中，美国针对帝国一直以来的支那事变处理方针进行干涉的问题。而是特指我国政府应固守依照中日新协议获得的驻军权。”[162]

这里所谓的“新协议”，指的是1940年11月末日本和汪精卫政权签订的《日华基本条约》。波多野敏锐地指出，在此后的御前会议上丰田外相却将“新协议”解释成未来中日两国在和谈中所签订的协议[163]。当时陆军方面坚持将防共驻军作为和谈条件之一，而丰田外相却希望在对美答复案中去掉这一条件。对于外相和陆军之间的意见对立，御前会议的参加者也都心知肚明。御前会议上丰田外相的发言结束后，参谋总长杉山元还专门提醒会议速记官：“刚才那段发言需要重点记录。”[164]战争指导班也曾在日志中写道：“在关于‘新协议’的具体定义没有达成一致之前，我国不宜向美方回电。”[165]迄今为止的研究大多认为，当时在国策制定过程中，日方并没有真正地尝试对基本国策与对美谈判方针进行协调统一。正如上文所述，实际上在9月6日的御前会议决议案中，日方就已决定固守防共驻兵这一和谈条件。这其实也就意味着在9月初，以依靠美国的斡旋来缓和中日关系为目的的日美谈判便已告失败。

第七章 关于日军解除武装的考察

原本强烈要求自主解除武装的日本陆军，为何在战败后迅速转变了方针，接受了美军主导的武装解除和复员呢？在本章中，笔者希望就这一问题进行探讨。从结论上来说，昭和天皇引用明治天皇在甲午战争后发布的《辽东还付之诏敕》来尝试说服陆海军的行为，以及将原本需要引渡给盟军的武器和军用物资隐匿于国民、民间的海洋之中的想法，对铃木贯太郎内阁作出“大炮换黄油”的决定产生了很大的影响。而该决定也是铃木内阁作出的最后一个内阁决议。

序　言

本章主要就战败前后日军解除武装的相关问题进行探讨。1945 年 8 月 14 日的御前会议上，日本正式决定接受《波茨坦公告》，同时将这一决定传达给了盟军。翌日，广播中播放了昭和天皇的终战诏书。在此之前，军方一直表态拒绝解除武装，或是要求自行解除武装。然而以 8 月 14 日、15 日为转折点，军方的态度发生了急剧的变化。本章中笔者希望对军方态度出现上述剧变的背景原因进行分析。但本章无论在史料搜集还是在分析深度方面都还处于备忘录阶段，对此还望各位读者海涵[1]。

首先值得注意的是，在讨论是否接受《波茨坦公告》的过程中，解除武装的方式一直被视为与国体护持同等重要的问题。1945 年 7 月 26 日，杜鲁门、丘吉尔和蒋介石联名发布了《波茨坦公告》（苏联在 8 月 8 日对日参战后也宣布加入该公告）。当时围绕接受《波茨坦公告》的条件问题，日本政府内部存在着严重的分歧。8 月 10 日凌晨召开的御前会议（最高战争指导会议成员列席）上，东乡茂德外相主张以国体护持作为接受《波茨坦公告》的唯一条件，铃木贯太郎首相和米内光政海相对此也表示支持。军部方面（阿南惟几陆相、梅津美治郎参谋总长、丰田副武军令部总长）则开出了国体护持、自主解除武装、自主处罚战犯、不实施保障占领四项条件。双方争执不下，最终还是依靠昭和天皇的“圣断”，以国体护持为唯一条件接受《波茨坦公告》。

在当时的外交公文中，日方开出的国体护持的条件具体体现为以下这段内容：“如若发布公告之各国承诺公告中列举的各项条件不包含变更天皇对国家的统治大权，以此为前提帝国有意接受该公告。”[2]需要注意的是，这里使用的“条件”一词对应的英文用词为“terms”。同时，《波茨坦公告》第五项“吾等的条件如下”一文中罗列的同盟国开出的八项“条件”所用的英文单词也是“terms”。而同盟国方面在《波茨坦公告》中一直坚持的无条件投降原则中的“条件”的英文单词则是“condition”[3]。

此外值得注意的是，军部坚持的四项条件中，除国体护持之外，最重视的便是自主解除武装，即拒绝由盟军来解除日军武装。1999 年法务省曾将《战争犯罪审判相关资料》移交给国立国会图书馆，其中收录的《甲级远东国际军事审判记录》自 2007 年起对外公开。在这部分公开史料当中，有一本 1945 年 8 月 10—14 日东条英机写下的笔记。通过这本名为《东条元首相手记》[4]的新史料，我们可以充分了解军部针对解除武装相关问题的想法。

1. 围绕解除武装问题的争论

东条英机

《东条元首相手记》的内容始自8月10日。除上文提及的8月10日凌晨的御前会议，当天还在首相官邸召开了重臣恳谈会[5]。根据记载，作为重臣一员参会的东条质问东乡外相：不能只强调国体护持。国体护持也是需要具体的外部条件的。“早在天孙之御诏敕[6]中就明确表示武装军备是维持国体延续不可或缺的条件。”[7]换言之，东条在论证国体护持与维持军备之间密不可分的关系时，援引的依据乃是所谓“天壤无穷之神敕”（传说中天照大神下赐给天孙的敕语）。事实上，所谓“天壤无穷之神敕”中并没有任何关于国体护持与军备密不可分的内容[8]。值得注意的是，1940年之前的《小学国史》寻常教科书中，仅仅是在有关天照大神的介绍中提及了这一“神敕”。而到了1940年，这段“神敕”开始在教科书中被单列出来进行介绍[9]。从这个角度来看，东条很可能是为了增强发言的影响力，刻意引用了这一当时为国民所熟知的神话典故。

重臣恳谈会结束之后，与会全员前往宫中向天皇上奏。当时东条略显危言耸听地对天皇表示：“停战之前必须获得足以保证国体存续的具体条件，如若不然必将招致亡国的下场。”[10]当时细川护贞受近卫文麿指示，一直在向高松宫转达各种各样的情报。听了东条的上奏发言后，细川在日记中冷淡地写道：本日东条对天皇说“陆军便仿佛海螺壳一般，失去外壳的海螺只有死路一条。一旦被解除武装，再谈国体护持无异于痴人说梦”[11]。东条在8月11日的手记《今后可预见之形势判断》中也表示反对解除武装，主张“解除武装才是本次敌国开出的各项投降条件中的重中之重”[12]。

随着塞班岛的陷落，东条内阁于1944年7月倒台。在此后成立的小矶国昭内阁中，重光葵出任外相一职。而据重光记录的最高战争指导会议的相关史料[13]记载，当时政府一直致力于引导国民思想，让国民相信所谓国体护持便是誓死守卫“皇土”，避免其落入敌手。例如，1944年10月5日召开的最高战争指导会议就《决战舆论指导方策纲要案》[14]进行了讨论。该纲要案第一节“方针”的开头便写道：“所谓舆论引导工作，其根本目的在于贯彻国体护持之精神。”其后在第二节“要领”的第一项中，主张“强调皇土防卫与国体护持之间密不可分之关系”，并以此为手段来“唤醒并加深国民对于国体之信仰”。

当时军方特别是陆军，对战争末期的舆论引导工作加以利用，并以此为论据强调自主解除武装的必要性。此外，在8月10日向同盟国通告接受《波茨坦公告》至8月15日的5天时间里，一直有传言说陆军中的彻底抵抗派有可能会发动叛乱。当时的这类传言并非空穴来风。自1944年8月末起，米内光政海相和井上成美海军次官便开始秘密命令[15]高木惣吉从事终战相关的工作。1945年6月27日，在论及近卫对陆军抱有警戒感的原因时，高木在日记中写道：“东条辞去首相一职（1944年7月）前曾在训示中表示，国体论分为狭义和广义两种。所谓狭义国体论，指的便是无条件服从陛下的一切命令。而广义国体论，则是以国家为重，在陛下的命令不利于国家时敢于断然违抗。”[16]正如上文所说，近卫非常担心东条和陆军中的彻底抵抗派有所勾结。从高木搜集到的情报来看，近卫的担心绝非多余。即便军方已经充分认识到以国体护持作为接受《波茨坦公告》的唯一条件乃是天皇本人的想法，但按照东条提出的广义国体论的解释，陆军方面仍然有发动叛乱的大义名分。事实上，在终战之际类似的小规模叛乱也确实时有发生。

《波茨坦公告》中的武装解除条款

接下来让我们来看看《波茨坦公告》的具体内容。按照当时外务省的翻译[17]，《波茨坦公告》的内容主要分为以下七款。虽然其中的内容已为人熟知，但为了论述解除武装的相关问题，这里还是全文引用公告原文①。

> 1. 德国无效果及无意识抵抗全世界自由人民之力量所得之结果彰彰在前，可为日本人民之殷鉴。此种力量，当其对付抵抗纳粹时，不得不将德国人民全体之土地工业及其生活方式摧残殆尽。但现在集中对付日本之力量则较之更为庞大不可衡量，吾等之军力加以吾人之坚决意志为后盾，若予以全部使用，必将使日本军队完全毁灭，无可逃避，而日本之本土亦终必全部残毁。（第三项）

① 以下译文引自中国第二历史档案馆藏《波茨坦公告》的中文版原文。

2. 时机业已到来，日本必须决定一途：其将继续受其一意孤行计算错误而将日本帝国陷于完全毁灭之境之军人统制？抑或走向理智之路？（第四项）

3. 欺骗及错误领导日本人民使其妄欲征服世界者之权威及势力必须永久铲除，盖吾人坚持非将负责之穷兵黩武主义驱出世界，则和平安全及正义之新秩序势不可能建立。（第六项）

4. 直至如此之新秩序成立时，及直到日本制造战争之力量业已毁灭而有确实可信之证据时，日本领土须经盟国之军队予以占领，俾吾人在此陈述之基本目的得以完成。（第七项）

5. 日本军队在完全解除武装以后，将被允许其返乡，得以和平从事生产生活之机会。（第九项）

6. 吾人无意奴役日本民族或消灭其国家，但对于战罪人犯（包括虐待吾人俘虏者在内）将处以法律之裁判。日本政府必须将阻止日本人民民主趋势之复兴及增强之所有障碍予以消除，言论宗教及思想自由以及对于基本人权之重视必须成立。（第十项）

7. 吾人劝告日本政府立即宣布所有日本武装部队无条件投降，并对此种行动诚意实行予以适当之各项保证。除此一途，日本即将迅速完全毁灭。（第十三项）

如果从解除武装的视角来看《波茨坦公告》的内容，我们或许能对该公告的意图产生一些新的理解。公告的核心内容有以下几点：①预告了盟军可能会对日本本土实施的惨烈攻击，并以此来威胁日本政府和国民。②逼迫日本政府和国民与背负战争责任者以及“军国主义的帮凶”（中文版公告原文中直接将其译为“军人”）划清界限。③虽然会处罚虐待俘虏的战犯，但不会无差别地对一般军人进行处罚。保证让一般军人在战争结束后返回故乡。④日本国军队无条件投降、日本的武装被完全解除之后，盟军便不再对日本进行保障占领。

值得注意的是，④中所说的是“日本国军队无条件投降”，而非“日本国无条件投降”。外务省条约局第一科在8月9日编写的《关于美英中〈波茨坦公告〉的讨论》对此作出了解释：1943年12月的《开罗宣言》明确要求“日本国无条件投降”，1945年2月的克里米亚宣言（即雅尔塔会议）也明确要求“纳粹德国无条件投降”。《波茨坦公告》中要求无条件投降的主体则被限定为日本国军队，而非国家。这一点非常重要[18]。

除外务省，海军内部也在针对《波茨坦公告》的内容进行审议。为了应对终战问题，海军省内部设立了海军终战委员会[19]。该委员会下辖7个分科会（综合对策、解除武装、废除军备、复员、国内问题对策、对外折冲、俘虏与国际法规问题）。从时任海军省军务局第一科长山本善雄留下的《终战委员会缀》的记载来看，从8月7日开始，海军内部便针对《波茨坦公告》进行研究。当天军务局第二课编写了《极秘　关于波茨坦美英重庆公告之检讨》，关于公告的第十三项内容，海军分科会也敏锐地指出：宣言中“无条件投降”一词针对的对象只限于日军，不包括“日本政府或国民”在内。关于这一点，同盟国方面在遣词用语上似乎颇下了一番功夫。

贝尔纳斯答复中的解除武装

1945年8月10日，日本向同盟国表示愿意以国体护持作为接受《波茨坦公告》的唯一条件。当时日方认为，《波茨坦宣言》中并没有变更天皇对国家统治大权的相关内容。对于这一认识，日本政府还专门向同盟国方面进行了确认。让我们来看看美国国务卿贝尔纳斯（James F. Byrnes）的答复[20]。8月12日，日本外务省和陆海军截获了旧金山军用通信的信号，从中得知了贝尔纳斯对日答复的具体内容。根据外务省的翻译，其答复的内容主要有以下六点：

①天皇和日本政府的国家统治权将被置于盟军最高司令官的“限制”之下。

②为履行《波茨坦公告》的各项规定，天皇应授权日本政府和大本营签订必要的投降条款。

③天皇应向日本陆、海、空军各部门下达命令，要求各地日军立即缴械，终止一切战斗行为，并服从盟军最高司令官的命令。

④日本政府在投降后应立即将俘虏和其他被扣留人员送上同盟国船只，将其移送至安全的地区。

⑤日本国的最终形态，应依照《波茨坦公告》，由日本国国民自由表达之意愿来决定。

⑥在《波茨坦公告》中列举的各项目完全达成前，盟军将驻扎于日本国内。

8 月 13 日，外务省针对贝尔纳斯的答复进行了分析。外务省调查局长兼宣传部长冈崎胜男指出，从贝尔纳斯的答复可以看出，同盟国希望在日本投降后通过天皇、日本政府以及大本营下达一系列命令。总的来看，“和德国的先例相比，贝尔纳斯的答复对我方十分有利”[21]。但军部对外务省翻译的答复内容提出了异议。军部认为，“限制”一词的翻译不够准确，当译为“隶属”或者“从属”。如此翻译意味着同盟国方面并未对日本开出的国体护持条件予以承认，因此军部方面表示决不能接受《波茨坦公告》。

陆军内部也对贝尔纳斯答复进行了分析。从 8 月 12 日陆军省军务局编写的《说明资料》[22]来看，陆军认为贝尔纳斯答复中的第一条内容是“对国体的根本性破坏”。第三条中解除武装的相关内容，陆军认为：“基于帝国宪法中天皇统帅陆海军的主旨来看，保有必要数量的军队属于天皇的大权事项。国体之护持自然也离不开军备的存在。”“贝尔纳斯答复中，并没有针对国体护持作出任何承诺”，总体上看，无论是《波茨坦公告》还是贝尔纳斯答复，都表明“美、英、苏、支四国的真正目的在于变革日本之国体”。基于上述认识，8 月 12 日梅津美治郎参谋总长和丰田副武军令部总长均向天皇表明了反对接受《波茨坦公告》的意见[23]。

然而正如历史所证明的，战败后日军的武装解除过程实际上异常平稳。正如哲学家久野收所说：“过去我从书中看到过 1917 年德国革命和俄国革命爆发时的情况。两国都是由军人先在前线发动叛乱，其后革命之火才逐渐在全国蔓延开来。然而日本战败时军人们却纷纷扔下武器，从军方手中领了些隐匿的物资便回乡去了。在这种情况下，国民即便想要发动革命也难有作为。”[24]当时日军仿佛是在短时间内失去了战斗欲望，平静又略带丧失感地缴械投降。在日本战败前后到底是在哪个环节发生了何种变化，才导致了这种现象的发生呢?

2. 昭和天皇与《辽东还付之诏敕》

对讲和心怀踌躇的原因

这种变化首先发生在昭和天皇身上。1945 年 5 月 5 日，近卫文麿在与内大臣木户幸一见面后，向高木惣吉转达了当时天皇心境的变化。据木户说，此前天皇一直坚持“绝不能在全面解除武装和处罚战争责任人问题上对同盟国让步，甚至称与其在这两个问题上让步不如战斗到底”[25]。天皇认为，一旦解除武装，苏联就会立刻对日宣战。然而到了 5 月 2 日、3 日前后，昭和天皇的想法却发生了变化。

木户的上述说法应当是符合事实的。作为旁证，1944 年 9 月 26 日，小矶国昭内阁外相的重光葵在笔记中写道：据木户内大臣说，天皇曾询问“能否趁德国投降之机，以较为体面的方式，在不解除武装、不追究战争责任的前提下与同盟国停战？如果能够实现停战，在领土方面需要作出哪些妥协？”[26]此后在天皇的授意之下，重光和木户开始按照天皇的想法逐步推进和谈的准备工作。值得注意的是，在预见到德国即将投降后，天皇虽然希望借机与同盟国进行和谈，但在解除武装和处罚战争责任人问题上坚持不愿让步。

然而天皇的想法却在之后发生了变化。1945 年 5 月 2 日、3 日，日本的报纸和广播先后报道了希特勒自杀身亡、柏林陷落的消息。德川义宽侍从在 5 月 3 日的日记中记录了路透社援引德国国家广播公司关于希特勒自杀身亡的报道，以及希特勒的继任者邓尼茨元帅的讲话："眼下最重要的任务是将德国国民从布尔什维克主义的破坏中拯救出来。"[27] 5 月 7 日德军宣布投降。重光葵笔记中所写的"德国投降之机"至此成为现实。

8 月 10 日的"圣断"

众所周知，8 月 10 日和 14 日的两次"圣断"最终将日本引向了终战的道路，这两次"圣断"也意味着天皇放弃了此前坚持的不解除武装、不引渡战争责任人的终战方针。我们先回顾一下 8 月 10 日"圣断"的具体内容[28]。当天，木户在日记中对天皇发言的要点作了如下记录[29]：

> 整日只知高呼本土决战本土决战云云。然而如今连最为重要的九十九里滨①的防御工事都还没建好，决战师团的装备也不够。军方说到 9 月中旬才能做好准备。此外飞机的增产也不如预想中顺利。一直以来军方的各种计划到了真正付诸实行的时候效果都会大打折扣，这样战争怎么可能打得赢。当然，让迄今为止忠勇奋战的军人们缴械，或是让尽忠之士作为战争责任人受到处罚也绝非吾之所愿。然而事到如今也

---

① 位于东京以东的千叶县东侧太平洋沿岸长达 60 千米的海滩。由于九十九里滨地势平坦，距离东京较近，是日军本土决战计划中盟军发起登陆作战的主要地点。

只能忍下这难忍之事。今日吾愿遥思三国干涉之际明治天皇之心绪，忍痛对原案（指东乡外相的提案）表示赞成。

根据木户的记载，天皇首先批评了长期以来军部制订的计划和实践效果互不一致的问题，进而表示解除武装、惩罚战争责任人是形势所迫。时任陆军省军务局军务科内政班长竹下正彦中佐从姐夫阿南惟几陆相那里也得知了“圣断”的内容，但他记载的“圣断”内容和木户的有着微妙的差别[30]：

如今彼我战力悬殊，更兼敌人手中握有原子弹，战争再持续下去只会徒增无辜伤亡，终将致文明毁灭，国家衰亡。因此当下应果断终战。朕既不忍见忠勇奋战之将士缴械，亦不忍将朕之忠臣作为战犯引渡给敌国，然当下为形势所迫，只能思三国干涉时明治大帝之御心，以图未来国之再兴。

比较一下木户与竹下的记载便会发现，后者没有天皇针对本土决战准备不到位、飞机增产计划不顺利等批评军部的内容，而是强调日美两国战力悬殊和原子弹之破坏力，表示终战乃是为了减少国民牺牲，防止文明与国家的灭亡。

此外，宫崎周一参谋本部第一部长在其8月9日的日记中记载的“圣断”内容[31]，既有木户版本中针对军部的批判性发言，也有竹下版本中关于终战乃是为了减少牺牲、防止国家文明毁灭的相关内容。但与两者不同的是，宫崎的记载中一方面没有涉及原子弹的相关内容，另一方面还包含木户、竹下均未言及的关于世界和平的内容。

> 朕同意外务大臣之提案。陆海军作战之实际情况与计划相去甚远（九十九里、筑城、第三次军备），今日完全看不到在战场上取胜之希望。朕虽不忍见忠勇奋战之将士缴械，然而如今再将战争持续下去，不仅将陷国民于水火，更将破坏世界之文明，不利于世界之和平。因此朕希望效仿三国干涉时明治天皇之旧例，卧薪尝胆忍受当下之苦。

最后我们再看看实际出席了御前会议的内阁综合计划局长官池田纯久的笔记[32]内容。整体上看，池田的记录和宫崎的日记比较接近，包括了所谓不愿目睹国民之苦难、文明之破坏、世界人类之不幸等内容。

> 陆海军统帅部制订之计划频繁落空，常常贻误战机。虽整日宣扬本土决战，但九十九里滨防御阵地要至八月末才能完工。增设部队之装备亦未准备充足。如此如何抵御美军？如今空袭日渐激化。再让国民饱受涂炭之苦，使文明遭受巨大破坏，为全世界全人类招致不幸实非朕之所愿。朕虽不忍让忠良之军队缴械，亦不忍视忠勤之臣沦为战犯，但为了国家，朕亦不得不仿效三国干涉之际明治天皇之心境，忍受眼下难忍之苦。

比较以上四人的记录，我们很容易发现其中的共通之处，即昭和天皇在谈及放弃此前坚持的不解除武装、不惩罚战争责任人两项条件时，为了能让军方忍下眼前的屈辱，都以三国干涉的事例作为论据。

8月14日的“圣断”

在8月12日获得贝尔纳斯的答复之后，日方于8月14日再度召开御前会议。在会上，昭和天皇再度就终战问题作出了“圣断”。关于本次“圣断”的具体内容，木户内大臣的日记当中并无记载。军务科内政班长竹下中佐则从吉积正雄军务局长处得知了天皇发言的主要内容，并将其记录在了日志中[33]：

> 当前朕之决心没有丝毫改变。朕是在参考国内外各种状况，比较敌我战力差距之基础上，经过慎重考虑才作出此决定的。至于国体问题，朕对此毫不担心。朕相信同盟国最终会承认我国之国体。此外还有部分反对者称，一旦敌国对我国领土进行保障占领，后果将会不堪设想。对此朕确实也十分担心。但战争如果继续下去，包括国体在内的一切都只有毁灭一途。如果今日就此停战，日本的力量多少能够残存下去。这些力量在未来便能成为日本复兴之火种——以下为声泪俱下之发言——朕虽不忍目睹忠勇之军人被解除武装，然而为了国家，如今只能遥思三国干涉时明治天皇之心境，忍痛予以实行。希望在场诸君能够理解与赞成。关于此事可以向国民发布朕之诏书。此外朕也深知陆海军当下难以控制，还望各位将朕之想法忠实传达给三军将士。无论是发布诏书，

还是在广播上发布讲话，为了实现停战，朕不惜用尽一切方法。

宫崎第一部长 8 月 14 日的日记[34]中记载的天皇发言，和上文引用的竹下记录大同小异。梅津参谋总长的笔记中也有大致相同的内容。唯一不同的是，关于解除武装问题梅津笔记中是如下记载的："朕虽不忍目睹军队被解除武装，但为了国家与国民之幸福，当前必须抱着三国干涉时明治天皇的心境予以实行，还望各位能够赞成。"[35]竹下版本中解除武装的理由是"为了国家"，梅津版本则是"为了国家与国民之幸福"。

《辽东还付之诏敕》

在两次御前会议上，昭和天皇都提到了所谓"三国干涉时明治天皇之心境"。这里指的就是 1895 年 5 月 10 日明治天皇发布的《辽东还付之诏敕》。终战时，陆军军人对于这一诏敕的内容可谓格外熟悉。因为当时每年 3 月 10 日的陆军纪念日，陆军都会给全军将士发放陆军省情报部编纂的题为《支那事变之下再迎陆军纪念日》[36]的资料，资料的开头便是《辽东还付之诏敕》的全文。明治天皇在该诏敕中，就接受三国干涉的理由说道："朕为和平计，愿接受三国之建议。如若因此问题再多生事端，使时局日艰，治平难复，酿民生之疾苦，沮国运之伸长，实非朕之所愿。"这也是诏敕中最为重要的部分。

比较一下《辽东还付之诏敕》与池田纯久笔记中昭和天皇的发言，便会发现后者笔记中"再让国民饱受涂炭之苦，使文明亦遭巨大破坏，为全世界全人类招致不幸实非朕之所愿”一段，在结构上和前者十分相似。在当时日本军部和军人的记忆中，忍下三国干涉还辽与之后日俄战争的胜利是有着因果关系的。换言之，在当时军人看来，三国干涉是甲午、日俄两场战争之间的“倒退”时期。笔者推测，终战之际昭和天皇之所以反复提及三国干涉，正是为了对军人脑海中的这种记忆加以充分地利用。自 1931 年“九一八”事变爆发之后，陆军便时常要求宫中下赐敕语，并在各类礼仪、仪式场合中频繁地对天皇的敕语加以利用。拙著《昭和天皇与战争的世纪》[37]已对这一问题有详细叙述。本章略举两例：1932 年 3 月发布的《致上海方面派遣军陆海军将士之敕语》以及 1933 年 4 月发布的《热河作战之际致关东军将士之敕语》，都是宫中应参谋本部的要求下发的。

综上所述，在终战阶段昭和天皇改变了此前的强硬方针，开始利用军人们对于三国干涉还辽的记忆，并援引明治天皇的诏敕，对坚持自主解除武装、不对战犯进行处罚的军部进行了安抚。1945 年 8 月 9 日深夜，内阁书记官长迫水久常等人着手起草天皇的终战诏书。从这一时间点出发来思考，大概就能够理解为什么 8 月 14 日天皇的发言会比 8 月 10 日的发言看起来完成度更高，更像是深思熟虑之后所说的了。

《昭和天皇独白录》中的解除武装问题

在美国决定不追究天皇的战争责任之后，1946 年三四月间，松平庆民宫内大臣、松平康昌宗秩寮总裁、木下道雄侍从次长、稻田周一内记部长、寺崎英成御用挂 5 名天皇侧近人员开始编纂

《拜听录》。该文件主要记录了昭和天皇对自即位起至终战为止的种种经历进行回顾时的发言。该文件经寺崎整理之后，作为《昭和天皇独白录》[38]公开出版。根据《独白录》的记载，昭和天皇在回顾8月10日的御前会议时，针对军部方面反对接受《波茨坦公告》的言行评论道：

> 终战之际，军部的强硬论者们并未就领土割让问题提出异议，却针对国体护持、处罚战犯、解除武装以及保障占领四点提出了强硬的反对意见。军人们只知道抓着和自身利益密切相关的战犯处罚问题和解除武装问题不放，实在是令人不齿。

换言之，终战前反复援引明治天皇的《辽东还付之诏敕》，从“民生疾苦”“国运伸张”的角度来尝试说服军部接受《波茨坦公告》的昭和天皇，认为军部方面抓着解除武装和战犯处罚问题不放，乃是出于私利私心。

正如上文所说，一直以来强烈反对解除武装的军部，最终之所以接受《波茨坦公告》，是因为昭和天皇援引明治天皇的诏敕，利用军人们的历史记忆对其进行了劝说。此外值得注意的是，在颁布终战诏书、宣布（同盟国所定义的）无条件投降之后，日本仍在尝试通过瑞士政府向同盟国表示，为了“避免不必要的纠纷”，希望盟军尽可能地限制占领区的范围，允许日军自主解除武装。

东乡外相在8月15日下午3点发出的电报[39]中，通过瑞士政府向同盟国方面表达了三点希望：希望同盟国能提前将盟军进驻的具体日程通知日本；希望将东京排除在进驻地区之外；关于解除武装问题，东乡表示："此乃帝国政府最为担心的问题。为了能够尽快取得实效，最好能在天皇陛下亲自下令的基础上，由帝国自行解除军队的武装。在武装解除工作顺利结束后，盟军方面可对武器进行接收。"

但东乡的电报还没送至盟军手中，驻瑞士公使加濑俊一便先行在8月16日上午10点30分送来了美国政府的通告文书[40]。通告称，为了举行正式的受降仪式，要求日方派遣多名代表前往盟军最高司令官麦克阿瑟指定的地点，并向盟军提交日本各部队和司令官的具体配置情报。此后一系列战后处理问题的具体经过，可以参考江藤淳编纂的《占领史录》[41]。不过，从出任东久迩宫内阁外相的重光葵遗留的史料[42]来看，在8月17日召开的最高战争指导会议上，日方仍计划请求盟军等到正式与日本签订停战协定、日军自主解除武装之后再进驻日本。

3. 美国的窘境

无条件投降论的枷锁

前文我们回顾了终战时固执坚持自主解除武装的军方的动向，以及成功让军部放弃上述主张，最终依靠“圣断”结束战争的昭和天皇的言行。正如众多学者所指出的，由于受到投放原子弹、苏联参战以及杜鲁门政府中中国派和日本派的对立影响，美方未在《波茨坦公告》和贝尔纳斯答复的文字中就天皇制或昭和天皇自身地位的维持问题作出任何表态。

如果当时美国能够明确表态保留天皇制，一方面可以打消昭和天皇的顾虑，提高受降工作的效率；另一方面，同盟国高举的无条件投降大旗，也不至于沦为轴心国内部抵抗派的宣传工具。当时有不少轴心国抵抗派借机在其国内宣传：“同盟国这是想让德日两国国民成为他们的奴隶。”从结果上看，“无条件投降”方针也确实引发了轴心国玉石俱焚般的抵抗。或许如今的日本人很难相信，在战争的最后阶段，日本国内到处可见打着“日本一旦战败，全体国民便会沦为奴隶”的旗号，制造恐慌情绪煽动国民抵抗到底的现象。

同盟国最初打出“无条件投降”的旗号，是在 1943 年 1 月 24

日发布的《卡萨布兰卡宣言》当中。英美等国之所以要求轴心国“无条件投降”，主要是为了让苏联安心。当时在欧洲战场上苏联正独立面对着来自德国的猛攻，在此情况下苏联强烈要求英美在法国北部开辟针对德国的第二战场。然而当时英美并没有开辟第二战场的余力。这种情况下苏联不免担心，英美是不是想让苏德两国互相消耗，坐收渔利，借此掌控战后世界的主导权。在此背景下，为了打消苏联的疑虑，英美两国才在卡萨布兰卡会议上打出了要求轴心国“无条件投降”的旗号。

厄内斯特·梅（Ernest R. May）[43]也针对无条件投降战略的非合理性进行过讨论。梅指出，威尔逊“十四点原则”的幽灵长期束缚着罗斯福的判断。罗斯福认为妥协与谈判带来的和平很可能会催生第二个希特勒，因此他不希望重蹈威尔逊在一战中的覆辙。综上所述，英美坚持无条件投降路线主要基于两点考虑：一是拉拢苏联，二是吸取威尔逊失败的教训。

种种信号

当然，美国也清醒地认识到无条件投降方针会引发轴心国鱼死网破式的抵抗。在1943年1月卡萨布兰卡会议后的新闻发布会上，罗斯福表示：“只有完全消灭德日两国国内的战争势力，才能够在全世界实现和平。（中略）所谓消灭德意日三国的战争势力，并不是要消灭三国的国民，而是意味着德意日三国必须无条件投降。”罗斯福还援引在明治时代访日的前总统格兰特（Ulysses S. Grant）的例子，称南北战争时期，格兰特将军作为北军将领也曾一度强硬表态，要求南军无条件投降。但在南军的李（Robert

Edward Lee）将军宣布投降之后，却给予了南军极为宽大的处置。在此次新闻发布会上，罗斯福不仅表示在追究战争责任时会对战争领导者和一般民众进行明确区分，还暗示有可能给予轴心国较为宽大的讲和条件。此后，英美便开始标榜领导人责任论，表示在战后会惩处战争领导者，而不会追究国家与国民的战争责任。

卡萨布兰卡会议召开前的一个月，即 1942 年 12 月 6 日，艾伦·杜勒斯（Allen W. Dulles）在寄给上司、美国战略情报局长威廉·多诺万（William Donovan）的信中表示，罗斯福即将发出的劝告轴心国无条件投降的宣言是不合时宜的。“在德国真的战败投降之后，无论我们未来实际采取的战后处理方针是什么样的，在当下这个时间点，我们必须让德国国民确信战败后是包含希望的。让他们知道，虽然我们会依法对战犯加以惩处，但也会对无罪之人加以保护。”[44] 如若不然，美国必将遭到轴心国的殊死抵抗，战后共产主义也必将在轴心国蔓延开来。

众所周知，1945 年，为了在苏联对日宣战之前促成日本投降，艾伦·杜勒斯曾在瑞士伯尔尼开展一系列对日谍报工作。而在华盛顿方面，约瑟夫·格鲁（Joseph C. Grew）一直都在与杜勒斯保持联络，并与其共享日本情报。格鲁就任国务次卿之后，成功说服杜鲁门总统在 1945 年 5 月 8 日的对德战争胜利声明中加入了以下内容，就“无条件投降”的实质内涵向日本进行了说明[45]：

> 在“无条件投降”方针之下，如果日本陆海军不缴械投降，吾等的攻击便不会停止。而对日本国民而言，军队的无条件投降不仅意味着战争的结束，而且意味着将日本引向战

争灾难的军部领导者的影响力将会自此烟消云散。（中略）无条件投降绝非意味着日本国民的灭亡和奴隶化。

希特勒和墨索里尼无疑是德意两国的战争领导人。然而在美国人眼中，昭和天皇是否属于战争领导人呢？让我们来看一看当时美国国内进行的盖洛普民调结果。1944 年 11 月，针对“战后是否应对日军领导人加以处罚”这一问题，88%的受访者表示肯定，而表示否定的仅有 5%。而 1945 年 6 月，针对“战后应该如何处置日本天皇”问题，选择应对天皇加以审判，处以死刑、流放或其他刑罚的受访者合计占到了 70%，认为不应追究天皇责任的仅有 4%，此外还有 3%的受访者认为应将天皇作为傀儡加以利用。看到这里，想必大家的注意力都会集中在一边倒的舆论调查结果上，然而笔者认为盖洛普公司设问方式的变化也非常值得注意。可以说，当时美方对军部领导人和天皇进行区别对待的思维，在该公司民调的设问方式当中得到了反映。

那么中华民国方面又是如何看待这一问题的呢？家近亮子的研究[46]指出，抗日战争中蒋介石曾多次就战后日本国民与国体的相关问题发表看法。尽管如此，综观整个战争期间，蒋都从未公开发表过敌视日本国民的发言。1944 年元旦，在面向全国的广播讲话中，蒋介石说，自己在开罗会议上曾向罗斯福提议：当前当务之急是彻底剪除日本的军阀势力，确保其无法死灰复燃。至于日本的国体和日本政府的形式问题，大可在之后由日本国民自行决定。

基于以上分析，我们会发现当时同盟国将军国主义的帮凶以及虐待战俘的战犯与政府、国民进行了明确的分割，并且表示，如果日本政府和国民将军国主义的帮凶与战犯引渡给同盟国，并完全解除军队的武装，盟军就可以结束对日本的占领。而且正如前文所说，当时日本外务省和海军也分析认为，《波茨坦公告》亦是基于将政府、国民和军方、战争领导人进行明确区分的立场起草的。

通过散发传单进行呼吁

在战争末期，美方更是进一步对日本军方和国民进行了分割。1945 年 5 月末，已经掌握了日本本土制空权的美军开始派出 B29 轰炸机在日本上空散发《告日本国民》传单。根据一之濑俊也的研究[47]，当时美军散发的传单中先是提出了“军部的无条件投降将会给一般民众带来怎样的影响”这一设问，之后将日本军部置于民众的对立面，自问自答式地表示军部投降的影响主要有三点：①终结眼下的战争；②剥夺军部的权力；③在前线殊死拼杀的将士将会回到农村、职场和他们所爱的家人身边。这些在《波茨坦公告》发表前散播在日本上空的传单，其主旨和《波茨坦公告》是完全相同的。1945 年 8 月 13—14 日清晨，正当日本政府就接受《波茨坦公告》的条件和美方的答复进行审议之时，美军再次在东京等城市上空投放《日本的各位》传单[48]。

德川梦声将捡到的传单贴在了 8 月 14 日的日记中，并在旁边一针见血地写道：“应该是昨天夜里或是今天早上轰炸机撒的传单吧。从内容上看，今天这份传单的内容和往常的谋略性传单相比似乎有所不同。”[49]他们将天皇和日本政府摆在了日本国民一侧，而将日本军部置于其对立面，并明确要求军部无条件投降，甚至表示“在此向国民投放传单，乃是出于圣上（希望尽早结束战争）之意”。传单甚至全文登载了《波茨坦公告》与日本针对该公告的回复，表示如今“是否立即结束战争全在日本政府的一念之间”。

情报战

传单所说的“圣上之意”，虽然实际上指的是天皇希望尽早结束战争之意，但原文却很容易让人误解成美军投放传单的行为乃是出于天皇之授意。实际上，昭和天皇在得知传单的内容之后，立刻意识到如此下去“必然会引发政变”[50]。在此情况下，昭和天皇最终按照自身的意志，在14日下令召开了御前会议[51]。

对于在公开场合必须坚持无条件投降路线的美国来说，将天皇、国民与日军进行区别对待，无疑是削弱日本的抵抗意志、减少本国军人牺牲的必要措施。此外，雅尔塔会议之后，美国国内对苏联在欧洲的力量也开始心生畏惧。在此背景下，美国情报部门于1942年6月制订的《日本计划》[52]的现实意义也逐渐显露出来。《日本计划》提出，未来美国应将天皇作为和平的象征加以利用。加藤哲郎分析指出，这部计划核心部分的执笔者乃是隶属情报调查局（COI）调查分析部（R&A）远东科的查尔斯·法什(Charles B. Fahs)。法什曾于战前留学日本，并在东京帝国大学法学部师从蜡山政道和美浓部达吉学习日本政治。

《日本计划》最引人注意的内容在于以下两点：①需要让日本民众明白，他们的切身利益与当下日本政府之利益并不一致。这样一来，日本民众便不会将政府之战败视为自身之战败[53]。②此前日本军部领导者为了实现其军事目的，时常对天皇的象征意义加以利用。鉴于此，我们将来在批判日本军部的过程中也可以对天皇这一象征性符号加以利用，以天皇的名义来将批判军部的行为正当化，最终促使日本回到和平轨道上来[54]。

有马哲夫也指出，1945 年 7 月 21 日，格鲁曾特意在《华盛顿邮报》上刊载战时情报局的埃利斯·撒迦利亚（Ellis M. Zacharias）上校执笔的题为《无条件投降》的文章（《华盛顿邮报》刊登之原文并无署名）。总结来说，这篇文章主要向外界传达了以下几点信息[55]：①所谓“无条件投降”只是结束战争的方式之一。南北战争之际，北军的格兰特将军也曾要求南军的李将军无条件投降。②有关投降后日本能够获得之待遇条件，《大西洋宪章》、《开罗宣言》、蒋介石 1944 年的新年演讲、1945 年 5 月 8 日杜鲁门总统之声明，以及杰克逊法官针对战犯审判问题的声明均已作出了明确表述。③美军在参照最高法院判例的基础上制定了严格的军法。依照军法之规定，即便美国对战败国进行全方位的军事管理，也不会侵害战败国的主权。除此之外，文章末尾还略带诱惑性地说道：“想必日本的各位主要关心的是所谓国体护持的问题，即投降后天皇的地位能否得以维持。你们如果想知道答案，最好是直接来找我们问一问。”

南原繁与高木八尺

战争末期，日本国内有不少群体通过各种渠道接收到了美国发来的信号，东京帝国大学法学部的“七教授”便是这些群体之一。1945 年 3 月 9 日，即东京大空袭的前一天，南原繁正式就任东京帝国大学法学部长。战后南原在接受采访时表示，在战争末期，他和高木八尺、田中耕太郎、末延三次、我妻荣、冈义武、铃木竹雄等7名教授曾参与了终战工作[56]。参与制订《日本计划》的查尔斯·法什在战前曾通过太平洋问题调查会的渠道与高木八尺相识。海军方面参与终战工作的高木惣吉在1945年6月8日的日记中，记录了南原等人与内大臣木户幸一共同推进终战工作的相关情报[57]。

根据高木惣吉的记载，南原在与高木八尺的谈话中提及，当时美国国内在终战方针上存在软硬两条路线。杜勒斯、格鲁、法什等人的方针大致属于南原所说的软和平路线。南原还强调，必须尽可能地保持天皇至高无上的地位，同时提升天皇在国内外两面，即对日本国民以及对美国的价值。当时南原的原话是这样说的：

> 应当最大限度地利用皇室，与此同时还要保证美国的牺牲在其可以承受的范围内。如果真的要一亿玉碎和英美拼个鱼死网破，那么在英美眼中日本皇室便会失去利用价值，这样下去他们也就没有必要保留皇室了。此外从国民角度来看，亦应听无声之声。一旦天听之实情为人所知，再去实施所谓的一亿玉碎，则民众针对天听之怨必然会爆发。

经过冷静的分析，南原在1945年6月便认识到了天皇亲自颁发终战诏书的意义所在，南原甚至还亲自起草了终战诏书文案。根据高木惣吉的记载，南原繁起草的诏书文案的核心内容如下：

“盟邦灭亡，日本独战，非朕所愿。终战不仅是为了全世界全人类，亦是为了让日本国民免受涂炭之苦。”[58]南原文案最后还写有“望国民与皇室紧密团结”之类的语句。在战后皇室与国民的关系问题上，南原提出的“紧密团结”构想，与当时美国方面软和平派构思的方案可谓如出一辙。南原文案中的遣词用语，与池田纯久在8月10日记录的“圣断”发言也有不少相似之处。事实上，当时昭和天皇也通过木户内大臣了解到了南原等人的意见。《昭和天皇独白录》中就记载：“东大的南原法学部长和高木八尺曾面见木户，向其陈述意见称必须尽快与同盟国讲和。”[59]

4. 武装解除的实际过程

池田纯久

前文中，笔者曾谈及战败时久野收心中的失望情绪。战败时，日本国内民众大多饱受战争摧残，过着缺衣少粮的贫苦生活。与此同时，他们的眼前却出现了趁着战败时的混乱，带着大量军用物资复员回乡的军人。目睹此情此景，国民对于军人的最后信赖也丧失殆尽。军队与国民之间的决定性对立，在战败之际的军用物资处理中可谓暴露无遗。

值得注意的是，复员军人之所以会携带大量军用物资回乡，并不是因为长期以来军纪涣散，战败时军队基层出现了哄抢物资的混乱景象。相反，这是中央政府，即铃木贯太郎内阁最后一次阁议作出的决定。当时在阁议上提出将军用物资分配给复员军人的，正是内阁综合计划局长官池田纯久。池田主张在战败之后，尽快将国（军）有物资移交给地方公共团体，或是转让给民间团体或个人。如此一来，便能将物资隐匿下来，避免在战败后被美军收缴[60]。

东久迩宫内阁成立后，池田自1945年8月18日起列席内阁的次官会议，并在战争物资军转民的过程中扮演了核心角色[61]。战前池田曾作为一名精通计划经济的革新派军人而闻名，战败时池田亦作为内阁综合计划局长官，参与了将军需物资转移至民间的相关工作。战败时，美方对日军持有的报废武器进行了登记，之后命令日方销毁这些武器。当时东久迩宫内阁设立了以绪方竹虎内阁书记官长为首的终战事务联络委员会，被称为“特殊物件处理”的报废武器销毁工作，正是由该委员会全权负责的。该委员会的核心成员乃是战时的革新官僚，内阁综合计划局第一部长毛里英於菟亲自制定了武器销毁的具体方针。此后，内阁又设立了特殊物件处理委员会。除毛里之外，美浓部洋次也以内阁调查局调查官的身份加入了该委员会[62]。

1945 年 10 月 31 日起，战时从事武器生产的 5 家大型民营企业（日本钢管、日本制铁、古河电气、住友金属、神户制钢）联合组建了报废武器处理委员会，直接负责美军所接收的各类日军武器的报废拆解工作。战时，革新官僚和大企业凭借着计划经济式的手段，将日本国内的产业产能迅速从民需转向军需。而战败初期，这些革新官僚和大企业凭借同样的手段又将日本国内的产能从军需迅速转向了民需。在日军解除武装的过程中，遗留了各类不计其数的物资。内阁先是尽力将这些物资隐藏于民众的海洋中，而无法隐藏的物资最终先是被美军接收，之后为了实现日本的去军事化，美军又委托日本的民营企业对这些物资进行报废拆解。如此辗转，这批物资又再度回到了日本企业的手中。

8 月 14 日的内阁决议

1945 年 8 月 15 日，除驻扎在桦太和中苏边境等地区的军队外，其余日军都停止了有组织的抵抗。之后，预备进驻日本的盟军总司令部和第八军立即开展了占领的准备工作。日本战败时在内地尚驻有约 720 万大军，面对这种情况，占领军方面最关心的便是日军的复员和解除武装问题。负责和占领军联络的陆军要员在 9 月 9 日的笔记中写道："美军最为关心的便是我军的复员状况以及各类武器弹药的处理问题。"[63]

8 月 14 日，铃木贯太郎内阁召开阁议制定了《军方及其他相关部门保有之军需物资材料的紧急处分问题》(軍其他ノ保有スル軍需用保有物資資材ノ緊急処分ノ件)[64]。该文件称："为了安定国民生活，掌握民心，同时杜绝一切离间军民关系的可乘之机，政府必须秘密地对军队保有之物资材料进行紧急处分。"军方对此也表示接受。该文件全文如下：

为了安定国民生活，掌握民心，同时杜绝一切离间军民关系的可乘之机，政府必须秘密地对军队保有之物资材料进行紧急处分。除陆海军之外，政府管辖之物资也需依同法处理。具体处理办法如下：

①立即解除军方对各工厂的监督管理权，同时将上述工厂生产之成品、半成品及原材料之保管权暂时移交给生产方。

②除武器之外，军方应将保有之被服粮食及其原材料、医药品及其原材料、木材、通信设备及其原材料、汽车（包含零部件在内）、船舶及其燃料立即移交给相关政府部门或公共团体。

③军工生产部门保有的各类生产设备中，如有能为民用物资生产所用者，应将其移交给运输省下辖之工厂或其他民

营工厂。

④应立即停止使用粮食（包括砂糖）作为原材料生产燃料。

⑤立即停止一切军需生产，将各工厂保有之原材料转用于生产民用物资。

该决议的开头部分虽然罗列了诸如“为安定国民生活，掌握民心”之类的场面话，但该决议的本质在于之后列举的5条“具体处理办法”。总的来说，该决议的核心目的是将军方保有的军需物资及其原材料移交给军以外的省厅、县市地方政府或民间工厂。

在接到8月14日的内阁决议之后，陆军中央于8月17日制定了《陆机密第三六三号　关于军需品、军需工业等处理问题的指示》，并以陆军大臣的名义下发全军[65]。从陆军大臣下发给陆军航空本部长的文件来看，该指示基本是基于5条“具体处理方法”制定的。笔者在这里引用一下指示当中较为重要的部分。

一、陆机密 正文相关事项

将现有之飞机分为可正常运转的以及有故障无法正常运转的两大类，之后视具体情况将各类飞机集中于各机场，在对机种和数量进行调查统计的基础上，将其交付给有需求的部队进行保管。

（后略）

六、严禁个人垄断相关利益，严禁滥用燃料。在对军需物资进行处理时，虽可便宜处置，但应尽力避免将军需物资特别是燃料出售给驻地附近的市町村政府或个人。在必须将物资移交给地方政府时，也需尽量以府县一级政府作为移交对象。

由此可见，《陆机密第三六三号》主要是针对此前内阁各项决议制定的具体措施。然而在陆军大臣下发给陆军航空本部长的文件中，原本应在读后烧掉的便笺却被留了下来。上面写道："停战后，当敌方质问我军是如何处理各类军需品时，可按照本次下发的大臣指示的内容予以回答。至于实际的处理方法，可参见此前下发的指示。本次下发的指示作为对外公开版本，删除了此前指示中不宜公开的内容。本便笺读毕应立即烧毁。"从中可知，在下发《陆机密第三六三号》之前，陆军中央还下达过一个关于军需品的具体处理方法的指示文件。为了应对战后"敌方"即美军对日军保有的各类武器和资料的接收，陆军才遵照阁议决议下发了《陆机密第三六三号》。而陆军在实际处理军需物资的过程中所遵照的，则是此前下发的实行指示书。

实行指示文件

在陆军中央下发《陆机密第三六三号》的同一天，陆军航空本部长向各航空队下发了《军事机密 帅参二发号外第二号 航本机密第一三二号 有关军需物资及军需工业等处理的相关指示》（軍事機密　帥参二発号外第二号　航本機密第一三二号　軍需品、軍需工業等ノ処理ニ関スル件達）。这便是上述便笺提及的实行指示文件。

如题，除下文各款规定外，可参照《陆机密第三六三号》处理。航空总军司令官/陆军航空本部长（中略）

一、将飞机、武器、弹药、器材、被服、粮食、卫生材料、□□材料以及其他军需物资依现状加以保管，防止丢失或被隐匿、破坏，并在此基础上对军用物资的实际情况进行调查整理。

此外，可将与运输及民生产业相关的部分军需物资转让给政府部门或民间团体。军方还应尽快将此前征用或租借的车辆、设施及其他物品物归原主。关于原材料的具体处理方法可参照下文。

四、军需物资出售移交过程中的会计经理准则如下：

1. 军需物资、原材料及生产设备的转让原则上为有偿，但在向地方政府转让物资时，可采用无偿移交的方式。此外在有偿情况下，亦不需立即支付全款。

引文中加下划线的部分非常重要。这段内容说明陆军中央当时下令将可转用至运输及民生领域的军需物资尽快转让出去，甚至转让对象是民间团体也没有关系。且陆军中央虽然规定军用物资的转让原则上是有偿的，但从内容来看，陆军对无偿转让以及面向个人的转让实际上也是默许的。

总结来说，当时陆军预想战败后美军会对军需物资进行调查、收缴以及二次转让。为了应对美军的调查，陆军中央不仅制定了全文公开的《陆机密第三六三号》，还暗中在内部下发了《军事机密 帅参二发号外第二号》，就军需物资的实际处理方式进行了指示，企图在美军调查收缴之前，将日军保有的军用物资隐匿于民间的海洋中。

上文简单介绍了战败时陆军对军需物资的处理方式。实际上，海军也在设法隐匿各类物资。1945 年 8 月 19 日，海军下发了一条标有“军极密/读后销毁”字样的秘密指示。海军省军务局长和人事局长联名向各镇守府参谋长以及各警备府参谋长指示：“依照同封之海军次官、运输次官之协议案，此后海军设施系统各部门（包括海军设施本部及横须贺等海军设施分部）将在维持现有体系架构的基础上，全盘移交给运输省管理。”

山本善雄遗留的史料当中，有一份名为《军备废弃要领（案）终战委员会第三分科会》的文件[66]。这份开头标有“处理方法/读后务必销毁”字样的文件应编纂于 1945 年 8 月 19 日，具体内容如下：

> 一、根本方针
>
> 我军在废弃军备的过程中要牢记“隐忍自重”四字。在敌军对我国军备进行废弃的过程中，应予以最大限度之配合，尽快实现军备的废弃。为了未来实现军备的重建，当下更应坚持上述方针，彻底废弃我国现有之军备。
>
> 二、实施要领
>
> （中略）
>
> （四）依照敌军之指示处理各类军需品。如果有可转为民用的军需物资，可依具体情况临机处置。

从上述史料可以看出，战败后陆海两军表面上要求下属各部门遵照美军的命令，配合推进军备废弃工作，暗中却下发需要“读后销毁”的秘密指示，命令各部门尽可能地将现有的军需物资转为民用。“敌军”“军备重建”等用词，也真实地反映了当时的时代背景。

同盟国方针的贯彻

8月21日，日本全权代表河边虎四郎一行从位于马尼拉的盟军最高司令官总司令部手中拿到了降书的文本和编号为“一般命令第一号”的盟军命令，之后将其带回了日本。“一般命令第一号”的各项要求可谓十分严苛。例如，要求日军在9月第一周之前完全解除武装，并以图表的形式向同盟国汇报复员和解除武装的具体进度。至此，日本才终于对美军秉持的彻底的文书主义模式有了一定的了解。

9月2日正式对外公布的“一般命令第一号”中，关于解除武装问题的规定主要有以下两条：

> 第六项　在同盟国最高指挥官下达进一步指示前。日本政府及其支配下的军民当局应当负责完好保存下列物资，防止其缺损。
>
> 第七项　接到本命令后，日本帝国大本营应在指定期限内，将上文第六项细目（一）、（二）、（四）所列举的各项物资的数量、规格以及保存地点等信息毫无遗漏地制成（复数张）图表，并提交给盟军最高司令官。

第六项细目的具体内容如下：

（一）一切武器、弹药、爆炸物、装备、储藏品、补给品以及其他各种战斗用品和物资。

（二）一切陆上、水上及空中运输工具、通信设施及设备。

（三）机场、水上机基地、防空设施、港湾及海军基地物资存储设施、永久或临时的陆上和岸防要塞及其他各种军事设备及建筑物，以及上述防御设施、军事设施、建筑物的规划设计图。

（四）一切从事军用物资生产研发，或为军用物资之生产或使用提供辅助的工厂、建筑物、作坊、研究机构、试验设施，相关的技术资料、发明专利图纸，以及各军事或半军事性质的机关所保有之各类财产和原材料。

当时美军命令日本将上述各类物资的储备情况编列成清单提交给盟军。对此倍感恐慌的日本政府不得不在8月29日召开阁议，宣布“自本日起，废除昭和20（1945）年8月14日阁议制定之《军方及其他相关部门保有之军需物资材料的紧急处分问题》”[67]。

此外，从山本善雄遗留的海军终战委员会的记录[68]中，我们也可以看到海军方面军用物资处理方针的变化。8月29日，山本在记录中写道：“本日阁议决定废除8月14日作出的阁议决定。海军方面同时决定中止基于该阁议决定下发的各项训令，并尽可能收回此前下发的训令。”然而次日，山本却难为情地写道：“由于各部门已经将此前下发的训令资料烧毁，因此无法对其回收。此事需在第六分科会上告知对方。”此外根据 9 月 4 日的记录，作为海军首席随员前往马尼拉的横山一郎少将表示：“关于‘一般命令第一号’实施纲要的一切记录都应妥善保存。”

终战犯罪

日本宣布投降后，军方趁美军尚未进驻日本之机对各类武器进行破坏，同时将汽车、石油等军队财产物资藏匿于民间，将粮食和被服发放给复员军人。在 1945 年末召开的第 89 届帝国议会上，军方的上述行为引发了议会方面的强烈批评。12 月 17 日，面对大河内辉耕（研究会，子爵）的质问，原守政府委员（第一复员省次官）就陆军保有的粮食的处理状况进行了回答。原守表示，终战时陆军保有的大米、小麦以及各类杂粮合计约 17 万吨。在 8 月 17—28 日，军方共向民间“转让”了 3 万吨粮食，并向复员军人发放了 5 万吨粮食，实际移交给同盟国的粮食总计约有 9 万吨。而当时移交给同盟国的物资，最终大多被美军打包出售给了日本内务省，再由内务省分配给各都道府县。

我们再来看看其他物资的处理情况。战败时日军共保有被服 760 万套，其中 175 万套被“转让”，185 万套被发放给复员军人，移交给同盟国的共计 400 万套。770 万条毛毯当中，100 万条被“转让”，220 万条被发放给复员军人，450 万条被移交给同盟国。9796 辆汽车中，1054 辆被“转让”，8742 辆被移交给同盟国。此外，陆军在内地向同盟国移交了 8922 架飞机、3113 辆油罐车、2300 辆牵引车、1 万门火炮、4 万挺自动枪械、131 万挺小型枪械、3 亿包子弹、1000 万发炮弹。

和发放给复员军人的部分相比，原守在议会答辩中所说的物资“转让”的过程中实际上存在不少问题。由于政府方面指示尽量将军需物资转为民用，军方将大量物资转让给了地方政府、地方团体或是公共团体。然而按照军方的方针，这些军需物资原本应当有偿转让给带有公共性质的团体，但在实际操作中大多变成了无偿转让。不过这些所谓的“无偿转让”真的是无偿的吗？军方在选择转让对象过程中客观公正吗？这其中怕是存在不少不为人知的黑幕。

1945 年 11 月 29 日，在第 89 届帝国议会众议院大会上，战时作为应召议员而闻名的福家俊一（无所属俱乐部）将军方在物资转让过程中的各种贪腐行为定义为“终战犯罪”。他在议会上就“军方趁终战混乱之际贪污公款，在军用物资处分过程中中饱私囊，与民间势力勾结隐匿倒卖物资等种种终战犯罪行为”向下村定陆相进行了质问。正如上文所述，终战前军方一直在强烈主张所谓“自主解除武装才是国体护持的核心条件”，然而实际上“终战犯罪”一词才是战败后解除武装过程中日军形象的最好写照。

结语

本章我们探讨了战败前后军部特别是陆军在解除武装问题上的态度变化，在此基础上通过一系列间接证据的积累，还原了终战前后武装解除问题的酝酿发酵过程。在本章最后，笔者希望对这一过程进行简要地总结。

在莱特湾海战败北之后，小矶国昭内阁和军部开始向国民宣传“皇土防卫乃是国体护持必不可少之条件”的口号。同时，前首相东条英机和陆相阿南惟几等军方首脑开始援引所谓的“天壤无穷之神敕”，论证保持军备或是自主解除武装对于国体护持的重要性，并尝试用这套理论来说服天皇以及陆军各个部门。

美国方面虽然一直在表面上坚持无条件投降，实际上却通过《波茨坦公告》、贝尔纳斯答复、空袭前后投下的传单、短波广播以及报刊等渠道，反复向日本解释同盟国在解除武装问题上的实际态度。在传单中，美方对政府、国民和军部、军队进行了明确分割，表态如果日本政府和国民同意解除军队的武装，战争便会立即结束。

另一方面，昭和天皇在 1944 年 9 月曾表示不愿在武装解除和战犯引渡两个问题上作出让步。然而 1945 年 5 月，在目睹业已丧失投降的政治主体的德军的实际投降状况之后，昭和天皇开始倾向于认为即便在武装解除和战犯引渡问题上作出妥协，也能够保证国体的存续。此后昭和天皇便开始援引三国干涉还辽时明治天皇的诏敕，说服军方接受同盟国开出的条件。

最终，站在国民和天皇对立面的军方，按照 1945 年 8 月 14 日铃木贯太郎内阁最后一次阁议中作出的决议，着手将国内的军备与军需物资中能够转为民用的部分“转让”给民间组织和文官机构。在此方针下，军方通过溶“武”于“文”的模式，为自己拉下了帷幕，自此退出了历史的舞台。

第八章

战场与废墟之间

1968年8月，《生活记事本》杂志发行的特辑《战争生活的记录》收获了巨大的舆论反响。由于该特辑大受好评，翌年便作为单行本出版。本章的目的是在通读《战争生活的记录》基础上，解读花森安治在全书开篇撰写的散文诗《战场》。战争期间，日军将中国大陆、东南亚、太平洋岛屿变成了战场，到了战争末期，盟军为了削弱日本的抵抗意志，以日本本土城市或是农村的居民为攻击目标展开了一系列空袭。在这一过程中，日本本土的妇女和儿童也被迫体验到了战争的残酷。

《战争生活的记录》封面上画着一本记事本和一枝玫瑰花。皮革质地的记事本位于封面的正中央，大小比军队记事本略小些。记事本左侧的部分有些烧焦的痕迹，四周还散落着一些未烧尽的纸张碎屑。记事本上是一枝带着朝露的深红色玫瑰花。提起含有哀悼战争死难者意义的花卉，想必大家会首先想起虞美人。在欧洲，每逢第二次世界大战等战争纪念日，出席纪念仪式的人们都会胸前佩戴虞美人。对于欧洲的这一传统，花森安治想必也了然于胸。因此从这个角度来看，笔者推测花森编纂本书的主要目的并非悼念战争。红玫瑰的花语为纯洁、奉献真心，花森可能是想通过本书向读者传达“抱着真挚的情感，珍视自己的记忆与记录，并将其传达给下一代人”这一充满爱的话语。

花森在开篇所写的散文诗《战场》也印证了这一点。书的开篇，以双联页的方式印刷有 12 幅反映自 1945 年 3 月 10 日东京大轰炸至 8 月 15 日玉音放送为止的历史照片。散文诗《战场》就印刷在这些历史照片之上。“‘战场’永远在海的另一边，在那遥远的，似乎永远无法企及的地方。”花森在诗中对东京大轰炸次日清晨的惨状进行了描写，“眼前的风景只是单纯的‘废墟’而非‘战场’。没人会将昨夜死去的人称为‘战死者’。”此后，对数值有着异常执念的花森罗列了一系列数字：“三月十日凌晨零点八分至二时三十七分，在一百四十九分钟里，八万八千七百九十三人死于轰炸，十一万三千零六十二人负伤。这一数字超过了广岛与长崎的原子弹死难者。”“大家所生活的这座城市曾是‘战场’，本次战争中最为凄惨残酷的‘战场’。”在散文诗中花森无暇对战争进行悼念，而是直接对将民众幸福生活的城镇化为战场的日美两国政府发起了控诉。

《战争生活的记录》在 1968 年 8 月作为《生活记事本》杂志第 96 期的特辑刊行，出版前曾在报纸上公开征集关于战争时代的回忆文章。花森总计收到了 1736 篇投稿，他从中精选了一部分放进书中。书中收集的关于战争生活的回忆和记录都是广大民众的心声。一经出版，第一刷 80 万册立即发售一空，杂志社立即增印了 10 万册，并在翌年 8 月 15 日推出了典藏版。毫无疑问，那本书在出版过程中细心地考虑了动荡的时代背景。出版时，正值日本国内针对明治百年纪念典礼的反对运动高涨，大学纷争也日渐走向激化之际；国际上，美国正陷于越战的泥沼中，而越战特需也在一定程度上带动了日本经济的发展；这一时期日美两国还在针对冲绳回归问题进行谈判。为何花森要选择在此动荡的时代背景下，收集总结1944年马里亚纳海战大败之后，民众关于每况愈下的战时日常生活、空袭以及集团疏开的回忆和记录呢？花森认为，如果将在战争中被摧毁的城市称为“废墟”或是“焦土”，关于战争的记忆将会被逐渐模糊，对此花森抱有很强的危机意识。他强调脚下的这座城市才是“本次战争中最为凄惨残酷的‘战场’”。如今这种战场意识早已被日本大众所接受，然而在1968年时这种意识十分薄弱。

2010年8月14日，在太平洋战争末期的空袭中受伤或是失去亲人的受害者们，组建了全国空袭受害者联络协会。此前官方对于民间的战争受害问题的态度一直是，“战争中的损失，必须由全体国民平等承担”。因此，政府并未给予空袭受害者任何救济与支援。然而1952年《旧金山和约》生效之后，政府开始基于国家赔偿理念，向旧军人、军属和战死军人家属发放了总额约50兆日元的恩给和年金。此后不少人开始质疑“由全体国民平等承担战争损失”的官方态度是否真的公平，空袭受害问题迅速受到舆论关注。而值得注意的是，全国空袭受害者联络协会一直以来都在努力与重庆大轰炸中遭受日军空袭的中国受害者组织合作，从加害者、受害者两方面来强调日本官方态度的不公平性，并在此基础上要求国家对战争受害民众进行赔偿。

甲午战争、日俄战争、第一次世界大战、中日全面战争等历次大战的历史经验，在日本人的脑中植入了这样一种认知：战争仿佛是大海那边军人们的事情。吉田健一在《欧洲的人们》（讲谈社文艺文库）一书中，针对欧洲人意识中战争的残酷性做了如下描述：

> 一旦对外宣战，敌军任何时候都有可能出现在自家门前，必须为此做好心理准备。当然，这份心理准备中也包括祖国和本国文明随时都有可能走向灭亡的觉悟。

到中日全面战争为止日本所经历的历次对外战争的战场都远在海外，这确实与吉田健一描述的欧洲战争不同。然而随着 1944 年 7 月 7 日塞班岛沦陷，日本本土进入了美军远程轰炸机 B29 的作战半径。敌机从自家上空飞过逐渐变成司空见惯的情景，日本人被迫做好了国家和文明会走向毁灭的觉悟。花森将受到轰炸的日本城市称为“本次战争中最为凄惨残酷的‘战场’”，这一认识无疑是正确的。美军针对日本城市的夜间战略轰炸，使非战斗人员也陷入了水深火热的凄惨境地。为了让日本人丧失抵抗意志，美军对日本各大城市轮番进行燃烧弹轰炸。而这种作战方式，在心理战和被害的深度广度上都创造了一种新的局面。花森很早就认识到了这一点。

战争中，美国提出发动侵略战争是一种犯罪行为（战争违法观念），战争领导人必须为战争行为负刑事责任（领导人责任观念），试图将这两点作为新的战争犯罪概念进行规范化。在此情况下，军部担心一旦战败，不仅战争领导人会受到制裁，国体也会遭到变革。在这种恐惧心态之下，军部开始企图绑架国民，将国民也拉进绝望的战争中。在美军的连番无差别轰炸下，日本民众开始意识到日军根本无力防御美军对本土的攻击，原本顺从的国民心中逐渐产生对于军部的不满，开始期待天皇能够站在军部的对立面。对日本国民来说，原先那种本国军队在决定性战役中击溃敌军主力，在军事层面使敌军主力失去战斗力，并以此宣告战争结束的美好的古典战争模式自此不复存在了。

为了让日本民众承受的痛苦绝对值最大化，美国方面也作了非常深入的研究。东京大轰炸中损失惨重的地区和关东大地震中发生大火灾的地区几乎完全一致，这一点绝非偶然。美军在轰炸东京之前，曾经对关东大地震受灾状况进行过深入分析，并专门针对日式房屋量身打造能够产生更好延烧效果的燃烧弹。指挥东京大轰炸的是美军第 20 航空队第 21 轰炸机司令部司令官柯蒂斯·李梅（Curtis LeMay）。后来在越战中出任美国国防部长的罗伯特·麦克纳马拉（Robert McNamara）当时也隶属于李梅麾下。麦克纳马拉借助一系列数学手段进行分析，设法提高了轰炸的效率。这也是太平洋战争末期空袭和后来越战的一个关联之处。

花森还以另一种视角观察着这场残酷的现代战争带来的惨祸。《战争生活的记录》所收录的文章中，最令读者触目的可能就是在物资严重不足的情况下，民众互相争夺食物的相关内容。其中有的是 1968 年时投稿人对战争末期学童疏开的回忆，有的则是战时写下的生活记录。作为后者的代表，胜矢武男在《日日之歌》中，用出色的彩色铅笔画和简洁的感言对战时生活进行了记录。例如缝制防空头巾的妇人、捣糙米的孩童、配给品、发放给疏开学童的慰问品等。胜矢在战后也是一位颇有知名度的作家，出版过《太平洋物语》《魔海的悲剧》等面向少年读者的小说。

在有关食用油配给的部分，胜矢写道："食用油的配给采用分段制，三口之家发放四合，七口之家六合，八口以上一升。我们家一共七口人，于是就只能领到六合油。（中略）街后面某人家比我们家就多了一个八十多岁，吃不了多少东西的老太太，然而算人头数他们家就能领一升油。我们家的孩子一个个正是长身体的时候，哪怕多给我们几滴油也好啊，就因为差了一口人，就只能拿到六合油，差不多比八口之家少了整整一半。"当时有 5 个孩子的胜矢看"街后面某人家"的眼神，无疑是殷切又赤裸裸的。与其说是羡慕嫉妒，不如说是一种强烈的不满和愤怒。就这样，人们对于发动战争的政府，以及持续着绝望抵抗的军部的愤怒，被发泄到了身边无辜且无力的一般人身上。

根据东京都的梅野美智子回忆，同样的事情在孩子们中间也时有发生。战争末期，正就读国民学校三年级的梅野被集团疏开到了大阪府南河内郡的神社里。当时疏开的学生们顿顿吃的都是大豆饭和高粱饭，于是一些学生因为消化不良开始拉肚子。跟班的老师担心学生们得的是痢疾，便要求拉肚子的学生主动报告，如果发现朋友拉肚子也要及时向老师通报。然而此后便出现了不少本末倒置的事情。为了生存下去，孩子们开始钩心斗角，因为老师们会暂时不让拉肚子的孩子吃大豆饭、高粱饭，而是改让他们喝粥。"这样一来，其他孩子分到的饭就会多一些。（中略）但光靠喝粥是填不饱肚子的，为了继续吃饭，拉肚子的孩子也会谎称自己没病。而周围的同学则会躲在厕所旁边偷听，一旦发现有拉肚子的动静，便会立刻去找老师打小报告。这样自己分到的饭就会多一些。"在未满 10 岁的孩子中间也产生了这种"社会"

现象。

当时为了生存下去，无论是大人之间还是孩子之间都爆发了激烈的“内战”，有时大人和孩子之间也会爆发“内战”，熊本县的山下隆男在回忆兵库县柏原町（现丹波市）的集团疏开生活时讲述了这样一个故事：当时有不少家长给自家被疏开的孩子送去了饱含爱意的慰问食品。老师们在收到家长们送来的慰问品后，一边向家长们保证“之后一定会公平地将慰问品分配给孩子们”，一边却私自将其没收，学生们苦等许久都未等到老师们发放慰问品。此后学生们通过墙上广播线穿过的小洞观察老师们都在干什么时，却发现老师们每天夜里都在偷吃家长们送来的炼乳罐头。对此山下评论说：“自己通过这件事目睹了在生理接近极限的状况下，人类社会的各种伦理道德观念究竟是多么的脆弱。”实际上，从战后被美军接收的没来得及烧掉的特高警察史料来看，这类丑恶现象在日本全国可谓比比皆是。

国家绝对不能发动这种让全体国民沦落至饿鬼道的战争。在发动战争时，政府根本没有自觉认识到自20世纪20年代开始，国内的大米消费很大程度上仰赖从殖民地进口。此外，即便在开战前日方已经估算想要维持对美战争，必须在本土和南方产油地带之间的海上交通线上维持至少200万吨的石油运力，但是军部最终仍然在只保有60万吨石油运力的情况下贸然对美开战。最终在美国的封锁之下，日本国民不得不在饥饿中挣扎，在这种情况下，日本也不得不尽早宣布投降。从这个角度来看，饥饿也可以被称为“本次战争中最为凄惨残酷的‘战场’”。人口数量、粮食保有量、燃料保有量三者之间的平衡一旦被打破，地狱般的景象便会在人间出现。无论政治体制如何变化，无论科学技术如何进步，这一定律都不会改变。2011 年地震、海啸、核电站事故时的景象也印证了这一点。在 1968 年，花森通过一系列妇女儿童的回忆和记录，向我们鲜活地展现了在日本本土后方爆发的，国民与国民之间饱含憎恶的另一番战争景象。这也是花森将本土称为“凄惨战场”的原因之一。

电影导演伊丹万作（伊丹十三之父）在去世半年前，写过一篇短文，题为《战争责任者的问题》（《映画春秋》1946 年 8 月号）。他说，有不少人慨叹这次战争中国民都被政府和军人欺骗了，但这事实上是不可能的。“无论如何，仅靠几个人的智慧是无法欺骗一亿人的”。他还在文中针对普通人日常生活中发出的“恶意”作了非常尖锐的暴露。

> 在整个战争期间，最为直接地、持续地压迫折磨我们的人是谁？在思考这个问题时，想必大部分人脑海里立刻浮现的那张脸，可能是自家附近的小商贩，或是邻组长、町会长，或是郊外的农民，或是区政府、邮局、配给部门中的芝麻官、雇员、劳动者，抑或是学校的老师。总之都是些我们会在日常生活中经常接触的较为熟悉的人。而这究竟意味着什么呢？

身患重病、行将就木的伊丹对于辩称在战争中“被欺骗了”的民众抱着冷淡的态度。他说：“心安理得地辩称战争中自己‘被骗了’的日本国民，怕是将来仍然会屡屡被骗吧，甚至不用等到将来，眼下他们怕是已经又落入了什么骗局之中了吧。”伊丹撰写这篇短文时 46 岁，战争中堕落放荡的日本人形象给伊丹留下了极为深刻的印象。战后，日本人打着“我们被骗了”的旗号，企图淡化或是篡改这段历史记忆。这种行为想必是伊丹不愿看到的。与此类似，花森在 1968 年收集整理妇女儿童对于“战场”的回忆记录，并将其呈现在国民面前时，其内心深处的情感并不单单是对于美国或是日本的为政者的愤怒，更多则是迫切地感受到有必要去唤醒人们对于战时纷纷堕落至饿鬼道的日本国民形象的记忆。只有抱着这样的精神和觉悟，才有可能实现真正意义上的反战。

结　语

对于耐心读完本书的读者，笔者在此唯有感激之情。此外，为了面向各位习惯从“结语”开始阅读书籍的“结语党”（别名“结语爱读党”）进行宣传，笔者也希望在这里重新逐条列举一下本书在研究史中所添加的新论点。在序言中，笔者已经对各章的要点进行了概括，在各章开头的导语中，也分别对其中所阐述的“问题”进行了概述。希望各位读者通过上述部分，能对本书所讨论的核心内容有一个概括性的掌握。

从古代的防人，到近世的武士，再到战前的军人，各个时代的军事力量中似乎有一种类似“意识”的东西贯穿其中。笔者虽然专攻近代史，但对于军・军队的兴趣离不开对这一“意识”的关心。如果从这一关心出发来看日本历史上军队与天皇的关系，又会得出什么样的结论呢？笔者希望针对这一问题描绘一张大致的结构图，以此作为本书的结语。

笔者在总论中曾将 1932 年作为非常重要的一个年份进行探讨。古代史学者笹山晴生也出生于这一年。在此，笔者想从笹山日后回顾他少年时代的太平洋战争感想谈起。战前的少年杂志常会收录《万叶集》中的防人歌。熟读这些杂志的笹山在少年时便对大伴家持编纂的《万叶集》中的防人歌，特别是常陆国防人歌"自今而往，言登于路，为君干盾，义无反顾"（今日よりは　顧みなくて　大君の　醜の御盾と　出で立つ　吾は）[①] 等有着深刻的印象。日后笹山以学者的视角略为深入地评论道："许多防人歌中正是因为蕴含了鼓舞奋斗精神和无私奉公精神的内容，才会对人们形成如此强大的感染力。那是一种类似'言灵'的力量。防人歌深深刻入了日本人的意识，其中所蕴含的力量会在国家生死存亡之际，与继承同样血统的人发生共鸣。"[1]

回顾日本历史我们会发现，国家在军事上依靠公武力（天皇麾下的军团、兵士制等公民兵）只有两段时期，一是至奈良时代8世纪为止的律令国家时期，二是自明治维新至昭和战前期为止的时期（征兵制军队），其余则都是私武力（建立在私的武家主从关系下）的时代。而笹山从采录防人歌的大伴家持的意识深处，读出了作为天皇麾下公民兵的一种皇军意识，以及背负武门之名的大伴氏所特有的自负感。

幕末维新时期，天皇在国家制度上的定位发生了巨大的变化。对于这种变化，近世史学者尾藤正英提出了一个问题。要知道尾藤生于1923年，是中日战争至太平洋战争中战死人数最多的那一代人中的一员。尾藤指出："武士身份的废除是一个巨大的社会变革。如此巨大的变革却最终得以在短时期内迅速实施，并且在实

① 引自钱稻孙译《万叶集精选》，中国友谊出版公司1992年版，第271页。

施过程中没有遇到太大的抵抗，这无疑是明治维新的一大特色。（中略）为什么在明治维新的过程中，出身封建特权阶层的政府官员会亲手废除特权身份制度呢？这一变革能够较为顺利推行的原因又是什么呢？”[2]尾藤分析道，对于上述问题，前人往往从武士阶层中尊王思想觉醒的角度，或是与豪农阶层缔结同盟关系的下级武士特质，以及以该特质为核心的武士阶层整体的革新性质形成的角度出发来解释。针对这些解释，尾藤从武士这一社会阶层产生的具体状况出发，提出了新的见解[3]。

15—16世纪，属于被支配阶层的上层农民在经过武装后，形成了武士这一新兴社会阶层。从这一形成过程来看，武士阶层主要拥有以下几个特征。首先在意识层面，由共同体性质发展而来的合议制传统与平等观念是支撑武士阶层的重要特质。而在使命感层面，武士阶层一直抱有独立维持地域社会的和平稳定的意识。武士在经历兵农分离，转变成为负担整个国家的政治军事责任的阶层之后，这一使命感也随之演变成了“对外维持国家独立，对内维持和平稳定的责任意识”。

从上述使命感出发思考，我们可以认为，当幕末日本面临列强的军事力威胁时，一旦幕府即公仪的武威没有起到排除威胁的作用，便意味着作为共同责任代表者的幕府没有尽到应尽的职责。如此一来，对于承担着维持日本国内和平与对外独立的武士阶层来说，幕府便会成为理应被排斥与打倒的对象。换言之，这样的幕府便会被认为是怀有“私心”。而对于武士阶层而言，“私心”的对立概念便是“公论”。因此在幕末时期，天皇开始作为提倡“公论”的象征走上历史舞台。在此背景下，“公议舆论”逐渐成为联结武士与天皇的理论逻辑。预定对江户发动总攻击当天，以明治天皇名义发布的《五条御誓文》便是最好的证明。

到了近代，武士阶层在形成过程中带有的合议制传统与平等意识又是如何被定位的呢？对此笔者用两个例子加以解释。“九一八”事变的策划者石原莞尔在“二二六”事变后的1936年3月12日，针对陆军的重建方针问题说道：“当下的军队组织完全陷入了合议制软弱主义的陷阱。为了改变这一现状，军部应秉持强力主义，在此主义引导下，以强大的行动力对军组织进行大幅改革。”[4]从这一叙述我们可以看出，石原认为“合议制”乃是陆军作为组织体的特性，并且在他眼中，这一特性是应当加以否定的。

关于平等意识的定位问题，让我们再来看一看北一辉针对乃木希典的评论。当时，社会舆论中存在不少针对日俄战争时乃木希典战术的批评声音。在这一背景下，北一辉在《日本改造法案大纲》的“国家权利”一章中，将“维持征兵制”定位为国家的权利之一。他主张，在兵营和军舰内，除“军衔的表现”以外的各种物质层面，应尽可能维持平等。在议论过程中，他对乃木在军旅生活中所贯彻的平等理念予以了很高的评价。[5]“从军事角度来看，乃木将军或许曾犯下了不可饶恕的错误，招致了重大的牺牲。然而即便如此，旅顺包围军的将士们之所以仍然选择原谅乃木将军，正是因为乃木将军一直与普通士兵吃着同样的盒饭，严格履行着作为军人的平等义务。”

为了保证军队相对于政治的中立性，日本近代军队自诞生之日起就被置于天皇亲率的理念之下。而在此之后，近代军队又在什么样的逻辑下，发生了什么样的变化呢？在此笔者希望对这一问题进行简单的总结。第七章介绍了在昭和天皇决心接受《波茨坦公告》之际，陆海军统帅部及陆相曾表示反对。当时前首相东条英机不仅将军队、军事力量与天皇、皇位之间的关系比作海螺壳与海螺本体，甚至还在1944年7月内阁总辞职之际，提出了所谓的狭义国体论与广义国体论的概念。同时主张在广义国体论之下，军人应以国家为重，在天皇之命令不利于国家时断然予以违抗。

坎托洛维奇（Ernst H. Kantorowicz）在《国王的两个身体》中提出，国王拥有自然之体和政治之体两个身体。熟知日本历史之人想必都知道，历史上日本的为政者违背“国王自然之体”的命令的现象可谓屡见不鲜。例如1865年第二次长州征伐之际，大久保利通就针对孝明天皇的敕命批判说：“非义敕命并非敕命。”[6]即便只看近代史，政治当局者也会经常将天皇本人（自然之体）与基于“万世一系”理念的皇位（政治之体）进行明确的区分[7]。然而到了1907年，明治立宪制的创设者伊藤博文、伊东巳代治以及有贺长雄等国法学者开始重新审视将皇室（天皇、皇族）与国家分割开来的制度理念，并在此基础上制定了《公式令》，着手对各类制度进行了修订。此外，井上毅一直以来强烈反对的皇族臣籍降下的相关法案，同年也以“增补”的形式添加进了《皇室典范》中。到了日俄战后时期，由于上述制度变革的推行，将皇室与议会隔绝开来的制度设计被打破。至此，皇室也无法再以“此乃皇室之私事”为借口，阻止政治势力对皇室问题的干涉了[8]。

正当日本的为政者认识到有必要对国家与天皇的区分问题进

行重新探讨之时，积极参与中国革命运动的北一辉也敏锐地觉察到了20世纪初期世界局势的变化，并认识到有必要对天皇的存在形式和日本的国体论进行更新。北一辉在日俄战争结束的次年，即1906年出版的著作《国体论及纯正社会主义》中认为："日本国民与日本天皇并不是在权利义务契约之下相互对立的两个阶级。"[9]同时主张在国家面前，天皇和国民之间的关系必须是对等的。

作为社会运动家，北一辉在1906年发表如此激进的言论是有其理由的。在获得甲午、日俄两场战争胜利之后，日本虽然成了一个拥有殖民地的"20世纪帝国"，但当时的日本并没有制定一套与殖民地帝国相匹配的国体理论。对此深感不满的北一辉对宪法学者穗积八束和哲学家井上哲次郎主张的"君臣一家论"进行了批判，认为这一理论根本不适应现代社会的需要[10]。即便日本已经通过条约获取了不少新的领土，但穗积等人仍然在坚持所谓"天祖乃是国民之始祖""天皇家乃是国民之宗家"等陈词滥调[11]。甲午战争后，中国台湾地区成为日本的殖民地，之后日本又租借了关东州，吞并了韩国和南桦太。如何从理论上定位居住在这些地区的人们与日本天皇的关系，便是北一辉所关注的根本问题之所在。筒井清忠的研究[12]很早便指出，北一辉对于国家与社会的看法，特别是其强调国家面前天皇与国民对等性的理论，在当时是一种非常先进的宪法理解。

北一辉进一步制定了具体的国家改造法案，主张把代表国民的议会与天皇直接联结起来，借此将天皇打造成为国民的天皇。北一辉的这套理论在当时确实有着划时代的创新意义。

综上所述，在成为“20 世纪帝国”之后，日本的为政者和社会运动家都针对国家、天皇、国民三者关系的理想形态提出了自己的理论，并就哪一边的理论更适应新的时代问题展开了竞争。然而在同一时期，被称为天皇“股肱之臣”，同时在历史上肩负“维持国家内部和平与对外独立责任”的军队，又是如何应对 20 世纪这一新时代的呢？

对此，我们首先需要解决的问题是，当时军人们到底是凭借什么样的理论逻辑，去突破明治时代以《军人敕谕》为核心树立的军人不干政原则的呢？就这个问题，让我们先来看一看参与“五一五”事件的士官候补生的例子。当时菅波三郎深受北一辉影响，熟读了北一辉提出的改造法案与国体论。而参与“五一五”事件的士官候补生们又很大程度上受到了菅波的影响。首先让我们看一看“五一五”事件公判过程中各位士官候补生的陈述[13]。1933 年 7 月 29 日，岛田朋三郎法务官在公判法庭上，就青年军官们的思想主张进行了充满诱导性的询问。“关于军人保护国家的使命问题，菅波三郎是不是和你们说过什么？菅波是不是和你们说，军人的使命不仅要保护国家免受外敌侵略，还要防止内敌从内部对国家造成破坏。”

对于这一问题，士官候补生中的一员——八木春雄给出了岛田想要的答案。“军队的任务在于保护国家。”“镇压内乱并非军人的真正目的。军人的真正任务在于防内乱于未然。”[14]身负保护国家之责任的军人，不仅要防御外敌，更重要的是要提防内敌，防内乱于未然。这是当时很多青年军官脑海中的逻辑。与审判“二二六”事件时不同，血盟团事件与“五一五”事件的公开审判成了受审军人、国家主义者和民间人士宣传自己的思想与主张的舞台。从这个角度来看，当时的公开审判也可以说是一种社会运动，甚至当时公开审判所发挥的社会机能与影响力远远超过了社会运动[15]。笔者在总论当中也曾就菅原裕律师灵活的法庭战术以及所谓“国家防卫权论”的相关问题进行过介绍。当时辩护方在法庭上也主张，在国家面对重大且紧迫的危机时，负责保护国家安全的军人有采取防卫手段的义务。

在本书最后，笔者介绍一下罕见的运动家藤井齐关于上述问题的探讨。在1928年的《王师会宣言》中，藤井曾针对军队的现状批判道：“眼下军人对国家使命缺乏自觉。一方面曲解《军人敕谕》之内容，墨守不干涉政治之旧规，另一方面对于国家之形势变化视若无睹，对于社会之混乱状况充耳不闻，妄图以此来逃避责任。”[16]1930年4月3日，藤井在《忧国慨言》一文中又论述道：“我等在防卫外敌侮辱的同时，还应提防内敌，即玷污天皇大权，窃取民众生命财产之贵族、政党与财阀之流。（中略）在现代，所谓军人不‘干涉’政治的原则，其内涵是要求我等超越眼前的腐败政治，同时不为舆论所惑，亦不要染指民主共产主义等亡国思想。”[17]再联想到“五一五”事件公开审判过程中士官候补生们的发言，我们可以知道当时社会当中存在一种有组织地歪曲篡改《军人敕谕》的风气。

长篇的结语就到此为止了。2007年，在劲草书房出版笔者的第二本著作《阅读战争》（戦争を読む）之际，笔者就曾得到该出版社编辑土井美智子的多方帮助。本书出版之际能够再度由土井老师担任责任编辑，笔者感到十分欣喜。从本书各篇文章的遴选，到文章刊载的顺序，再到章节构成与小标题的作成，全部仰赖土井老师之手。在此对她表示衷心的感谢。

加藤阳子

2019 年 9 月

注　释

序　言

1. 康德《论永久和平》，1759 年出版。原著者引用日文版本为：宇都宫芳明译《永遠平和のために》（岩波文庫，1985 年）。
2. 幸德秋水《非开战论》，《幸德秋水全集》第四卷（日本図書センター，1982 年），第 415 页。
3. 藤原彰《天皇と軍隊と日中戦争》（大月書店，2006 年），以及饭塚浩二《日本の軍隊》（岩波現代文庫，2003 年），是从这一角度出发对军队进行研究的最高水平著作。
4. Egerton Herbert Norman《日本の兵士と農民》，大窪愿二编译《ハーバート・ノーマン全集》第四卷（岩波書店，1978 年）。此外，笔者关于征兵制的理解可参见加藤阳子《徴兵制と近代日本》（吉川弘文館，1996 年）。
5. James B. Crowley, *Japan's Quest for Autonomy: National Security and Foreign Policy 1930 — 1938*, Princeton: Princeton University Press, 1966. 该书率先指出了此问题的重要性。
6. 原田熊雄述《西園寺公と政局》第七卷（岩波書店，1952 年），第 272—273 页。
7. 《服務資料綴》，高桥正卫编《続・現代史資料 6　軍事警察》（みすず書房，1982 年），第 238 页。
8. 《反乱被告事件論告要旨》，原秀男等编《検察秘録　五・一五事件 Ⅲ》（角川書店，1990 年），第 438 页。

总 论

1. 依照《日本书纪》的记载，1940 年是神话中神武天皇即位 2600 周年。同年 11 月 10 日，皇居前广场举行了纪念典礼以及一系列的庆祝活动。通过内阁情报局出版的画报杂志《写真週報》第 143—145 号（1940 年 11 月），可以了解当时全国各地庆祝活动的具体情况。
2. 宫内厅监修《昭和天皇実録》第八卷（東京書籍，2016 年），第 213—214 页。
3. 同上，第 214 页。此外，据《昭和天皇实录》第八卷第 206 页记载，当时昭和天皇授予海军的敕语末尾内容与授予陆军的相同。
4. 根据教育总监部编《军人敕谕謹解》（1939 年）第 40 页记载的陆军官方解释，股肱是指腿与肘，即手足，引申为最为信任的臣下之意。
5. 1940 年 10 月 30 日起在全国电影院上映的《日本新闻第 20 号》收录了本次特别阅兵式的影像。如今，在 NHK 战争证言档案（NHK 戦争証言アーカイブズ）的网站可以看到当年的影像。此外，海军特别观舰式的影像也被收录进了《日本新闻第 19 号》，并于同年 10 月 16 日开始公映。
6. 《单行書　軍人へ勅諭》（国立公文書館，档案号 A04017133200）。
7. 陆军中央掌管军队教育问题的机关。成立之初，教育总监部本隶属于陆军大臣，然而 1900 年《教育总监部条例》修订之后，教育总监开始直属天皇。此后，教育总监一直与陆军大臣、参谋总长并称为“陆军三长官”。
8. 有关法什所著《日本计划》，可参见加藤哲郎《象徴天皇制の起源　アメリカの心理戦「日本計画」》（平凡社新書，2005 年），第 30 页，或本书第七章的相关内容。
9. 可参见丸山真男、福田欢一《聞き書き　南原繁回顧録》（東京大学出版会，1989 年），第 267—269 页，或本书第七章的相关内容。
10. 冈野弘彦的相关回忆和发言参见《昭和天皇実録　識者はこう読む》，《読売新聞》2014 年 9 月 9 日朝刊。
11. 终战之际，为了说服参加大本营会议的军人，昭和天皇引用了明治天皇在甲午战争后颁布的《辽东还付之诏敕》。关于这一问题可参见加藤阳子《増補版　昭和天皇と戦争の世紀》(講談社学術文庫，2018年)第354页。此外，有关《辽东还付之诏敕》的正确解读，可以参见佐佐木雄一《近代日本における天皇のコトバ》，御厨贵编著《天皇の近代　明治一五〇年・平成三〇年》(千倉書房，2018年)。

12. 详见本书第七章。
13. 关于昭和战前国体意识的变迁，可以参考前文所提及的《増補版　昭和天皇と戦争の世紀》一书。
14. 有关血盟团事件、“五一五”事件、神兵队事件的概要、暗杀目标、审判的具体情况(检察官量刑与宣判等)可参考我妻荣主编《日本政治裁判史録　昭和・前》(第一法规，1970年)。根据其中雨宫昭一执笔的关于血盟团事件的章节，在血盟团事件的审判过程中，检方原本主张对犯罪嫌疑人适用杀人罪共同正犯的罪名，而辩护方为了和检方对抗，采用了法官回避战术。尽管检方要求判处井上日召(昭)、小沼正、菱沼五郎三人死刑，但最终法官只宣布判处无期徒刑。此外，当时社会人士向法院提交的，要求对血盟团事件的犯罪嫌疑人从宽处置的请愿书数量达到了30万封。
15. 有关“五一五”事件的背景、经过、司法处理过程可以参见上述《日本政治裁判史録　昭和・前》中田中时彦执笔的部分。当时陆军方面的被告人的最高刑期为禁锢4年(适用陆军刑法第二十五条叛乱罪)，海军方面的被告人则最高被判处了禁锢15年(适用叛乱罪、叛乱预备罪)。而橘孝三郎作为民间人士，则因违反《爆炸物取缔罚则》和杀人未遂，被判处无期徒刑。
16. 神兵队事件是指密谋于1933年7月11日，袭击首相官邸、内大臣官邸和各政党总部，杀害阁僚、内大臣以及各政党总裁，破坏国家中枢机关，之后以天皇颁布诏书的形式建立以皇族为首相的内阁的政变计划事件。由于计划在付诸实施前暴露，最终该政变以未遂告终。爱国勤劳党的天野辰夫、大日本生产党的铃木善一、预备役陆军中佐安田銕之助三名主谋者被起诉。关于神兵队事件可参见安田久元《駘馬の道草　大正末期・昭和初期の激動と前半生の自伝》(吉川弘文館，1989年)，伊藤隆《神兵隊事件と安田銕之助》，《日本歴史》第500

号（1990 年），以及吉野领刚《昭和初期右翼運動とその思想》，《法政史学》第 57 号（2002 年）。

17. 波多野澄雄等编《侍従武官長　奈良武次　日記・回顧録》第 4 卷（柏書房，2000 年），第 169 页。
18. 木户日记研究会校订《木戸幸一日記》上卷（東京大学出版会，1966 年），第 165 页。
19. 《神兵隊事件予審終結決定書（写）》，原秀男等编《検察秘録　五・一五事件　Ⅳ》（角川書店，1991 年），第 464 页。
20. 精神右翼、革新右翼这两个名词，是曾经针对新体制与新党的合宪性问题向近卫提供咨询意见的东京帝国大学教授矢部贞治创造的。精神右翼的主要代表有时局协议会的井田磐楠、小林顺一郎，以及蓑田胸喜等人。参见今井清一、伊藤隆编《現代史資料　44 国家総動員　2》（みすず書房，1974 年）中的资料解说。
21. 同上，第 369 页。
22. 参见近卫新体制时期的革新派成员，大政翼赞会总务兼企画局东亚部长亀井贯一郎于 1941 年 3 月寄给近卫文麿的书信中的用法。详见前述《現代史資料　44 国家総動員　2》第 466 页。关于近卫新体制时期的“革新派”，可参见伊藤隆《大政翼賛会への道　近衛新体制》（講談社学術文庫，2015 年，初版 1983 年）。
23. 参谋本部编《杉山メモ》下卷（原書房，1944 年）第 31 页资料解说。
24. 例如藤原彰《昭和天皇の十五年戦争》（青木書店，1991 年），藤原彰《天皇の軍隊と日中戦争》（大月書店，2006 年），吉田裕《昭和天皇の終戦史》（岩波新書，1992 年），吉田裕《日本軍兵士　アジア・太平洋戦争の現実》（中公新書，2017 年），山田朗《日本の戦争Ⅲ 天皇と戦争責任》（新日本出版社，2019 年）。
25. 高桥紘等编《昭和初期の天皇と宮中　侍従次長　河井弥八日記》（岩波書店，1994 年），第 45、85 页。
26. 同上，第 89 页。
27. 笔者参照的大岛明子论文主要有以下几篇：《士族反乱期の正院と陸軍》，藤村道生编《日本近代史の再検討》（南窓社，1993 年）；《廃藩置県後の兵制問題と鎮台兵》，黑泽文贵等编《国際環境のなかの近代日本》(芙蓉書房出版，2001年)；《御親兵の解隊と征韓論政変》，犬塚孝明编《明治国家の政策と思想》(吉川弘文館，2005年)；《一八七三(明治六)年のシビリアンコントロール》，《史学雑誌》117编7号；《明治維新期の政軍関係》，小林道彦、黑泽文贵编著《日本政治史のなかの陸海軍　軍政優位体制の形成と崩壊　1868—1945》(ミネルヴァ書房，2013年)；《第5講　陸海軍の創設》，小林和幸编《明治史講義　テーマ篇》(ちくま新書，2018年)。

28. 《徵兵令》(亚洲历史资料中心，资料编号C09060002500)。
29. 有关1875年元老院成立后，该院中关于征兵令修订的政治思想变化问题，可以参考尾原宏之《軍事と公論　明治元老院の政治思想》(慶應義塾大学出版会，2013年)。
30. 梅溪昇《軍人勅諭成立史　天皇制国家観の成立　上》(青史出版，2000年)。
31. 泽地久枝《火はわが胸中にあり　忘れられた近衛兵士の叛乱　竹橋事件》(岩波現代文庫，2008年)。
32. 牧原宪夫《シリーズ日本近現代史　② 民権と憲法》(岩波新書，2006年)。
33. 大山梓编《山縣有朋意見書》(原書房，1966年)，第75—83页。
34. 永井和《太政官文書にみる天皇万機親裁の成立——統帥権独立制度成立の理由をめぐって》，《京都大学文学部研究紀要》41号(2002年3月)，以及永井和《万機親裁体制の成立　明治天皇はいつから近代の天皇となったのか》，《思想》957号(2004年1月)。
35. 当时陆军官僚制的确立，也是建立以天皇为首的军队统御体制，防止军队私兵化的一个重要契机。由于篇幅所限，本书对这一问题不进行详细叙述。具体可参见大江洋代《日清・日露戦争と陸軍官僚制の成立》，前揭《日本政治史のなかの陸海軍》第二章，或是大江洋代《明治期日本の陸軍　官僚制と国民軍の形成》(東京大学出版会，2018年)。
36. 参见谷口真子《西周の軍事思想　服従と忠誠をめぐって》，《WASEDA RILAS JOURNAL NO. 5》2017年10月。大久保利谦编《西周全集》第三卷(宗高書房，1966年)，菅原光《西周の政治思想　規律・功利・信》（ぺりかん社，2009 年）。

37. 美浓部达吉《憲法改正の基本問題》，《法律新報》1946 年 4、5 合并号。
38. 关于西周的学术成就，大久保健晴《近代日本の政治構想とオランダ》（東京大学出版会，2010 年）有着非常深入的探讨。
39. 《陸海軍ニ賜ハリタル勅語ノ原稿修正草稿及決定案》（宫内公文书馆藏，识别号码 37402）。
40. 西周《百一新論》，大久保利谦编《西周全集》第一卷（宗高書房，1960 年）。
41. 前揭《山縣有朋意見書》，第 104—105 页。
42. 具体议会答辩发言可以参照帝国议会会议录检索系统。
43. 本庄繁《本庄日記》（原書房，2005 年新装版），第 203 页。
44. 参见前揭永井和《太政官文書にみる天皇万機親裁の成立》，永井和《青年君主昭和天皇と元老西園寺》（京都大学学術出版会，2003 年）。
45. 美浓部达吉《逐条憲法精義》（有斐閣，1927 年），第 510—512 页。
46. 加藤阳子《近代の三人目の天皇として》历史学研究会编《天皇はいかに受け継がれたか　天皇の身体と皇位継承》（積文堂出版，2019 年）。
47. 有关本章所提及的 1931 年的三月事件、十月事件，1932 年的血盟团事件、“五一五”事件，1933 年的神兵队事件等右翼运动、国家主义运动的具体情况，司法省刑事局《右翼思想犯罪事件の綜合的研究》，今井清一、高橋正衛解説《現代史資料　4　国家主義運動　1》（みすず書房，1963 年），以当年司法部门没收的资料为依据进行了具体分析。
48. 前揭《昭和初期の天皇と宮中　侍従次長　河井弥八日記》第五卷，第 102 页。
49. 同上，第 103 页，1931 年 6 月 13 日条。
50. 同上，第 102—103 页。
51. 同上，第 103 页。
52. 《故藤井〔斉〕海軍少佐の日記写》，原秀男等编《検事秘録　五・一五事件　Ⅲ》（角川書店，1990 年），第 678 页。

53. JACAR（亚洲历史资料中心），资料编号 B04013151100。《要視察人関係雑纂/本邦人ノ部》第十七卷（外务省外交史料馆），图 3。
54. 关于安田鋲之助文书的目录和编纂过程，可以参见学习院大学史料馆编《学習院大学史料館所蔵史料目録第一〇号　安田鋲之助関係文書》（1990 年）。安田鋲之助文书可以在国立国会图书馆宪政资料室阅览。
55. 关于安田鋲之助与东久迩宫之间的关系，浅见雅男利用许多一手史料进行了分析解读。详见浅见雅男《不思議な宮さま　東久邇宮稔彦王の昭和史》（文藝春秋，2011 年）。
56. 前揭《木戸幸一日記》上卷，第 85 页。
57. 同上，第 86、89 页。
58. 参照专修大学今村法律研究室编刊《神兵隊事件　別巻一》（2013 年），第 312 页。
59. 前揭《木戸幸一日記》上卷，第 92 页。
60. 同上，第 93 页。
61. 同上，第 93 页，1931 年 9 月 9 日条。
62. 前揭《右翼思想犯罪事件の綜合的研究》，《現代史資料　4　国家主義運動　1》，第 43 页。王师会成立之际，在发布成立宣言的同时还公布了五条纲领。从这些宣言和纲领可知，王师会一直主张明治维新在中途便已宣告失败。
63. 前揭《検察秘録　五・一五事件　Ⅲ》，第 660 页。
64. 同上，第 661 页。
65. 东昇交给藤井的是当时参谋本部方面作为研究资料翻译的题为《苏联共产革命纲领》的文件。史料当中虽然没有明确记载这份文件翻译的具体是哪一年的纲领，但从藤井日记中“共产党战术”“苏联的共产革命纲领”等相关描述来看，这一文件的内容很可能是 1928 年的《共产国际纲领》。事实上，1928 年的《国产国际纲领》的第六项正是“通向无产阶级专政的共产国际的战术与战略”。该纲领的全文可参见山边健太郎《現代史資料　14　社会主義運動　1》（みすず書房，1964 年）。此外，藤井还在 1931 年 5 月 19 日的日记中记载：“毛利君送来了俄国革命纲领”，由此可推断当时藤井应该拿到了多个版本的

《共产革命纲领》。

66. 前揭《検察秘録　五・一五事件　Ⅲ》，第 662 页。1931 年 2 月 12 日条。
67. 笔者推断这里可能指的是南满洲铁道股份有限公司东亚经济调查局编纂刊行的《所有と社会主義》(1929 年) 一书。
68. 前揭《検察秘録　五・一五事件　Ⅲ》，第 662 页。
69. 同上，第 664 页。
70. 前揭《右翼思想犯罪事件の綜合的研究》，《現代史資料　4　国家主義運動　1》，第 23 页。
71. 田中宏巳《昭和七年前後における東郷グループの活動（二）　小笠原長生日記を通して》，《防衛大学校紀要》第 52 辑（1986 年），第 47 页。
72. 详见田嶋信雄《日本陸軍の対ソ謀略　日独防共協定とユーラシア政策》(吉川弘文館，2017 年)，第 16 页；稲叶千春《バルチック艦隊ヲ捕捉セヨ　海軍情報部の日露戦争》（成文社，2016 年)，第 45—49 页。
73. 伊藤隆等编《続・現代史資料　海軍》（みすず書房，1994 年)，第 182 页。
74. 同上，第 148 页。
75. 同上。
76. 同上，第 164 页。
77. 参见《浜勇治聴取書》(1932 年 5 月 12 日陈述)，《木内曽益文書 30》(国立国会图书馆宪政资料室)。
78. 前揭《故藤井〔斉〕海軍少佐の日記写》，原秀男等编《検事秘録　五・一五事件　Ⅲ》，第 702 页。
79. 同上，第 704 页。
80. 事件爆发后，不少海军上层人物曾试图掩饰自己与滨勇治之间的关系。关于这一问题可以参考滨勇治之子滨广臣与五味幸男合著的《五・一五事件の謎　濱大尉の思想と行動》（鳥影社，1996 年)，第 29 页。据该书记载，“五一五”事件发生后的 6 月 16 日，滨勇治曾经的上司，隶属舰政本部的岛崎利雄去狱中探望滨，警告他不要吐露自己和加藤宽治以及其他海军军人之间的关系。

81. 前揭《浜勇治聴取書》。
82. 大须贺瑞夫著，仓重笃郎编集《評伝　田中清玄　昭和を陰で動かした男》(勉誠出版，2017年)。
83. 富田武、和田春树编译《資料集　コミンテルンと日本共産党》(岩波書店，2014年) 解题第22页。
84. 前揭《評伝　田中清玄　昭和を陰で動かした男》，第161页。
85. 有关日本共产党的军队工作的具体情况，可参见山岸一章《聳ゆるマスト　日本海軍の反戦兵士》(新日本出版社，1981年)。根据本书第82—88页的记载，广岛县吴海军工厂是海军内最初创立共产党组织的单位。吴海军工厂的二等机关兵曹阪口喜一郎于1931年12月20日前后加入了共产党，并于次年2月14日创立了《高耸的桅杆》(聳ゆるマスト) 这一面向水兵阶层的报纸。创刊时，该刊物的发行数量为30部，到第4号时便增加到了百部。
86. 前揭《資料集　コミンテルンと日本共産党》，第319页。
87. 此事真假已难以确认。据记载，飞机空投共产主义传单一事发生于1932年2月21日。值得注意的是，藤井齐原为大村航空队下属飞行员。“一·二八”事变时，藤井作为航母凤翔的舰载机飞行员参战，并于1932年2月5日战死。
88. 《兵士の友》第一号 (1932年9月15日)，藤原彰编集、解说《資料日本現代史Ⅰ　軍隊内の反戦運動》(大月書店，1980年)，第2020页。
89. 原田熊雄述《西園寺公と政局》第二卷 (岩波書店，1950年)，第88页。
90. 同上，1931年9月14日口述，第47页。
91. 前揭《侍従武官長奈良武次日記・回顧録》第四卷，第166页。
92. 《菅波中尉講話の概要》，前揭《検事秘録　五・一五事件　Ⅲ》，第637页。菅波的这段讲话参照了北一辉的《国体論及び純正社会主義》，有关这一点可以参见《北一輝著作集》第一卷 (みすず書房，1959年)，第244—245页。
93. 《米津三郎の宣言及綱領》，前揭《検事秘録　五・一五事件　Ⅲ》，第645—652页。

94. 小田部雄次《皇族天皇家の近現代史》（中公新書，2009年），第41页。

95.《飛躍後の組織大綱》，前揭《検事秘録　五・一五事件　Ⅲ》，第653页。

96.《故藤井〔斉〕海軍少佐の日記写》，前揭《検事秘録　五・一五事件　Ⅲ》，第657—658页。

97.《枢密院会議議事録》第一卷（東京大学出版会，1984年），第157页。

98. 三谷太一郎《日本の近代とは何であったか　問題史的考察》（岩波新書，2017年）。

99. 坂本一登《伊藤博文と明治国家形成　「宮中」の制度化と立憲制の導入》（講談社学術文庫，2012年，原版1991年），以及坂本一登解说《憲法義解》（岩波文庫，2019年）。

100. 泷井一博《文明史のなかの明治憲法　この国のかたちと西洋体験》（講談社，2003年），以及泷井一博《伊藤博文　知の政治家》（中公新書，2010年）。

101. 例如有马学在《日本の歴史　23帝国の昭和》（講談社，2003年）中便提出："如果将'五一五'事件视为一场有计划的政变活动，那么不得不说其计划是非常粗糙的。"参见同书，第125页。

102. 筒井清忠《二・二六事件とその時代　昭和期日本の構造》第五章（ちくま学芸文庫，2006年，原版1984年）。

103.《大井憲太郎の思想構造と大阪事件の論理》，大阪事件研究会编《大阪事件の研究》（柏书房，1982年）。

104. 专修大学今村法律研究室编《今村力三郎訴訟記録　神兵隊事件　別巻　1》（2013年），及《神兵隊事件（二）》（1985年）。

105. 原田熊雄述《西園寺公と政局》第四卷（岩波書店，1951年），第155—156页。

106. 前揭《神兵隊事件（二）》，第111页。

107. 同上，第113页。

108.《官選弁護人　菅原裕　元士官候補生拾壱名反乱被告事件之弁論》，

前揭《検事秘録　五・一五事件　Ⅲ》，第347—408页。

109. 根据青森县近代文学馆网站，以及《淡谷悠蔵著作集　野の記録》（北の街社，1976年）第1卷第210页的记载，涩川善助曾向淡谷借阅他编写的关于农村歉收状况的资料。淡谷记载说："涩川找到我，表示非常想借我编写的歉收资料的小册子一用。他说'五一五'事件即将开庭审理，希望把这份歉收资料拿去作为法庭辩论的材料。"可以想见，淡谷所撰写的这份材料足以在当时对法庭和舆论造成震撼。

110. 参见前揭《日本政治裁判史録　昭和・前》中，田中时彦执笔的关于"五一五"事件的部分，第467页。

111. 《第二回　訊問調書　村上格之》，前揭《検事秘録　五・一五事件　Ⅲ》，第268页。

112. JACAR（亚洲历史资料中心），资料编号C14120181700，公刊昭和六、七年支那事変海軍戦史原稿（防卫省防卫研究所）。

113. 前揭《木戸幸一日記》上卷，第139页。

114. 同上，第113页，1931年11月14日条。

115. 安田銕之助文书，目录号码197。

116. 安田銕之助文书，目录号码198。

117. 前揭《昭和初期の天皇と宮中　侍従次長河井弥八日記》第五卷，第182页。

118. 前揭《木戸幸一日記》上卷，第144页。

119. 同上，第144—145页。

120. 同上，第164—165页。

121. 同上，第165页。

122. 高桥紘等编《昭和初期の天皇と宮中　侍従次長河井弥八日記》第六卷（岩波書店，1994年），第101页。

123. 前揭《木戸幸一日記》上卷，第172页。

124. 同上，第172页。

125. 《〔詔書案文〕牧野伯へ清浦伯意見参照》，《斎藤実文書　書類の部（二）一四〇一六》（国立国会图书馆宪政资料室）。

126. 财团法人斎藤子爵纪念会编刊《子爵斎藤実伝》第三卷（1941年），

第162—169页。

127. 前揭《西園寺公と政局》第二卷，1932年7月9日口述部分，第316页。
128. 同上，第321页。
129. 波多野澄雄等编《侍従武官長　奈良武次　日記・回顧録》第三卷（柏書房，2000年），第441页。
130. 同上，第446页。此外，宫内厅编纂的《昭和天皇実録》第六卷（東京書籍，2016年）第112页，在1932年6月20日的条目中有如下记载："次日上午侍从武官长奈良武次、侍从长铃木贯太郎面见天皇，针对秩父宫雍仁亲王近来向天皇提出的有关时局的种种意见进行了内部讨论。"
131. 本庄繁《本庄日記》（原書房，2005年），第163页。据本庄记载，此事是"满洲事变发生的昭和六年末到七年春天发生的"。
132. 前揭《木戸幸一日記》上卷，第176页。
133. 前揭《侍従武官長　奈良武次　日記・回顧録》第四卷，第169页。
134. 前揭《西園寺公と政局》第二卷，第343页，1932年8月4日条。
135. 详见《ETV特集　自由はこうして奪われた——治安維持法一〇万人の記録》（2018年8月18日播放）及小森惠著、西田义信编《治安維持法検挙者の記録　特高に踏みにじられた人々》（文生書院，2016年）。
136. 宫内厅编修《昭和天皇実録》第六卷（2016年）。
137. 黄自进《蒋介石と日本　友と敵のはざまで》（武田ランダムハウスジャパン，2011年），第143页。
138. 前揭《増補版　昭和天皇と戦争の世紀》，第236、241页。
139. 坂野润治《近代日本の外交と政治》（研文出版，1985年），第239页。
140. 同上。

第一章

1. 外务省《日本外交文書　日米交渉　1941年》上卷，（外务省，1990

上)，第 155 页。

2. 小野塚知二（2014)《本郷各学部案内　経済学部》，《教養学部報》第 56 号（2014)。
3. 羽仁五郎《クロォチェ》(河出書房，1939)。
4. 羽仁五郎《歴史および歴史科学》，初出于河合荣治郎编《学生と歴史》(日本評論社，1940)，第 27—29 页。如今可以在齐藤孝编集解说，山领健二解体、校订《羽仁五郎歴史論抄》(筑摩書房，1986) 中读到此篇文章。文中所标页码为《羽仁五郎歴史論抄》之页码。
5. 同上，第 41 页。
6. 关泽まゆみ《戦争記憶論　忘却、変容そして継承》(昭和堂，2010)，第 167—177 页。
7. 安德斯、篠原正瑛译《橋の上の男　広島と長崎の日記》(朝日新聞社，1960)，第 111 页。
8. 东岛诚、与那霸润《日本の起源》(太田出版，2013)。
9. 冈田裕之《日本戦没学生の思想〈わだつみのこえ〉を聴く》(法政大学出版局，2009)。
10. 东京大学学生自治会战殁学生手记编集委员会编，1951 年初版，1989 年新装版，第 126 页。
11. 笹山晴生等编《詳説日本史》(山川出版社，2018)，第 289—290 页。
12. 同上，第 290 页。
13. 中塚明《日清戦争の研究》(青木書店，1968)。
14. 林董《後は昔の記　林董回顧録》(平凡社，1970)。
15. 宇野俊一《日本の歴史　26 日清・日露》(小学館，1976)，第 46 页。
16. 陆奥宗光《新訂版　蹇蹇録》(岩波書店，1983)。
17. 高桥秀直《日清戦争への道》(東京創元社，1995)。
18. 大泽博明《伊藤博文と日清戦争への道》，《社会科学研究》44 卷 2 号 (1992)。
19. 外务省《日本外交文書　日米交渉　1941 年》上卷，(外务省，1990 上)，第 141—142 页。
20. 大泽博明《伊藤博文と日清戦争への道》，《社会科学研究》44 卷 2 号 (1992)，第 157—159 页。

21. 大泽博明《朝鮮永世中立化構想と近代日本外交》，《青丘学術論叢》12集（1998）。
22. 加藤阳子《戦争の日本近代史　東大式レッスン——征韓論から太平洋戦争まで》（2002）。所引用史料为《中山寛六文書》所收录之《斯丁氏意見書》（東京大学法学部附属法政史料センター原資料部藏）。
23. 月脚达彦《第二三章　一八八〇年代の朝鮮と国際政治》，三谷博等编《大人のための近現代史　一九世紀編》（東京大学出版会，2009）。
24. 五百旗头薰《第二章　開国と不平等条約》，川岛真、服部龙二编《東アジア国際政治史》（名古屋大学出版会，2007）。
25. 坂野润治《大系日本の歴史　13 近代日本の出発》（小学館，1983）。
26. 原敬《原敬日記 第二巻》（福村出版，1965），第90页。
27. 坂野润治《大系日本の歴史　13 近代日本の出発》（小学館，1983），第323页。
28. 原敬《原敬日記 第二巻》（福村出版，1965），第32页。
29. 三谷太一郎《近代日本の戦争と政治》（岩波書店，1997）。
30. 原敬《原敬日記 第二巻》（福村出版，1965），第90页。
31. 千叶功《旧外交の形成　日本外交一九〇〇～一九一九》（勁草書房，2008）。
32. 和田春树《日露戦争　起源と開戦》上、下巻（岩波書店，2009、2010）。此外，还可参考和田《日露交渉　日本からの見方》，早稲田大学俄罗斯研究所编刊《20世紀初頭におけるロシアの対外認識　アメリカ観および日露戦争》，以及和田《日露戦争　開戦にいたるロシアの動き》，《ロシア史研究》78巻（2006年5月）。
33. 加纳格《ロシア帝国と日露戦争への道》，《法政大学文学部紀要》53号（2006）。
34. 司马辽太郎《坂の上の雲》第2卷，（文藝春秋，1969）。
35. 卢科雅诺夫《日露戦争に至る最後の日露交渉》，早稲田大学俄罗斯研究所编刊《20世紀初頭におけるロシアの対外認識　アメリカ観および日露戦争》（2012）。此外，关于此问题还可参考卢科雅诺夫《ベゾブラーゾフ一派　ロシアの日露戦争への道》，日俄战争研究会编

《日露戦争研究の新視点》(成文社，2005 年)。

36. 本文于 1904 年 3 月发表于月刊《新人》之上，当时吉野作造刚从东京帝国大学法科大学政治学科毕业。译者注：本书第二章中作者再次引用了这段内容，具体出典可参见第二章的注释。
37. 加藤阳子《戦争の日本近代史　東大式レッスン——征韓論から太平洋戦争まで》(2002)，第 141 页。
38. 李顿、太平洋问题调查会译《リットン報告書の経緯》太平洋問題調査会（1933)。
39. 附记：2013 年之后，在本章所述相关领域又有不少优秀的研究成果面世。如佐佐木雄一《帝国日本の外交　1894—1922 なぜ版図派拡大したのか》(東京大学出版会，2017）和长南政义《新史料による日露戦争陸戦史　覆される通説》(並木書房，2015)。

第二章

1. 这里所谓每十年就要进行一场战争，具体指的是 1894 年 7 月 25 日（宣战日为 8 月 1 日）至 1895 年 4 月 17 日的甲午战争，1904 年 2 月 6 日（宣战日为 2 月 10 日）至 1905 年 9 月 5 日的日俄战争，以及 1914 年 8 月 23 日至 1919 年 6 月 28 日的第一次世界大战。此后，日本大约经历了 20 年的和平时期，又于 1931 年 9 月 18 日和 1941 年 12 月 8 日先后引发了“九一八”事变和太平洋战争。
2. 马克·佩蒂著，浅野丰美译《植民地　帝国 50 年の興亡》(読売新聞社，1996 年)，第 26 页。
3. 西嶋定生《日本歴史の国際環境》（東京大学出版会，1985 年)，第 105 页。
4. 吉野诚《明治維新と征韓論　吉田松陰から西郷隆盛へ》(明石書店，2002 年)，第 15 页。
5.《稲田周一備忘録》，东野真《昭和天皇二つの「独白録」》（NHK 出版，1998 年)，第 246 页。
6. 在规定公文颁布形式的《公式令》中，关于“明神御宇日本天皇诏旨条”的说明文中，明确记载着“唐为邻国，新罗为蕃国”这段文字。

7. 前掲《日本歴史の国際環境》，第 129 页。
8. 石母田正《日本古代における国際意識について》《石母田正著作集》第 4 巻（岩波書店，1989）。
9. 前揭《明治維新と征韓論》，第 46 页。
10. 《木户孝允日記》第 1 巻（日本史籍協会，1932 年。复刻版：東京大学出版会，1967 年），第 159—162 页。
11. 大岛明子《一八七三年のシビリアンコントロール——征韓論政変における軍と政治》，《史学雑誌》117 编 7 号（2008 年 7 月）。大岛明子《士族反乱期の正院と陸軍》，藤村道生《日本近代史の再検討》（南窓社，1993 年）。
12. 1878 年 12 月制定的《参谋本部条例》规定，军令事项，即军队指挥的相关事务属于参谋本部长的职权范围，并将其与军政事项，即陆军省管辖的制度预算等领域的事务进行了严格的区分。1882 年颁布的《军人敕谕》也明确："朕亲握兵马统帅之大权"，规定统帅大权直属于天皇，国务大臣亦没有统帅权相关事项的辅弼（辅翼）职权。
13. 三谷太一郎《增補　日本政党政治の形成　原敬の政治指導の展開》（東京大学出版会，1995 年），北冈伸一《日本陸軍と大陸政策 1906—1918 年》（東京大学出版会，1978 年）。
14. 泷井一博《伊藤博文演説集》（講談社学術文庫，2011 年）。
15. 伊藤博文著，宫泽俊义校注《宪法义解》（岩波文庫，1940 年），第 40—41 页。
16. 美浓部达吉《憲法撮要　改訂第五版》（有斐閣，1932 年）。
17. 斋藤圣二《日清戦争の軍事戦略》（芙蓉書房出版，2003 年）。
18. 宫内厅《明治天皇紀》第 8 巻（吉川弘文館，1973 年）。
19. 宫内厅《明治天皇紀》第 10 巻（吉川弘文館，1974 年）。译者注：1893 年版《战时大本营条例》第二条，原本规定由参谋总长来负责制定陆海军的作战计划；而 1903 年《战时大本营条例》修订之后，则规定由参谋总长和海军军令部长共同负责制定作战计划。至此，陆海军在大本营中获得了对等地位。
20. 谷寿夫《機密　日露戦史》（原書房，1966 年），第 43 页。
21. 《斯丁氏意見書》，東京大学法学部附属法政史料センター原史料部藏

《中山寛六文書》。

22. 大泽博明《日清共同朝鮮改革論と日清開戦》,《熊本法学》75号（熊本法学会，1993年3月）。
23. 大山梓编《山縣有朋意見書》（原書房，1966年），第220—221页。
24. 同上，第218页。
25. 同上，第219页。
26. 参见桧山幸夫《日清戦争における外交政策》，收录于《日清戦争と東アジア世界の変容》（ゆまに書房，1997年）。以及大泽博明《日清開戦論》，同样收录于《日清戦争と東アジア世界の変容》。
27. 伊藤之雄《立憲国家と日露戦争　外交と内政　1898～1905》（木鐸社，2000年）。
28. 坂野润治《大系日本の歴史　13 近代日本の出発》（小学館，1993年）。
29. 千叶功《旧外交の形成　日本外交一九〇〇～一九一九》（勁草書房，2008年）。
30. 尚友俱乐部山县有朋关系文书编纂委员会编《山縣有朋関係文書》第一卷（山川出版社，2005年），第333页。
31. 千叶功编《桂太郎関係文書》（東京大学出版会，2010年），第396页。
32. I. V. 卢科雅诺夫《日露戦争にいたる最後の日露交渉》，早稲田大学俄罗斯研究所编《20世紀初頭におけるロシアの対外認識　アメリカ観および日露戦争》（2012年）。
33. 和田春树《日露交渉——日本からの見方》，前揭《20世紀初頭におけるロシアの対外認識　アメリカ観および日露戦争》。以及和田《日露戦争　起源と開戦》上、下卷（岩波書店，2010年）。
34. 吉野作造《征露の目的》,《新人》（1904年3月号）。后收录于《吉野作造選集》第5卷（岩波書店，1995年）。
35. 三和良一《概説日本経済史　近現代　第3版》（東京大学出版会，2012年）。
36. 大山梓编《山縣有朋意見書》，第281页。
37. 同上，第278页。

38. 同上，第 308 页。
39. 山田朗《軍備拡張の近代史　日本軍の膨張と崩壊》（吉川弘文館，1997 年）。
40. 同上，第 33 页。
41. 田中宏巳《秋山真之》（吉川弘文館，2004 年），第 201—204 页。
42. 石原莞尔《戦争史大観の序説》，《最終戦争論、戦争史大観》（中公文庫，1993 年），第 123—124 页。以及角田顺编《石原莞爾資料　戦争史論》（原書房，1994 年），第 402 页。
43. 马克・R. 皮蒂（Mark R.　Peattie）《日米対決と石原莞爾》（たまいらぼ，1992 年），第 42 页。
44. 加藤阳子《シリーズ日本近現代史　⑤ 満州事変から日中戦争へ》（岩波新書，2007 年），第 95 页。
45. 《山東問題乃至我一般対支政策に対する在巴里英米仏操觚者等の感想一班》，《牧野伸顕関係文書（書類の部）R22/306》（藏于国立国会图书馆宪政资料室）。
46. 《外交調査会会議筆記》，小林龙夫编《翠雨荘日記　臨時外交調査委員会会議筆記等》（原書房，1966 年）。
47. 《国際連盟の精神について》，《近衛文麿文書》（微缩胶片版，藏于国立国会图书馆宪政资料室）。
48. 川岛真《中国近代外交の形成》（名古屋大学出版会，2004 年）。
49. 麻田贞雄《両大戦間の日米関係　海軍と政策決定過程》（東京大学出版会，1993 年）。
50. 服部龙二《東アジア国際環境の変動と日本外交　1918—1931》（有斐閣，2001 年）。
51. 详细内容可参照前揭加藤阳子《シリーズ日本近現代史　⑤満州事変から日中戦争へ》第二章。
52. 三谷太一郎《ウォールストリートと極東　政治における国際金融資本》（東京大学出版会，2009 年）。
53. 外务省编《日本外交文書　大正九年》第 2 卷上，第 160 页。
54. 原奎一郎编《原敬日記》第 5 卷（福村出版，1965 年），第 236 页。
55. 前揭加藤阳子《シリーズ日本近現代史　⑤満州事変から日中戦争

ヘ》，第 51 页。

56. 参谋本部《米国新移民法と帝国国運の将来》，《大正一三年密大日記》（陸軍省/密大日記/T13—5，藏于防卫研究所战史资料中心），亦可在亚洲历史资料中心网站阅览。

57. 可参考岛贯武治《国防方針、所要兵力、用兵綱領の変遷》上、下，《軍事史学》8 卷 4 号，9 卷 1 号，1973 年。以及斋藤圣二《国防方針第一次改訂の背景》，《史学雜誌》第 96 编第 5 号。

第三章

1. 日德战役讲和准备委员会设立于第二次大隈重信内阁时期，寺内正毅内阁时期宣告解散。该委员会设立时的外相为石井菊次郎，而 1917 年 10 月 9 日寺内首相曾短期兼任了外相一职，之后又任命本野一郎出任外相。该委员会相关的主要史料如下：外务省外交史料馆藏《機密　日独戦役講和準備委員会会議録》（2.3.1 2—2），防卫省防卫研究所战史研究中心藏《機密　日独戦役講和準備調査　附属参考調書》上、下两卷（⑨/文庫/榎本/889、同 890），以及《機密　日独戦役講和準備調査　附属参考資料》（⑨/文庫/榎本/891）。其中，外务省外交史料馆收藏的全套委员会会议录是非常珍贵的史料。此外《機密　日独戦役講和準備調査　附属参考調書》上卷封面盖有“第一班”的印章，即指的是负责作战计划制定以及舰队编制事务的军令部第一班。

2. 该委员会具体成员如下：外务省委员：外务次官币原喜重郎、通商局长坂田重次郎、政务局长小池张造、外务书记官松田道一、外务书记官田中都吉（兼任通商局第二科长、第三科长）、公使馆一等书记官法学博士长冈春一、外务省书记官小村欣一、公使馆三等书记官木村锐市、外务省书记官广田弘毅、外务省嘱托帝国大学法科大学教授法学博士立作太郎以及参事官奥山清等；法制局委员：帝国大学法科大学教授兼法制局参事官法学博士牧野英一、参事官黑崎定三；陆军省委员：军务局长山田隆一（后替换为参谋本部第二部长福田雅太郎）以及参事官兼马政局书记官立花俊吉；海军省委员：军务局长秋山真之（后替换为军令部参谋森山庆太郎）以及参事官兼铁道院理事山川端夫。

3. 前揭《機密　日独戦役講和準備委員会会議録》第 30 回议事录，第 593—594 页。
4. 同上，第 594 页。
5. “二十一条”包括第一号“处理山东问题之条约案”，第二号“关于日本在南满东蒙地区地位之条约案”，第三号“关于汉冶萍公司之约定案”，第四号“为保全中国领土之约定案”，第五号“劝告中国政府招聘日本人顾问等相关问题”五款。详见外务省（1965），第 381—384 页。相关简要说明可参见加藤（2007：44—45）。此外，“二十一条”的研究基本文献可参考北冈（1985）。
6. 外务省（1965：404—405）。
7. 高原秀介《ウィルソン外交と日本　理想と現実の間　1913～1921》（創文社，2007），第 179 页。加藤阳子〈中国とアメリカを同時に捉える視角〉，《戦争の論理　日露戦争から太平洋戦争まで》（勁草書房，2005），第 97 页。
8. 币原作为寺内内阁的外务次官仅主持过一次会议。1915 年 10 月 29 日起，改由新任外务次官松井庆四郎主持委员会会议。
9. 巴黎和会上日本的全权代表之一、时任驻法大使的松井庆四郎曾在自传中回忆道：“巴黎和会的首次总会于 1 月 25 日在法国外交部‘钟表之间’召开。（中略）当时的主要议题有以下三点：一是战争发起者的责任问题。二是战争犯罪的处罚问题。三是劳动问题。而下次总会的主要议题则是关于国际联盟的问题。与此相比，与战争有着直接且重要关系的各种问题，以及战后处理的具体问题的议程均被推后。在首次总会上率先就上述三个问题进行讨论让人十分意外，也招致了舆论的广泛批评。”松井庆四郎《松井慶四郎時自叙伝》（刊行社，1983），第 95 页。
10. 例如以外务省讲和准备委员会名义制定的《極秘　大正七年十月調　第二十三　講和に関係ある支那問題に関する諸文書》（2.3.1 2—1，外务省外交史料馆藏）等。至 1918 年 10 月，外务省针对和会已经制定了一系列上述这种编号的文书资料。
11. 高原秀介《ウィルソン外交と日本　理想と現実の間　1913～1921》

（創文社，2007）。加藤阳子〈中国とアメリカを同時に捉える視角〉，《戦争の論理　日露戦争から太平洋戦争まで》（勁草書房，2005）。

12. 根据前揭《機密　日独戦役講和準備委員会会議録》中第18次会议（1916年4月5日召开）议事录记载，当时外务省长冈春一书记官、币原喜重郎外务次官以及立作太郎嘱托等人，针对未来会有哪些国家参加和会进行了预测。他们讨论了是否有办法阻止中国参加和会。当时外务省委员普遍对允许中国参加和会持消极态度。与此相对，陆军参谋本部第二部长福田雅太郎认为，日本无法阻止中国参加战后和会，而且这么做也没有什么好处。相关问题可以参考本章第四节。
13. 北冈伸一〈二十一ヵ条再考〉，近代日本研究会编《年報　近代日本研究　7　日本外交の危機認識》（山川出版社，1985）。
14. 山本四郎《第二次大隈内閣関係資料》（日本女子大学，1979），第157页。
15. 指1915年秋天袁世凯宣布实施帝制之后，反对袁世凯称帝的各派展开的讨袁战争。其中云南都督唐继尧在当地举兵，宣布云南独立。云南的运动是护国运动中规模较大的。参照山口（1980：207）。
16. 波多野胜等编（1998）。
17. 斋藤圣二《竹下勇小伝　第二章　第一次世界大戦期》，波多野胜等编《海軍の外交官　竹下勇日記》（芙蓉書房出版，1998）。
18. 宇都宫太郎关系资料研究会（2007）。
19. 樱井良树《辛亥革命と日本政治の変動》第三章（岩波書店，2009）。
20. 1914年8月7日的《竹下勇日记》记载："与秋山（真之，海军军务局长）少将、福田（雅太郎，参谋本部第二部长）陆军少将一同前往外务省，与小池（张造）政务局长见面。"在本次会面中，福田向小池递交了自己编写的《日中协约案纲要》（日支協約要領）。这也是陆军向外务省递交的首份对中要求案。
21. 时任海军军令部第四班班长的竹下勇，自1915年8月起兼任第一班班长。1915年12月至1916年12月，他担任专任的第一班班长。
22. 波多野胜，斋藤圣二，黑泽文贵，樱井良树编《海軍の外交官　竹下勇日記》（芙蓉書房出版，1998），第210页。
23. 同上，第341页。

24. 同上，第 323 页。
25. 同上，第 323 页。
26. 山口利明《史料紹介　浜面又助文書》，近代日本研究会编《年報　近代日本研究 2 近代日本と東アジア》（山川出版社，1980），第 221 页。
27. 外务省（1965：418）。
28. 前揭《機密　日独戦役講和準備委員会会議録》。
29. 履历显示，木村此时隶属于外务省政务局第二科。
30. 前揭《機密　日独戦役講和準備調査　附属参考調書》上、下两卷。
31. 山东铁路和津浦铁路的干线在济南交汇，山东铁路济南至黄台桥支线与津浦铁路泺口至黄台桥支线，以及泺口至埠头支线在小清河站交汇。当时这条津浦铁路支线是运盐的重要线路。
32. 东京帝国大学教授（刑法学）。
33. 海军省参事官，后作为全权随员参加了巴黎和会。1920 年起担任外务省条约局长，1925 年担任法制局长官。
34. 前揭《機密　日独戦役講和準備調査　附属参考調書》上卷，第 1—106 页。
35. 前揭《機密　日独戦役講和準備調査　附属参考資料》，第 1—172 页。
36. 前揭《機密　日独戦役講和準備調査　附属参考調書》上卷，第 47—52 页。
37. 前揭《機密　日独戦役講和準備調査　附属参考資料》，第 146—151 页。
38. 同上，第 16—19 页收录有该条约的日语译文。
39. 同上，第 108—112 页收录有该章程的日语译文。
40. 同上，参照第 5 页的“山东铁路与矿山的相关文书”（山東鉄道及び鉱山に関する文書）。
41. 清水秀子《山東問題》，日本国际政治学会编《国際政治》56 号，（有斐閣，1977），第 118 页。
42. 近年相关研究成果可参考本庄（2006）。
43. 浅田进史《植民地支配と自由貿易》，历史学研究会编《シリーズ歴史学の現在 10 帝国への新たな視座》(青木書店，2005a)。浅田进史《膠州湾租借地における「中国人」》，《歴史学研究》797号(2005b)。浅田进史《ドイツ統治下の青島 経済的自由主義と植民地社会秩序》(東京大学出版会，2011)。

44. 浅田进史《利益独占と「門戸解放」》，左近幸村编著《近代東北アジアの誕生 跨境史への試み》(北海道大学出版会，2008)。
45. 浅田进史《利益独占と「門戸解放」》，左近幸村编著《近代東北アジアの誕生 跨境史への試み》(北海道大学出版会，2008)，第188—189页。
46. 前揭《機密 日独戦役講和準備委員会会議録》，第36页。
47. 时任东京帝国大学国际法学科教授。
48. 除该特别委员会外，委员会也针对其他问题专门成立了特别委员会。例如由立、长冈、木村、牧野、山川5名委员构成的德属南洋群岛企业问题调查特别委员会，由长冈、小村、木村、黑崎4名委员构成的山东省租借地问题特别委员会，由长冈、木村、黑崎3名委员构成的条约起草特别委员会，由立、长冈、木村、牧野、立花、山川6名委员构成的讲和相关国际法规问题特别委员会，以及由奥山、黑崎两名委员构成的工业所有权问题特别委员会。
49. 前揭《機密 日独戦役講和準備委員会会議録》，第46页。
50. 第一款的条文如下：大清国大皇帝欲将中、德两国邦交联络，并增武备威势，允许离胶澳海面潮平周遍一百里内，准德国官兵无论何时过调，惟自主之权，仍全归中国。如有中国饬令设法等事，先应与德国商定，如德国须整顿水道等事，中国不得拦阻。该地中，派驻兵营、筹办兵法，仍归中国，先与德国会商办理。
51. 该条约第十七款条文如下：此项铁路专为治理商务起见。自百里环界起，以外各处概不准载运外国兵队与外国兵队所用之军械。万一中外失和，该路为该公司经理，该公司仍应遵照。倘有为敌人把持处所，该公司失管路之权本省亦不认保护之责。
52. 高原秀介《ウィルソン外交と日本 理想と現実の間 1913～1921》(創文社，2007)，第203页。
53. 波多野胜，斋藤圣二，黑泽文贵，樱井良树编《海軍の外交官 竹下勇日記》（芙蓉書房出版，1998），第249页。

54. 前揭《機密　日独戦役講和準備委員会会議録》，第157页。
55. 同上，第157—160页。
56. 同上，第218页。
57. 同上。
58. 前揭《機密　日独戦役講和準備委員会会議録》，第474页。

第四章

1. 长谷部恭男《憲法とは何か》（岩波新書，2006年）。
2. 卡尔・施密特《政治なものの概念》，收录于长尾龙一编《カール・シュミット著作集Ⅰ》（慈学社出版，2007年）。
3. 《戦争責任論序説　「平和に対する罪」の形成過程におけるイデオロギー性と拘束性》（東京大学出版会，1975年）。
4. 岩泽雄司编《国際条約集》（有斐閣，2019年）。
5. 新田满夫编集发现《極東国際軍事裁判速記録》第一卷（雄松堂書店，1968年），第53页。第九号附录。
6. 前揭《極東国際軍事裁判速記録》第四卷（雄松堂書店，1968年），第411页。速记录第166号。
7. 大沼前揭书，第272页。
8. 加藤阳子《アメリカ中立法と日中戦争》《模索する一九三〇年代　日米関係と陸軍中堅層》第二章（山川出版社，1993年，新装版2012年）。
9. Edwin Montefiore Borchard, *Neutrality for the United States*, New Haven: Yale University Press, 1940，第320页。
10. 同上，第325页。
11. 长尾编《カール・シュミット著作集I》，第301页。
12. 大沼前揭书，第139页。
13. 有贺贞等编《世界歴史大系　アメリカ史　2》（山川出版社，1993年），第299页。
14. 细谷千博等编《太平洋戦争》（東京大学出版会，1993年），第

648 页。

15. 长尾编《カール・シュミット著作集 I》，第 301 页。
16. 横田喜三郎〈アメリカ中立法の研究〉，一又正雄等编《時局関係国際法外交論文集》(厳松堂，1940 年)。
17. 加藤前揭书，第 70 页。
18. 长尾龙一编《カール・シュミット著作集 II》（慈学社出版，2007 年)，第 105 页。
19. 长尾龙一《カール・シュミットの死》（木鐸社，1987 年)，第 162 页。

第五章

1. 本章第一节第一项就政军关系进行探讨时，主要参照了永井（1993)、黑泽（2000）以及缬缬（2005）的序章和前言部分。缬缬在著作中将政军关系定义为“企图依靠统帅权独立制度来实现社会统合的军部（军事）和与其对抗的、企图依靠民意来实现社会统合的政党（政治）之间的相互关系”(前揭书，第 5 页)。与第一节第一项中笔者列举的两个基本视角相比，缬缬的研究提供了一个全新的角度。
2. 萨勒・斯文（Saaler Sven)《大正初期における日本の政軍関係》，《人民の歴史学》158 号（2003)。
3. 李炯喆《軍部の昭和史》上、下卷（NHKブックス，1987)。
4. 1878 年 12 月 5 日制定的《参谋本部条例》第五条中，对军令的具体内容作了如下定义：“所谓军令，包括军中之机务、政略上之动静、进军驻军撤退之令、行军路程之规定、运输之方法、军队之调遣等。”这也是近代日本官制中首次出现“军令”一词（藤田，1992，第 89 页)。一般语境下，军令这一概念指的是关于运用军事力量的统帅权事务，如国防计划、作战计划的编订，平时、战时的兵力调动等。而军政则主要指与军队日常维持相关的行政领域的事务，如军队编制、武器装备、军饷、检阅、军规等。
5. 三谷太一郎《前言》，《年報政治学　近代化過程における政軍関係》(1990)。

6. 三谷太一郎《近代日本の戦争と政治》（岩波書店，1997）；北冈伸一〈支那課官僚の役割——政軍関係の再検討のために〉，《年報政治学　近代化過程における政軍関係》（1990）。
7. 森山茂德〈日本の朝鮮統治政策（一九一〇～一九四五）の政治史的研究〉，《法政理論》33 卷 3、4 号，（1991）。
8. 吉田裕《日本の軍隊》，《岩波講座日本通史　第 17 巻　近代 2》（岩波書店，1994）。
9. 永井和《近代日本の軍部と政治》（思文閣出版，1993）。
10. 由井正臣《総力戦準備と国民統合》，《史観》86、87 册（1973）；吉田裕《第一次世界大戦と軍部》，《歴史学研究》460 号（1978）。
11. 雨宮昭一《近代日本の戦争指導》吉川弘文館（1997）。
12. 吉田裕《日本の軍隊》，《岩波講座日本通史　第 17 巻　近代 2》（岩波書店，1994）。
13. 纐纈厚《近代日本政軍関係の研究》（岩波書店，2005）。
14. 黑泽文贵《大戦間期の日本陸軍》（みすず書房，2000）。
15. 《現代史資料　37 大本営》，第 321 页。
16. 山口定《ファシズム》（有斐閣，1979）。
17. 《东京朝日新闻》，1926 年 4 月 22 日。
18. 《国家総動員と青年訓練》1926 年，第 14 页。
19. 坂野润治《近代日本の外交と政治》（研文出版，1985）。
20. 安部博纯《新装版　日本ファシズム研究序説》（未来社，1995）。
21. 弗尔克・贝克汉恩（Volker Berghahn）著，三宅正树译《軍国主義と政軍関係　国際的論争の歴史》（南窓社，1991），第 151 页。
22. 由井正臣《総力戦準備と国民統合》，《史観》86、87 册（1973）；吉田裕《第一次世界大戦と軍部》，《歴史学研究》460 号（1978）。
23. 岛贯武治《国防方針、所要兵力、用兵綱領の変遷》上、下，《軍事史学》8 卷 4 号，9 卷 1 号（1973）。
24. 酒井哲哉《大正デモクラシー体制の崩壊　内政と外交》（東京大学出版会，1992）；井上寿一《危機のなかの協調外交　日中戦争に至る対外政策の形成と展開》（山川出版社，1994）。
25. 御厨贵《政策の統合と権力　日本政治の戦前と戦後》（東京大学出

版会，1996)。

26.《大阪朝日新闻》，1926年4月21日。

27. 黑泽文贵《大戦間期の日本陸軍》(みすず書房，2000)。

28. 三谷太一郎〈一五年戦争下の日本軍隊——「統帥権」の解体過程〉上，《成蹊法学》53号 (2001)。

29. 参见《『日本外交の過誤』について》，《外交史料館報》第17号 (2003年)。

30. 同上。

31. 伊藤隆《昭和初期政治史研究　ロンドン海軍軍縮問題をめぐる諸政治集団の対抗と提携》(東京大学出版会，1969)。

32. 野村实《歴史のなかの日本海軍》(原書房，1980)。

33.《浜口雄幸/日記・随感録》，第446页。

34.《侍従武官長　奈良武次日記・回顧録》第3卷，第217页。

35.《条約締結ノ手続、形式及其他ノ先例雑件》，《外務省記録》(亚洲历史资料中心，史料编号B04013427100，第377页)。

36.《続・現代史資料5 海軍》，第625页。

37.《第六四帝国議会衆議院議事速記録》59卷，第41页。

38. 同上，第377页。

39. 同上，第373页。

40.《木戸幸一関係文書》，第146—147页。

41. 除本文中涉及的职权之外，人事行政原本也属于大臣的职权范围，但在处理参谋官、兵科军官、舰船部队指挥官的人事事务时，在制度上大臣必须与军令部长进行商议。

42.《木戸幸一日記》上卷，第215页。

43.《牧野伸顕日記》1933年1月19日条，第538页。

44.《侍従武官奈良武次日記・回想録》第3卷，第510页。

45.《木戸幸一日記》上卷，第220页。

46. 鹿锡俊《援中ルート閉鎖危機下の蒋介石》，山田辰雄、松重充浩编著《蒋介石研究　政治・戦争・日本》(東方書店，2011)。

47. 本节内容如无特别注释，其出典可参照加藤 (1993) 第五章。

48. 李炯喆《軍部の昭和史》上、下卷，(NHKブックス，1987)；三宅正

树《政軍関係研究》（芦書房，2001）。

49. 永井和《近代日本の軍部と政治》（思文閣出版，1993）。
50. 丸山真男《増補版　現代政治の思想と行動》（未来社，1964）。
51. 山口利昭《国家総動員研究序説》，《国家学会雑誌》92 巻 3、4 号（1979）。
52. 关于陆军三长官会议，筒井（2007）以及森（2010）提出了与笔者不同的新见解。
53. 加藤阳子《模索する一九三〇年代　日米関係と陸軍中堅層》（1993）。
54. 《地政学雜誌》1935 年 8 月号。
55. 吉田裕《「軍財抱合」の政治過程》，《歴史評論》408 号（1984）。
56. 吉见义明《戦前における「日本ファシズム観」の変遷》，《歴史学研究》451 号（1977）。
57. 雨宫昭一《近代日本の戦争指導》吉川弘文館（1997）。
58. 加藤阳子《模索する一九三〇年代　日米関係と陸軍中堅層》（1993）。
59. 渡边昭夫《英米による経済制裁の危機と日本の対応》，《年報　近代日本研究》7 号（1985）。
60. 山崎丹照《内閣制度の研究》（高山書院，1942）。
61. 山口利昭《国家総動員研究序説》，《国家学会雑誌》92 巻 3、4 号（1979）。
62. 御厨贵《政策の統合と権力　日本政治の戦前と戦後》（東京大学出版会，1996）。
63. 御厨贵《政策の統合と権力　日本政治の戦前と戦後》（東京大学出版会，1996）；古川隆久《昭和戦中期の総合国策機関》（吉川弘文館，1992）；池田顺《日本ファシズム体制史論》（校倉書房，1997）。
64. 加藤阳子《模索する一九三〇年代　日米関係と陸軍中堅層》（1993）。
65. 山崎丹照《内閣制度の研究》（高山書院，1942）。
66. 永井和《近代日本の軍部と政治》（思文閣出版，1993）。
67. 本节内容如无特别注释，其出典科参照加藤（1993）第六章。

68. 《戦史叢書　支那事変陸軍作戦一》。
69. 池田顺《日本ファシズム体制史論》（校倉書房，1997）；加藤阳子《模索する一九三〇年代　日米関係と陸軍中堅層》(1993)。
70. 《西園寺公と政局》第6卷，第89页。
71. 《東條英機と太平洋戦争》。
72. 《現代史資料　37 大本営》，341—343页。
73. 同上，第339—340页。
74. 纐纈（1999）。
75. 《小川平吉関係文書　一》，第347页
76. 森松俊夫《大本営陸軍参謀部第二課　機密作戦日誌》，近代外交史研究会编《変動期の日本外交と軍事》(原書房，1987)。
77. 山田朗《昭和天皇の軍事思想と戦略》（校倉書房，2002）。
78. 《大本営陸軍参謀本部第二課・機密作戦日誌》，收录于近代外交史研究会编（1987）。
79. 森松俊夫《大本営陸軍参謀部第二課　機密作戦日誌》，近代外交史研究会编《変動期の日本外交と軍事》(原書房，1987)，第241页。
80. 《現代史資料　9　日中戦争二》，第99—101页。
81. 《第七三帝国議会衆議院議事速記録》。
82. 同上。
83. 马场（1983）第九章等。
84. 《陸支機密大日記》13年7号12。
85. 《武部六蔵日記》，第287—288页。
86. 外务省外交史料馆藏《支那事変関係一件》第十卷。
87. 《武部六蔵日記》，第339页。
88. 《続　現代史資料　4　陸軍》，第164页。
89. 防卫厅防卫研究所战史部藏《昭和一四年　陸支受大日記　第六一号》。
90. 伊藤隆《近衛新体制　大政翼賛会への道》(中公新書，1983)。
91. 波多野澄雄《「大東亜戦争」の時代　日中戦争から日米英戦争へ》(朝日出版社，1988)。
92. 《杉山メモ》上卷，第155页。

93.《風見章日記》，引用自伊藤隆《近衛新体制　大政翼賛会への道》（中公新書，1983）。
94.《高木惣吉　日記と情報》上卷，第445—448页。
95. 国会图书馆宪政资料室藏《有馬頼寧文書》。
96. 指的是企图利用职能国家论来实现社会中下层的组织化的团体（雨宫，1997）。
97. 戈登・伯格（Gordon Berger）著，坂野润治译《大政翼賛会　国民動員をめぐる相剋》（山川出版社，2000）。
98.《高木惣吉　日記と情報》上卷，第473页。
99. 国会图书馆宪政资料室藏《片倉衷文書》。
100.《亀井貫一郎関係文書》9。
101.《大本営陸軍部戦争指導班機密戦争日誌》上卷，第50页。
102.《高木惣吉　日記と情報》上卷，第486页。
103.《亀井貫一郎関係文書》12。
104.《満洲建国と支那事変》。
105.《亀井貫一郎関係文書》26。
106. 山田朗《昭和天皇の軍事思想と戦略》（校倉書房，2002）。
107.《杉山メモ》上卷，第163—164页。
108.《木戸幸一日記》下卷，第895页。
109.《杉山メモ》上卷，第310—311页。
110. 山田朗《昭和天皇の軍事思想と戦略》（校倉書房，2002）。
111. 铃木多闻《東條内閣総辞職の経緯についての再検討》，《日本歴史》685号（2005）。
112. 铃木多闻《軍部大臣の統帥部長兼任》，《史学雑誌》113编11号（2004）。
113. 山田朗《昭和天皇の軍事思想と戦略》（校倉書房，2002）。
114.《杉山メモ》下卷，资料解说，第31页。
115.《高松宮日記》七卷，第334页。
116. 铃木多闻《軍部大臣の統帥部長兼任》，《史学雑誌》113编11号（2004）。
117.《高木惣吉　日記と情報》下卷。

118. 同上，第 723 页。
119. 同上，第 740 页。
120. 后藤，2003。
121. 《木戸幸一日記》下卷，第 1118 页。
122. 江口圭一《大系日本の歴史　14 二つの大戦》（小学館，1989）。
123. 矢野信幸《翼賛政治体制下の議会勢力と新党運動》，伊藤隆编《日本近代史の再構築》（山川出版社，1993）。
124. 重光葵《最高戦争指導会議記録・手記》。
125. 《GHQ 歴史課陳述録》，《昭和の動乱》等。
126. 《大本営陸軍部戦争指導班機密戦争日誌》下，第 574 页。
127. 同上，第 566 页。
128. 古川隆久《昭和戦中期の総合国策機関》（吉川弘文館，1992）。
129. 《高木海軍少将覚え書》，第 228 页。
130. 山田朗《昭和天皇の軍事思想と戦略》（校倉書房，2002）。
131. 防卫厅防卫研究所战史部藏《宮崎周一史料》。

第六章

1. 例如鹿锡俊参考《蒋介石日记》的一系列著作，鹿锡俊《援中ルート閉鎖危機下の蒋介石》，山田辰雄、松重充浩编著《蒋介石研究　政治・戦争・日本》（東方書店，2011 年）。同《日独伊三国同盟をめぐる蒋介石の多角外交》，《年報日本現代史》16 号（2011 年）。
2. 森山优《日本開戦の政治過程》（吉川弘文館，1998 年）。
3. 波多野澄雄《開戦過程における陸軍》，细谷千博等编《太平洋戦争》（東京大学出版会，1993 年）。
4. 同上。
5. 田嶋信雄《総説一　東アジア国際関係の中の日独関係》，工藤章、田嶋信雄编《日独関係史　一八九〇－一九四五　Ⅰ　総説　東アジアにおける邂逅》（東京大学出版会，2008 年）。
6. Gordon M. Berger，*Parties out of power in Japan*，*1931－1941*，Princeton University Press［坂野润治译《大政翼賛会　国民動員をめぐる

相剋》（山川出版社，2000 年）]。

7. 相关研究的代表作为福田茂夫《アメリカの対日参戦（一九四一年）》，日本国际政治学会编《太平洋戦争への道 7 日米開戦》（朝日新聞社，1987 年新装版）。
8. 细谷千博、佐藤元英编《日米関係調書集成 Ⅰ》（現代史料出版，2009 年），第 302 页。
9. 野村《対米試案未定稿 一六年一月一三日》，国立国会图书馆宪政资料室藏《野村吉三郎関係文書》，第 768 页。
10. 桑德－长岛（Berthold J. Sander-Nagashima）《日独海軍の協力関係》，工藤章、田嶋信雄编《日独関係史 一八九〇—一九四五 Ⅱ 枢軸形成の多元的力学》（東京大学出版会，2008 年），第 230 页。
11. Jonathan G. Utley, *Going to War with Japan 1937－1941*, Knoxville, The University of Tennessee Press, 1985 [五味俊树译《アメリカの対日戦略》（朝日出版社，1989 年），第 205 页]
12. 前揭福田茂夫《アメリカの対日参戦（一九四一年）》，第 489 页。
13. 关于毛里，可参考伊藤隆《毛里英於菟覚書》《昭和期の政治〔続〕》（山川出版社，1993 年）。关于革新官僚，可参考伊藤隆《昭和初期政治史研究 ロンドン海軍軍縮問題をめぐる諸政治集団の対抗と提携》（東京大出版会，1969 年）。
14. 镰仓一郎（毛里的笔名）《太平洋空間の性格革命》，《中央公論》1940 年 11 月号。
15. 伊藤隆、渡边行男编《重光葵手記》（中央公論社，1986 年），第 207 页。
16. 同上，第 224 页。
17. 入江昭《セッション2 日米開戦と中国》评语，波多野澄雄编《太平洋戦争の再考察 開戦五〇周年国際会議（山中湖会議）会議録》（国際文化会館，1994 年）。
18. 前揭田嶋信雄《総説一 東アジア国際関係の中の日独関係》，第 47 页。
19. 本问题可参照伊藤隆《近衛新体制 大政翼賛会への道》（中公新書，1983 年），以及伊藤隆《昭和十年代史断章》（東京大学出版会，1981年）。

20. 前揭 Gordon M. Berger, *Parties out of power in Japan, 1931－1941*（坂野润治译《大政翼賛会　国民動員をめぐる相剋》，第183页）。
21. 同上，第293页。
22. 今井武夫著，高桥久志、今井贞夫监修《日中和平工作 回想と証言》（みすず書房，2009年），第100—133页。防卫厅防卫研修所战史室《戦史叢書　大本営陸軍部　大東亜戦争開戦経緯　一》（朝雲新聞社，1973年），第三章。
23. 1940年3月17日陆军部制定《桐工作実施要領》，稻叶正夫等编《太平洋戦争への道　別巻　資料編》（朝日新聞社，1988年新装版），第298页。
24. 臼井胜美《日中戦争の政治的展開（一九三七年——一九四一年）》，日本国际政治学会编《太平洋戦争への道　4 日中戦争（下）》（朝日新聞社，1987年新装版），第237页。
25. 前揭防卫厅防卫研修所战史室《戦史叢書　大本営陸軍部　大東亜戦争開戦経緯　一》，第171页。
26. 前揭鹿锡俊《援中ルート閉鎖危機下の蒋介石》，第485页。
27. 冈义武校订《木戸幸一日記》下卷（東京大学出版会，1966年），第803页。1940年7月13日条。
28. 2014年9月17日公开《昭和天皇実録》，1940年8月5日条、8月22日条。
29. 前揭鹿锡俊《援中ルート閉鎖危機下の蒋介石》，第485页。
30. 源川真希《近衛新体制の思想と政治自由主義克服の時代》（有志社，2009年）曾从内政和外交两方面入手，对矢部贞治与近卫新体制进行了深层次的分析。
31. 矢部贞治编著《近衛文麿》下卷（弘文堂，1952年），第75页。
32. 今井清一、伊藤隆编《現代史資料　44　国家総動員　2》（みすず書房，1974年），第158页。原文为一篇据推测写于1940年6月的笔记。
33. 伊藤隆编《高木惣吉　日記と情報》上卷（みすず書房，2000年），第418页。1940年6月17日条。

34. 前揭《木戸幸一日記》下卷，第786—787页。1940年5月26日条。
35. 近卫文麿《大命を拝して》1940年7月23日，国立国会图书馆在线数据库历史音源。http：//rekion. dl. ndl. go. jp/，识别编号info：ndljp/pid/3572390。
36. 平泉澄所起草的《大命を拝して》原文可参见田中卓《続・田中卓著作集》5卷（国書刊行会，2012年），第112—115页。
37. 若井敏明《平泉澄》（ミネルヴァ書房，2006年），第240页。
38. 矢部贞治日记刊行会编《矢部貞治日記　銀杏の巻》（読売新聞社，1974年），第325—331页。
39. 山口浩志《近衛新体制構想と陸海軍・企画院》，《年報　日本現代史　8》（現代史料出版，2000年）。同《昭和研究会解散の背景と意味（一）、（二）》，《政治経済史学》410号、411号，2000年。
40. 加藤阳子《模索する一九三〇年代　日米関係と陸軍中堅層》（山川出版社，2012年新装版），第269页。
41. 前揭矢部贞治编著《近衛文麿》下卷，第127页。
42. 国立公文书馆藏《稲田周一手記　三》2A/41/1608。
43. 前揭矢部贞治编著《近衛文麿》下卷，第118—119页，以及前揭稻叶正夫等编《太平洋戦争への道　別巻　資料編》，第319—320页。
44. David J. Lu，*Matsuoka Yosuke and His Times 1880—1946*，Lexington Books，2002 [new edition]（长谷川进一译《松岡洋右とその時代》，TBSブリタニカ，1981年，第220页）。
45. 加藤阳子《興亜院設置問題の再検討》，服部龙二等编《戦間期の東アジア国際政治》（中央大学出版部，2007年）。
46. 前揭稻叶正夫等编《太平洋戦争への道　別巻　資料編》，第320—322页。以及外务省编刊《日本外交年表竝主要文書》下卷，1966年，第436—437页。
47. 角田顺《日本の対米開戦》，前揭日本国际政治学会编《太平洋戦争への道　7　日米開戦》，第22—23页。
48. 前揭稻叶正夫等编《太平洋戦争への道　別巻　資料編》，第306—315页。
49. 前揭稻叶正夫等编《太平洋戦争への道　別巻　資料編》，第306页。

古川隆久《昭和戦中期の総合国策機関》(吉川弘文館，1992年)，第143—157页。前揭山口浩志《近衛新体制構想と陸海軍・企画院》，第278—279页。

50. 前揭稻叶正夫等编《太平洋戦争への道　別巻　資料編》，第321—322页。
51. 关于政党的国家统合机能，可参见三谷太一郎《増補　日本政党政治の形成　原敬の政治指導の展開》(東京大学出版会，1995年，1967年初版)，第96页。
52. 前揭波多野澄雄《開戦過程における陸軍》，第8页。
53. 参谋本部编《杉山メモ》上卷(原書房，1994年新装版)，第306—331页。时任外相丰田贞次郎和企画院总裁铃木贞一是军人出身。
54. 前揭今井清一、伊藤隆编《現代史資料　44　国家総動員　2》，第224—228、530—531页。
55. 前揭山口浩志《近衛新体制構想と陸海軍・企画院》，第278—280页。
56. 《第四条の陸軍省案に対する意見》，前揭今井清一、伊藤隆编《現代史資料　44　国家総動員　2》，第530页。
57. 前揭山口浩志《近衛新体制構想と陸海軍・企画院》，第280页。
58. 前揭波多野澄雄《開戦過程における陸軍》，第8页。
59. 森山优《日米開戦の政治過程》(吉川弘文館，1998年)，第15页。
60. 前揭《木戸幸一日記》下卷，第812页。
61. 前揭波多野澄雄《開戦過程における陸軍》，第6—8页。
62. 前揭稻叶正夫等编《太平洋戦争への道　別巻　資料編》，第315页。
63. 前揭森山优《日米開戦の政治過程》，第35页，注7。
64. 《〈世界情勢ノ推移ニ伴フ時局処理要綱〉ニ関スル覚》，注23，前揭稻叶正夫等编《太平洋戦争への道　別巻　資料編》，第328—329页。
65. 前揭Jonathan G. Utley, *Going to War with Japan 1937－1941*（五味俊树译《アメリカの対日戦略》，第156页)。
66. 同上，第152—155页。
67. 前揭波多野澄雄《開戦過程における陸軍》。

68. 军事史学会编《大本営陸軍部戦争指導班　機密戦争日誌》上巻（錦正社，1998年），第125页，1941年6月30日条。
69. 关于革新派，可参考前揭伊藤隆《昭和初期政治史研究　ロンドン海軍軍縮問題をめぐる諸政治集団の対抗と提携》。
70. 前揭 Gordon M. Berger，*Parties out of power in Japan*，*1931－1941*（坂野润治译《大政翼賛会　国民動員をめぐる相剋》，第117页）。毛里论文《東亜共生体建設の諸条件》，杉原正巳编《日支事変から東亜協同体建設へ》（解剖時代社，1938年）。
71. 前揭伊藤隆《毛里英於菟覚書》，第241—242页。
72. 杉原正巳《東亜協同体の原理》（モダン日本社，1939年），第89页。
73. 同上，第338页。
74. 同上，第253页。
75. 加藤阳子《中国とアメリカを同時に捉える視角》，《戦争の論理　日露戦争から太平洋戦争まで》（勁草書房，2005年），第79页。
76. 近卫文麿《重大時局に直面して》，1940年9月28日，国立国会图书馆在线数据库历史音源。http://rekion.dl.ndl.go.jp/ ，识别编号 info:ndljp/pid/3573908。
77. 伊藤隆《第二章第五節　近衛の再登場》，井上光贞等编《日本歴史大系　17　革新と戦争の時代》（山川出版社，1997年），第205—206页。
78. 前揭《木戸幸一日記》下巻，第818页，1940年8月31日条。
79. 有马学《戦争のパラダイム》，《比較社会文化》第1卷，1995年，第4页。
80. 中村隆英、原朗《経済新体制》，日本政治学会编《〈近衛新体制〉の研究》，1973年。
81. 《新体制準備会記録》，国立国会图书馆宪政资料室藏《有馬頼寧文書》，第109－17页。
82. 前揭伊藤隆《第二章第五節　近衛の再登場》，第204页。
83. 矢部贞治《政治力の結集強化に関する方策》，前揭今井清一、伊藤隆编《現代史資料　44　国家総動員　2》，第484—488页。
84. 同上，第485－486页。

85. 赤木须喜留《近衛新体制と大政翼賛会》（岩波書店，1984 年），第 152 页。
86. 同上，第 239 页，注 89 参照。
87. 同上，第 191 页。
88. 前揭伊藤隆编《高木惣吉　日記と情報》上卷，第 463、466 页。
89. 同上，第 466 页。
90. 同上，第 471—475 页。
91. 尚友俱乐部、伊藤隆编《有馬頼寧日記　4》（山川出版社，2001 年），第 408 页。
92. 同上，第 415 页。
93. 同上，第 416 页。
94. 前揭源川真希《近衛新体制の思想と政治自由主義克服の時代》，第 117—118 页。
95. 主张由日本负责国防事务，并依靠亚洲民族主义联合与统制经济体制来实现国家发展的运动。
96. 关智英《袁殊と興亜建国運動》，《東洋学報》94 卷 1 号，2012 年。同《興亜建国運動とその主張》，《中国研究月報》66 卷 7 号，2012 年。
97. 前揭伊藤隆编《高木惣吉　日記と情報》上卷，第 486 页，1940 年 12 月 20 日条。
98. 《東亜連盟運動に対する大政翼賛会東亜部の見解》，国立国会图书馆宪政资料室藏《亀井貫一郎文書》12。
99. 河西晃祐《帝国日本の拡張と崩壊　"大東亜共栄圏"への歴史的展開》（法政大学出版局，2012 年），第 5 章。
100. 1940 年 7 月 13 日通商局第一科起草《戦時対策及平和対策委員会設置ニ関スル件（試案）》，JACAR（亚洲历史资料中心）资料编号 B02030012800，外务省外交史料馆藏《帝国ノ対外政策関係一件（対支，対満政策ヲ除ク）》第一卷（A-1-0-005）。
101. 《日独伊提携強化ニ関スル陸海外三章係官会議議事録（其ノ二）》，外务省编纂《日本外交文書　第二次欧州大戦と日本　第一冊　日独伊三国同盟・日ソ中立条約》（六一書房，2012 年），第 180 页。
102. 同上。

103. 前掲河西晃祐《帝国日本の拡張と崩壊　“大東亜共栄圏”への歴史的展開》，第137页。
104. 义井博《増補　日独伊三国同盟と日米関係　太平洋戦争前国際関係の研究》（南窓社，1987年），细谷千博《両大戦間の日本外交　1914—1945》（岩波書店，1988年）。井上寿一《国際協調・地域主義・新秩序》，《シリーズ日本近現代史　構造と変動　3》（岩波書店，1993年）。森茂树《松岡外交における対米及び対英策》，《日本史研究》421号，1997年。
105. 前掲河西晃祐《帝国日本の拡張と崩壊　“大東亜共栄圏”への歴史的展開》，第142页。
106. 外务省编纂《日本外交文書　日独伊三国同盟関係調書集》，2004年，第3—360页。
107. 同上，第20—44页。
108. 前掲外务省编纂《日本外交文書　第二次欧州大戦と日本　第一冊　日独伊三国同盟・日ソ中立条約》，第210—214页。
109. 前掲外务省编纂《日本外交文書　日独伊三国同盟関係調書集》，第92页。
110. 前掲外务省编纂《日本外交文書　第二次欧州大戦と日本　第一冊　日独伊三国同盟・日ソ中立条約》，第214页。
111. 前掲外务省编纂《日本外交文書　第二次欧州大戦と日本　第一冊　日独伊三国同盟・日ソ中立条約》，第215页。
112. 前掲细谷千博《両大戦間の日本外交　1914—1945》，第170页。
113. 前掲外务省编纂《日本外交文書　日独伊三国同盟関係調書集》，第66页。
114. 前掲外务省编纂《日本外交文書　第二次欧州大戦と日本　第一冊　日独伊三国同盟・日ソ中立条約》，第251—254页。
115. 《三国同盟交涉審議近衛首相覚書》，前掲稻叶正夫等编《太平洋戦争への道　別巻　資料編》，第36页。
116. 同上。
117. 前掲田嶋信雄《総説一　東アジア国際関係の中の日独関係》，第49页。

118. 《御前会議控へ　次長記述》，收录于前揭参谋本部编《杉山メモ》上卷，稻叶正夫资料解说部分，第 44—55 页。
119. 前揭外务省编纂《日本外交文書　第二次欧州大戦と日本　第一冊　日独伊三国同盟・日ソ中立条約》，第 224 页。
120. 前揭细谷千博《両大戦間の日本外交　1914—1945》，第 184 页。渡边延志的研究（《虚妄の三国同盟　発掘・日米開戦前夜外交秘史》岩波書店，2013 年）指出，此后国际检察局针对施泰默尔和奥特的询问调查笔录显示，施泰默尔承诺给予日方在参战问题上的自主判断权时，并未获得本国政府的授权与承认。
121. 枢密院的审查记录可参照前揭外务省编纂《日本外交文書　第二次欧州大戦と日本　第一冊　日独伊三国同盟・日ソ中立条約》，第 227—247 页收录的外务省条约局长松本俊一的笔记。
122. 前揭外务省编纂《日本外交文書　日独伊三国同盟関係調書集》，第 237 页。
123. 前揭《木戸幸一日記》下卷，第 824 页。
124. Waldo H. Heinrichs 著，麻田貞雄译《日米外交とグルー》（原書房，1969 年），第 253 页。
125. 松冈洋右传记刊行会《松岡洋右　その人と生涯》（講談社，1976 年），第 801 页。
126. 内川芳美解说《現代史資料　41　マスメディア統制　2》（みすず書房，1975 年），第 274—276 页。
127. 前揭田嶋信雄《総説一　東アジア国際関係の中の日独関係》，第 50 页。田嶋信雄《日中戦争と日独中ソ関係》，西村成雄等编《日中戦争の国際共同研究　4　国際関係のなかの日中戦争》（慶應義塾大学出版会，2011 年），第 89 页。
128. 前揭鹿锡俊《日独伊三国同盟をめぐる蒋介石の多角外交》。
129. 同上，第 78—79 页。
130. 1940 年 11 月 21 日《近衛メモ》，前揭稻叶正夫等编《太平洋戦争への道　別巻　資料編》，第 303 页。
131. 前揭鹿锡俊《日独伊三国同盟をめぐる蒋介石の多角外交》，第 81 页。

132. 杨奎松著，梅村卓译《抗戦期間における中国共産党とコミンテルン》，前揭西村成雄等编《日中戦争の国際共同研究　4　国際関係のなかの日中戦争》，第 89 页。
133. 前揭日本国际政治学会编《太平洋戦争への道　7　日米開戦》。
134. 细谷千博等编《日米関係史　開戦にいたる十年》全 4 卷（東京大学出版会，2000 年新装版，1971—1972 年初版）。
135. 防卫厅防卫研修所战史室《戦史叢書　大本営陸軍部　大東亜戦争開戦経緯》全 5 卷（原四郎执笔，朝雲新聞社，1974 年）。同《戦史叢書　大本営海軍部　大東亜戦争開戦経緯》全 2 卷（内田一臣执笔，朝雲新聞社，1979 年）。
136. 军事史学会编《第二次世界大戦（二）》（錦正社，1991 年）。
137. 前揭细谷千博等编《太平洋戦争》。
138. 盐崎弘明《日英米戦争の岐路　太平洋の宥和をめぐる政戦略》（山川出版社，1984 年），以及伊藤隆、盐崎弘明编《井川忠雄　日米交渉史料》（山川出版社，1982 年）。
139. 须藤真志《日米開戦外交の研究　日米交渉の発端からハル・ノートまで》（慶應通信，1986 年）。
140. 森茂树《「革新」外交と日米開戦》，井上寿一编《日本の外交　1》（岩波書店，2012 年）。
141. 针对日本的情报、谍报工作的代表性研究有：宫杉浩太《戦前期日本の暗号解読情報の伝達ルート》，《日本歴史》703 号，2006 年。同《日本軍の対ソ情報活動》，《軍事史学》49 卷 1 号，2013 年。针对中国的情报、谍报工作的代表性研究有：岩谷将《蒋介石、共産党、日本軍》，《蒋介石研究》。针对日英间的情报、谍报工作的代表性研究有：小谷贤《日本軍のインテリジェンス　なぜ情報が活かされないのか》（講談社，2007 年）。
142. 森山优《線前期における日本の暗号解読能力に関する基礎研究》，《国際関係・比較文化研究》3 卷 1 号，2004 年，第 33 页。
143. 前揭福田茂夫《アメリカの対日参戦（一九四一年）》，第 392 页。
144. 以下相关叙述参照前揭森山优《日米開戦の政治過程》以及前揭波多野澄雄《開戦過程における陸軍》。

145. 前揭军事史学会编《大本営陸軍部戦争指導班　機密戦争日誌》上卷，第 123 页。
146. 前揭军事史学会编《大本営陸軍部戦争指導班　機密戦争日誌》上卷，第 137 页。
147. 前揭军事史学会编《大本営陸軍部戦争指導班　機密戦争日誌》上卷，第 138 页。
148. 前揭福田茂夫《アメリカの対日参戦（一九四一年）》，第 401 页。
149. Waldo H. Heinrichs《「大同盟」の形成と太平洋戦争の開幕》，前揭细谷千博等编《太平洋戦争》，第 164 页。
150. 同上，第 172 页。
151. 高桥胜浩《外務省革新派の思想と行動》，《書陵部紀要》55 号，2004 年。
152. 加藤阳子《増補版　天皇の歴史　8　昭和天皇と戦争の世紀》（講談社学術文庫，2018 年），第 330 页。
153. 户部良一《外務省革新派　世界新秩序の幻影》（中公新書，2010 年）。
154. 《在支領事館会議ニ対スル対米関係説明資料並ニ右ニ対スル亜米利加局第一課ノ希望》，前揭细谷千博、佐藤元英编《日米関係調書集成　Ⅰ》，第 302 页。
155. 佐藤元英《日米開戦手続期文書と中国・南方への視点》，《アジア近代史》12 号，2009 年。
156. 《米国行折衝顛末》，国立国会图书馆宪政资料室藏《野村吉三郎関係文書》769－1。
157. 《〔昭和十六年五月九日付次官次長電〕》，国立国会图书馆宪政资料室藏《野村吉三郎関係文書》771。
158. 外务省编《日本外交文書　日米交渉》上卷，1990 年，第 308 页。
159. 同上，第 150 页。
160. 同上，第 16 页，11 号文书，向美国驻苏联大使之提案。
161. 同上，第 127—128 页，83 号文书。
162. 同上，第 310 页，193 号文书。
163. 前揭波多野澄雄《開戦過程における陸軍》，第 20 页。

164. 前掲参谋本部编《杉山メモ》上卷，第306页。
165. 军事史学会编《大本営陸軍部戦争指導班　機密戦争日誌》上卷，第154页，1941年9月5日条。

第七章　关于日军解除武装的考察

1. 本章内容原为2009年11月8日笔者在第107届史学会大会近现代专题研讨会“军事史研究的新潮流”上的报告。当时笔者报告的题目为《从军方所有之物资原材料问题出发审视战败与战后》（軍保有資材と物資から見た敗戦と戦後）。此外，本章内容与加藤阳子《战争的“形态”与军民关系》（戦争の「かたち」と軍民関係）、首都史学会（メトロポリタン史学会）编《20世纪的战争　其历史的相位》（20世紀の戦争　その歴史的位相）（有志社，2012年）在内容上有部分重合。关于复员、归国问题，笔者还著有《败者的回归——自中国的复员、归国问题的展开》（敗者の帰還——中国からの復員・引揚問題の展開），《战争的逻辑　从日俄战争至太平洋战争（戦争の論理　日露戦争から太平洋戦争まで）》（勁草書房，2005年）第九章，初出《国际政治》109号（1995年5月），各位读者可以参考。
2. 外务省编刊《日本外交文書　太平洋戦争　第三冊》（2010年）1086号文书，第1908页。
3. 关于这一问题的最新研究成果，可参见铃木多闻《「終戦」の政治史 1943～1945》（東京大学出版会，2011年）与长谷川毅《暗闘　スターリン、トルーマンと日本降伏》（中央公論新社，2006年）。
4. 《東条元首相手記（20.8.10－8.14）》（国立公文书馆藏，史料编号：平11法務02441100）。伊藤隆等编《東條内閣総理大臣機密記録　東條英機大将言行録》（東京大学出版会，1990年）当中也未曾收录这篇手记。
5. 当时的参会人员有平沼骐一郎、若槻礼次郎、冈田启介、近卫文麿、广田弘毅、东条英机、小矶国昭七人。
6. 所谓“天孙之御诏敕”，指的是神话中天照大神赐予天孙的“天壤无穷之神敕”。其内容如下：“苇原千五百秋之瑞穗国，是吾子孙可王之地也。宜尔皇孙就而治焉。行矣，宝祚之隆当与天壤无穷者矣。”（《日本书记》原文为汉文，本书原文此处为现代日语，而译文则直接采用《日本书记》原文——译者注），辻善之助、森末义彰《歴代詔勅謹釈》（育英出版，1944年）第1页。从中可知，该敕语的内容旨在论证天皇统治的正统性，完全没有涉及天皇统治与军备维持之间的关系问题。

7. 前揭《東条元首相手記》，此外半藤一利、保阪正康、井上亮《「東京裁判」を読む》（日本経済新聞出版社，2009年）第395—406页中亦收录了该手记。本段引文出自该书第396页。
8. 众所周知，“天壤无穷之神敕”当时被写入了国定教科书《国史》当中。而终战时的参谋本部第一部长宫崎周一记录的《作戦秘録（下）》记载，1945年7月25日在陆军省参谋副长集会上，阿南惟几陆相曾作出了如下训示：“战争必胜信念之根基在于天壤无穷之神敕、帝国辉煌的历史以及吾等坚信神敕之信念。”军事史学会编《宮崎周一中将日誌》（錦正社，2003年）第187页。此外，陆军士官学校的教材《詔勅集謹解》开头也收录了该神敕的内容。
9. 嵯峨敞全《皇国史観と国定教科書》（かもがわ出版，1993年），第222—224页。
10. 前揭《東条元首相手記》中之《奉答要旨》。半藤一利等著《「東京裁判」を読む》，第399页。
11. 细川护贞《細川日記（下）》（中公文庫，1979年），第424页。
12. 前揭《東条元首相手記》。半藤一利等著《「東京裁判」を読む》，第402页。
13. 伊藤隆、武田知己编《重光葵　最高戦争指導会議記録・手記》（中央公論新社，2004年）。
14. 以下引用自《重光葵　最高戦争指導会議記録・手記》，第138—139页。
15. 《高木惣吉略歴》，伊藤隆等编《高木惣吉　日記と情報》下卷（みすず書房，2000年），第994页。
16. 同上，第895页。
17. 外务省编《日本外交文書竝主要文書　1840—1945》下卷（原書房，1966年），第626—627页。

18. 前揭《日本外交文書　太平洋戦争　第三冊》1086号文书，第1916页。
19. 防卫研究所战史研究中心藏《昭・二〇・八　終戦委員会関係綴　山本少将》①/終戦処理/22。
20. 前揭《日本外交文書　太平洋戦争　第三冊》1093号文书，第1927—1928页。
21. 同上，1093号文书所收录之《付記三　バーンス回答解釈》，第1929页。《日本外交文書》当中虽然并未记载该文书的作者，但木户幸一日记研究会编《木戸幸一関係文書》（東京大学出版会，1966年）第510页中，以“岡崎外務省調査局長意見”为题，收录了当时外务省书记官加瀬俊一寄送给松平康昌内大臣秘书官长同样内容的文书。据此可推测该外文书作者为冈崎胜男。
22. 《説明資料》，参谋本部藏《敗戦の記録》（原書房，1967年），第286—287页。
23. 上奏文书可参见前揭参谋本部藏《敗戦の記録》第288页。此外，前揭伊藤隆等编《高木惣吉　日記と情報》下卷，第926页，亦对上奏一事进行了记载。
24. 久野收著，佐高信编《佐野収セレクション》（岩波現代文庫，2010年），第16页。最初出自《敗戦前後の日本——一つの回顧》一文，载于《季刊現代史》第3号，1973年。
25. 前揭伊藤隆等编《高木惣吉　日記と情報》下卷，第855页。
26. 前揭伊藤隆等编《重光葵　最高戦争指導会議記録・手記》，第111—112页。
27. 德川义宽著，御厨贵、岩井克己监修《徳川義寛終戦日記》（朝日新聞社，1999年），第204页。
28. 古川隆久《昭和天皇の「聖断」発言と「終戦の詔書」》（日本大学文理学部人文科学研究所《研究紀要》78号，2009年）当中，对各可信度较高的史料中所收录的天皇“圣断”发言进行了比较总结。此外，古川隆久《昭和天皇　「理性の君主」の孤独》（中公新書，2011年）中亦有相关内容。
29. 木户日记研究会校订《木戸幸一日記》下卷，（東京大学出版会，

1966年），第1223—1224页。

30. 大本営陸軍部战争指导班、军事史学会编《機密作戦日誌》下卷，（錦正社，1998年），第756页。关于各史料中记载的天皇发言内容的差异的意义，可参照前揭古川隆久《昭和天皇の「聖断」発言と「終戦の詔書」》，以及铃木多闻《「終戦」の政治史　1943—1945》第四章。
31. 前揭军事史学会编《宮崎周一中将日誌》，第196页。
32. 池田纯久《終戦時の記録・池田》，转引自前揭铃木多闻《「終戦」の政治史　1943—1945》，第172页。
33. 前揭军事史学会编《機密作戦日誌》下卷，第763—764页。
34. 前揭军事史学会编《宮崎周一中将日誌》，第199—200页。
35. 前揭参谋本部藏《敗戦の記録》，第290页。
36. 陆军省情报部编《支那事変下ニ再ビ陸軍記念日ヲ迎ヘテ》1939年，第1—2页。
37. 加藤阳子《増補版　天皇の歴史　8　昭和天皇と戦争の世紀》（講談社学術文庫，2018年），原版2011年，第3章，第267页。
38. 寺崎英成，Marino Terasaki Miller《昭和天皇独白録》（文春文庫，1995年），第146页。
39. 前揭《日本外交文書　太平洋戦争　第三冊》1100号文书，第1939页。
40. 同上，1103号文书，第1941—1942页。
41. 江藤淳编《占領史録》上、下卷，講談社学術文庫，1995年。
42. 《今後の事態進展に関する予想　昭和二十年八月十七日》，武田知己监修、解说，重光葵纪念馆编《重光葵外交意見書集》第3卷（現代資料出版，2008年），第391页。
43. Ernest R. May，进藤荣一译《歴史の教訓　アメリカ外交はどうつくられたか》（岩波現代文庫，2004年）。
44. 有马哲夫《アレン・ダレス　原爆・天皇制・終戦をめぐる暗闘》（講談社，2009年），第142页。
45. 同上，第219—220页。
46. 家近亮子《中国における「戦争責任二分論」の系譜》，添谷芳秀编

《現代中国外交の六十年　変化と持続》(慶應義塾大学出版会，2011年)。

47. 一之濑俊也（一ノ瀬俊也）《戦場に舞ったビラ　伝単で読み直す太平洋戦争》(吉川弘文館，2007年)，第239页，照片125。
48. 同上，第240，照片126。
49. 德川梦声《夢声戦争日記》第五卷（中央公論社，1960年），第146—147页。
50. 前揭寺崎英成，Marino Terasaki Miller《昭和天皇独白録》，第156页。
51. 前揭铃木多闻《「終戦」の政治史　1943—1945》，第183页。
52. 《日本计划》的草案是在美国陆军省军事情报部（MIS）心理战争科长兼心理战共同委员会议长奥斯卡·索尔伯特（Oscar Solbert）上校正式提案下，于1942年6月制定完成的。参见加藤哲郎《象徴天皇制の起源　アメリカの心理戦「日本計画」》(平凡社新書，2005年)，第30页。
53. 同上，第122页。
54. 同上，第123页。
55. 前揭有马哲夫《アレン・ダレス　原爆・天皇制・終戦をめぐる暗闘》，第287—288页。关于格鲁的奋斗过程，还可参考中村正则《象徴天皇制への道　米国大使グルーとその周辺》（岩波新書，1989年)。
56. 丸山真男、福田欢一编《聞き書　南原繁回顧録》(東京大学出版会，1989年)，第269页。
57. 前揭伊藤隆等编《高木惣吉　日記と情報》下卷，第881—882页。
58. 同上，第882页。
59. 前揭寺崎英成，Marino Terasaki Miller《昭和天皇独白録》，第143—144页。
60. 池田纯久《陸軍葬儀委員長　支那事変から東京裁判まで》（日本出版共同，1953年)。
61. 国立公文书馆藏《昭和二十年八月東久邇宮内閣次官会議記録　内閣官房総務課長》，阅览申请编号：平16内閣00002100。

62. 国立公文书馆藏《公文類聚 第七十三編 巻十五 昭和二十三年 国会四 記録提出十二》，阅览申请编号：類 03179100。
63. 防卫省防卫研究所战史研究中心藏《高嶋少将史料 進駐軍トノ連絡ニ関スル件報告》，中央/終戦処理/899。
64. 前揭《公文類聚 第七十三編 巻十五 昭和二十三年 国会四 記録提出十二》。
65. 防卫省防卫研究所战史研究中心藏《軍需品、軍需工業等ノ処理ニ関スル件達》，中央/終戦処理/899。
66. 防卫省防卫研究所战史研究中心藏《昭和二〇、八 終戦委員会関係綴 山本少将》，①/終戦処理/22。
67. 前揭《公文類聚 第七十三編 巻十五 昭和二十三年 国会四 記録提出十二》。
68. 前揭《昭和二〇、八 終戦委員会関係綴 山本少将》。

结 语

1. 笹山晴生《古代国家と軍隊 皇軍と私兵の系譜》（中公新書，1975；講談社学術文庫版，2004），第 4 页。
2. 尾藤正英〈明治維新と武士〉，《江戸時代とはなにか 日本史上の近世と近代》（岩波書店，1992；岩波現代文庫版，2006），第 168 页。
3. 尾藤正英〈明治維新と武士〉，《江戸時代とはなにか 日本史上の近世と近代》（岩波書店，1992；岩波現代文庫版，2006），第 191 页。
4. 加藤阳子《模索する一九三〇年代 日米関係と陸軍中間層》（山川出版社，1993、2012），第 214 页。
5. 北一辉《日本改造法案大綱》（中公文庫，1923；改造社出版，2014），第 117 页。
6. 铃木正幸《近代日本の軌跡 7 近代の天皇》（吉川弘文館，1993），第 21 页。
7. 增田知子《天皇制と国家 近代日本の立憲君主制》（青木書店，1999），第 14、19 页。
8. 铃木正幸《近代日本の軌跡 7 近代の天皇》（吉川弘文館，1993），第 148—149 页。

9. 北辉次郎《北一輝著作集》第一卷（みすず書房，1904、1959），第 213 页。
10. 北辉次郎《北一輝著作集》第一卷（みすず書房，1904、1959），第 264 页。
11. 铃木正幸《近代日本の軌跡　7　近代の天皇》（吉川弘文館，1993），第 175 页。
12. 筒井清忠《二・二六事件とその時代　昭和期日本の構造》（ちくま学術文庫，2006），第 389—407 页。
13. 原秀男等编《検察秘録　五・一五事件　Ⅳ》（角川書店，1991），第 98 页。
14. 原秀男等编《検察秘録　五・一五事件　Ⅳ》（角川書店，1991），第 103 页。
15. 加藤阳子《増補版　天皇の歴史　8　昭和天皇と戦争の世紀》（講談社学術文庫，2016），第 250—253 页。
16. 高桥正卫解説《現代史資料　23　国家主義運動　3》（みすず書房，1974），第 254 页。
17. 同上，第 260 页。